MW01714463

Lillian Glass

CES GENS QUI VOUS EMPOISONNENT L'EXISTENCE

• MARABOUT •

© 1995, Lillian Glass
Titre original : Toxic People
© 1996, Les Editions de l'Homme, une division du groupe Sogides, pour la traduction française

---

Toute reproduction d'un extrait quelconque de ce livre par quelque procédé que ce soit, et notamment par photocopie ou microfilm est interdite sans autorisation écrite de l'éditeur.

Sommaire

À toutes les personnes toxiques
que j'ai connues au cours de ma vie :
celles qui ont été grossières
ou irrespectueuses envers moi ;
celles qui n'ont pas cru en moi ;
et celles qui ont tenté de contrarier mes projets.
Je les bénis et les remercie de m'avoir fourni de la matière
pour le présent ouvrage.
Nous sommes quittes.

Introduction

S'il est vrai que les mots ne tuent pas, ils ont le pouvoir de blesser. Tous ceux qui, enfants, ont subi les railleries, le harcèlement ou les insultes de leurs camarades de jeu le savent bien.

Durant mes années de travail en cabinet privé à titre d'imagiste-conseil et de spécialiste de la communication, j'ai pu constater l'incroyable pouvoir des mots. J'ai vu les effets dévastateurs que peuvent avoir sur la vie d'un individu les paroles, les gestes et les attitudes désagréables des autres. J'ai découvert à quel point l'être humain est fragile. Notre «peau» affective est si tendre que non seulement nous nous souvenons encore des incidents désagréables de notre enfance, mais nous avons tendance à vivre notre vie en fonction des paroles et des gestes dont nous avons été victimes à cette époque.

Après tout, comment expliquer autrement qu'un si grand nombre d'adultes doivent consulter des psychothérapeutes pour guérir des blessures infligées à leur estime de soi durant l'enfance ?

Un homme dans la quarantaine, encroûté dans son travail, se sent incapable de progresser : il se rend compte que ce sont les paroles de son instituteur — «Tu n'arriveras jamais à rien dans la vie» et «Tu es inapte» — qui le paralysent aujourd'hui.

Une jeune femme consulte un thérapeute pour un trouble alimentaire : elle découvre que c'est parce que ses camarades de classe l'appelaient «grosse vache» qu'elle est devenue anorexique.

Une fillette se suicide : on découvre que le harcèlement

et les taquineries constantes de ses camarades toxiques l'ont conduite à se donner la mort.

Il est étonnant de voir le nombre de messages négatifs qui restent gravés dans notre psyché et qui nuisent à notre estime de soi. Comme les êtres humains sont sensibles !

Les persécuteurs qui nous arrosent d'injures, qui nous blessent profondément et parfois même bloquent notre développement sont des «personnes toxiques». Une personne toxique, ce peut être n'importe qui : camarade de classe, frère ou sœur, parent, mari ou femme, amant ou maîtresse, patron ou collègue de travail.

Une personne toxique, c'est quiconque vous empoisonne la vie, est négatif avec vous, n'est pas heureux de vous voir vous épanouir et réussir, ne veut pas votre bien.

Essentiellement, cette personne sabote les efforts que vous faites pour mener une vie heureuse et productive.

Beaucoup de psychologues recommandent de tourner la page et de mettre fin à tout contact avec la personne qui vous fait du tort, afin de recouvrer votre santé mentale et de pouvoir aller de l'avant. Même si cette approche peut être efficace pour bien des gens, ce n'est qu'une des façons de réagir face à une personne toxique. J'ai découvert qu'il en existe bien d'autres, que je décrirai plus loin.

En tant que spécialiste de la communication, j'ai passé des milliers d'heures à écouter des centaines de personnes, âgées de 4 à 87 ans, me parler de ce qui les rend malheureuses. J'ai constaté que la cause principale de leur souffrance, c'est que des personnes toxiques font de leur vie un véritable enfer. Sartre avait sans doute raison de dire que «l'enfer c'est les autres».

En écoutant d'innombrables témoignages, j'ai découvert qu'il existe vraiment des gens qui sont néfastes pour la santé mentale, affective et physique des autres. J'ai vu des personnes qui n'avaient plus que la peau et les os à cause d'une relation conjugale destructrice. J'en ai vu d'autres qui ont dû être hospitalisées pour des ulcères hémorragiques causés par le comportement hostile d'un patron. J'ai vu des parents perdre leur emploi et essuyer des revers financiers à cause d'un adolescent turbulent, voleur et drogué. J'ai vu la vie d'une cliente ruinée par des amis toxiques qui rendaient négative chacune de ses pensées. J'ai connu une petite fille qui m'a dit : «Je voudrais mourir, parce que ma mère ne m'aime pas.» Elle croyait cela parce que sa mère n'était presque jamais à la maison. Et quand elle y était, elle criait constamment et répétait que l'enfant était une mauvaise petite fille.

En écoutant tous ces récits, j'ai pris des notes. J'ai relevé plusieurs constantes et découvert des choses fort intéressantes. Premièrement, qu'il existe différents types de personnes toxiques (30, précisément). Deuxièmement, qu'une personne toxique pour quelqu'un ne l'est pas nécessairement pour quelqu'un d'autre. J'ai aussi appris qu'il y a diverses façons de réagir aux divers types de personnes toxiques afin de mieux s'entendre avec elles et de mieux leur faire face.

Après avoir donné à mes clients des conseils précis sur la façon de communiquer avec les personnes toxiques dans leur vie, j'ai pu constater à quel point leur sort s'est amélioré. Mes clients ont vu combien mes techniques étaient chaque fois efficaces. Peu importe qui était la personne toxique : une mère envahissante, un mari jaloux, un enseignant tyrannique, un patron harcelant, un serveur impoli, un médecin prétentieux ou un vendeur condescendant. Quelles que fussent ces personnes, mes clients disposaient des outils nécessaires pour leur faire face. Dans l'entourage de la personne toxique, ils se sont sentis soudainement moins stressés et moins déprimés, ils ont constaté qu'ils avaient plus d'emprise sur la situation et qu'ils étaient beaucoup plus heureux. Après avoir recouru à ces techniques dans ma propre vie, j'ai vécu de plus en plus de journées heureuses. Je n'avais plus besoin de retenir mes sentiments ou de me ronger les sangs pour savoir si j'avais ou non dit ou fait ce qu'il fallait. Si une personne toxique me disait quelque chose de déplaisant, je n'avais plus à me faire de reproches du genre «j'aurais dû lui dire ceci» ou «j'aurais dû faire cela».

J'ai décidé de faire profiter les autres de ce que j'avais appris sur la façon de réagir aux personnes toxiques. Un peu partout dans le monde, au cours de mes séminaires sur la motivation, j'ai abordé ce sujet et je me suis rendu compte qu'il intéressait tous les participants. Où qu'ils vivent, quel que soit leur métier ou profession, qu'ils soient riches ou pauvres, tous les participants connaissaient des personnes qui leur empoisonnaient la vie. Durant les périodes de questions suivant mes conférences, les membres de l'auditoire me faisaient part de leurs expériences personnelles et me demandaient des conseils sur la meilleure façon de réagir face à telle ou telle personne toxique de leur entourage.

J'ai reçu d'innombrables lettres des quatre coins du monde (notamment de l'Australie, de l'Allemagne, de l'Indonésie, d'Israël, de l'Inde, de l'Angleterre, de l'Afrique, de Singapour et de l'Arabie Saoudite) dans lesquelles mes correspondants me disaient à quel point les techniques apprises durant les séminaires étaient efficaces. Ils se sentaient soulagés de savoir, premièrement, qu'ils n'étaient pas la cause du problème et, deuxièmement, qu'ils n'étaient pas les seuls à vivre pareille situation. Sachant qu'ils n'étaient plus obligés de jouer le rôle de victimes, ils s'en trouvaient confortés. Ils avaient enfin découvert qu'il existait un moyen de se tirer des terribles situations dans lesquelles ils se trouvaient, et cette nouvelle liberté les réjouissait.

Mes recherches m'ont fait découvrir les traditions d'autres cultures. J'ai appris que les Indonésiens clouent au-dessus de leur porte un barong, espèce de masque de bois représentant un visage monstrueux aux dents acérées et aux yeux bulbeux, afin de chasser de leur maison les mauvais esprits toxiques. Les Chinois installent près de leur maison un chien foo, sculpture de pierre représentant un chien aux allures de lion, pour conjurer ces mauvais esprits. Les Japonais placent des piliers de sel près de la porte de leur maison ou commerce afin d'éloigner les forces du mal. Pour se défendre contre les esprits maléfiques et les mauvaises intentions des personnes toxiques, un Hindou de l'Inde tiendra dans la paume de sa main une bougie allumée avec laquelle il décrira trois cercles autour de son visage, en crachant trois fois. De nombreux Perses brûleront au-dessus d'une flamme un esfand, légume séché, pour chasser de leur maison le mauvais œil ou l'énergie d'une personne toxique. De même, en Inde, des gens couperont un navet en morceaux et le jetteront pour signifier qu'ils écartent de leur vie une personne toxique. De nombreux Chinois portent sur eux un canif qui symbolise l'élimination d'une personne toxique de leur vie, tandis que l'on met souvent des cloches aux pieds des bébés chinois qui commencent à marcher, afin d'effrayer les esprits malveillants.

Quand les Perses font l'objet d'un commentaire toxique qui, selon eux, risque de réveiller le mauvais œil, ils touchent ou montrent du doigt une épingle qu'ils portent à leurs vêtements. Dans divers pays sud-américains, on attache souvent aux couches des bébés une perle de grès ou d'onyx pour les protéger contre le mauvais œil. En Italie, on porte au cou une breloque en or représentant une corne de bélier, symbolisant la protection contre le mauvais œil, ou malocchio, tandis que dans plusieurs pays d'Europe de l'Est, ainsi que chez certains peuples africains, une bille de verre ressemblant à un œil constitue une amulette qui protège contre les sorts jetés par une personne toxique ou jalouse.

Dans diverses cultures asiatiques, on place un miroir à un endroit stratégique d'un immeuble pour faire dévier les influences maléfiques. Certains Européens de l'Est portent sur eux des sachets de sel et de poivre : du sel pour brûler les yeux des gens qui les regardent d'un air désapprobateur; du poivre pour les faire éternuer et ainsi expulser toutes les pensées malveillantes ou toxiques. Ils placent parfois des objets rouges dans leur maison ou en portent sur eux.

Certaines cultures arabes croient elles aussi dans le pouvoir du mauvais œil. Les gens ne parlent jamais de bonheur, de crainte que les mauvais esprits le leur enlèvent. Cela est également vrai dans certaines traditions juives, où l'on murmure le mot kineahora pour éviter le mauvais œil après avoir parlé de quelque chose de positif.

À Singapour et en Malaisie, un bomoh ou sorcier utilise des chants et des herbes pour dissiper le maléfice transmis par une personne toxique, tandis qu'en Chine on recourt à un médium taoïste et, au Mexique, à un curandero, dans le même but.

Beaucoup d'Africains et d'Antillais piquent des épingles dans une poupée vaudou dans l'espoir que les personnes toxiques de leur vie ressentiront la douleur des piqûres.

Le bouddhisme enseigne que les démons attaquent ceux qui ne se protègent pas par le port de divers talismans ou par le recours à des panacées destinées à conjurer le sort menaçant leur vie.

Quelle que soit notre culture d'origine, nous partageons tous les mêmes sentiments et les mêmes émotions : bonheur, tristesse, peur, doute, surprise, ennui et amour, comme l'ont découvert les anthropologues. Nous souhaitons tous que les autres nous traitent avec bonté et respect. Nous souhaitons tous entendre les mots qui nous feront savoir que nous avons notre place sur cette planète. Malheureusement, dans le monde actuel, hostile et trop souvent méchant, les pressions sociales et nos propres sentiments d'insécurité et d'insuffisance nous empêchent de nous traiter les uns les autres avec tout le respect et toute la dignité que nous méritons.

Savoir désamorcer les toxines verbales peut nous aider à éliminer la haine, la colère et les préjugés qui infectent notre monde. Chaque jour apporte la preuve que mal réagir aux personnes toxiques de notre vie peut mener à l'autodestruction.

À partir de maintenant, vous ne serez plus jamais une victime pour ne pas avoir appris comment réagir à une personne toxique. Vous ne serez plus jamais la cible des flèches verbales des autres. Le présent ouvrage vous guidera et vous apprendra ce que vous devez dire, et comment vous devez le dire, aux personnes qui vous portent sur les nerfs. Vous apprendrez que vous disposez de nouveaux outils vous permettant de faire face aux personnes qui empoisonnent votre vie.

Cet ouvrage est un guide de survie destiné non seulement à vous aider à entretenir de meilleures relations avec les personnes toxiques, mais aussi à vous empêcher de devenir toxique pour les autres ou pour vous-même. Dans la première partie, composée d'un questionnaire et de la présentation des 30 «terreurs toxiques», vous apprendrez à reconnaître les personnes toxiques dans votre vie et à traiter avec elles. Vous apprendrez également à reconnaître certains des commentaires toxiques les plus communs et comprendrez pourquoi on vous les adresse.

La seconde partie du livre vous enseignera 10 méthodes faciles et efficaces pour mieux réagir aux personnes toxiques, afin de ne plus laisser couver en vous de mauvais sentiments. Vous acquerrez les meilleures techniques à utiliser avec certaines des personnes qui peuplent votre quotidien et face aux 30 «terreurs toxiques». Vous verrez comment revitaliser une relation toxique, ou comment la rompre pour de bon, selon le cas.

Durant votre lecture, sans doute rirez-vous, peut-être pleurerez-vous aussi, quand vous vous identifierez aux personnes décrites — des personnes réelles que j'ai interviewées durant mes voyages ou avec lesquelles j'ai travaillé dans mon cabinet privé.

Du fait que vous rejetterez la négativité, la colère et la haine, et que vous ne serez plus obsédé par la personne qui vous empoisonne la vie, il se pourrait que vous cessiez de souffrir de maux d'estomac ou d'urticaire, de vous suralimenter ou de vous priver de nourriture, et que vous soyez mieux protégé contre les maladies du cœur et le cancer. Vous connaîtrez les outils et les techniques rapides, faciles et efficaces qui ont aidé tant de mes clients à mieux réagir aux personnes toxiques. Ces techniques peuvent vous aider à mener une vie plus heureuse et plus productive.

Enfin, le présent ouvrage vous aidera aussi à devenir meilleur, et à ne pas être toxique pour vous-même ou pour les autres. En apprenant à réagir aux personnes négatives, à vous libérer du stress et à être plus communicatif, vous aurez l'occasion de tisser des relations personnelles et professionnelles plus riches et plus productives. À mesure que votre estime de soi se renforcera, vous serez plus heureux, vous aimerez davantage et vous serez encore plus digne d'amour. Il se pourrait même que votre situation financière s'améliore. En vous équipant pour résister aux pressions exercées par les personnes toxiques, vous deviendrez plus libre et plus créatif. Vous serez ainsi en mesure de prendre plus de risques et, ce faisant, de mener une vie plus riche.

Quand vous sortirez de votre esclavage et que votre cœur sera guéri, toutes sortes de choses magiques se produiront. Vous commencerez à voir que le monde vous offre de nouvelles possibilités. En intégrant à votre vie les outils proposés dans cet ouvrage, vous ne serez plus jamais la victime d'une personne toxique.

1.

Y A-T-IL UNE PERSONNE TOXIQUE DANS VOTRE VIE ?

- Questionnaire sur les personnes toxiques
- Symptômes émotionnels
- Symptômes comportementaux
- Symptômes physiques
- Symptômes se manifestant dans la communication
- Interprétation de vos réponses

Questionnaire sur les personnes toxiques

Pour que vous commenciez à vous faire une idée de ce que j'appelle une personne toxique, voici un petit questionnaire, qui vous montrera qu'une personne toxique peut avoir toutes sortes d'effets sur vous et que toutes les dimensions de votre vie peuvent en être affectées. Même sans procéder à une évaluation propre à votre cas, vous apprendrez à reconnaître les personnes toxiques dans votre vie.

Pour débuter, pensez à une personne que vous n'aimez pas particulièrement, qui vous empoisonne la vie et avec qui vous avez de la difficulté à vous entendre. Répondez par oui ou par non aux questions des quatre catégories suivantes.

Symptômes émotionnels

1. Après une conversation avec cette personne, vous sentez-vous engourdi sur le plan émotionnel ?
2. Après avoir été en contact avec cette personne, êtes-vous de mauvaise humeur ?
3. Avez-vous le sentiment que, au fond, cette personne ne vous aime pas, même si elle ne vous dit jamais rien de désagréable ?
4. Après avoir été en contact avec cette personne, vous sentez-vous dévalorisé ?
5. Après une rencontre avec cette personne, vous sentez-vous «sale» ?
6. En présence de cette personne, vous sentez-vous vide sur le plan émotionnel ?
7. Après une conversation avec cette personne, vous sentez-vous moins intelligent ou moins compétent ?
8. En présence de cette personne ou après l'avoir rencontrée, vous arrive-t-il souvent de vous sentir triste ou déprimé ?
9. Après une rencontre avec cette personne, vous sentez-vous peu attirant ?
10. En présence de cette personne, êtes-vous tendu ou nerveux ?
11. En présence de cette personne, ressentez-vous de la colère ou de l'irritabilité ?
12. Après avoir rencontré cette personne, vous sentez-vous vidé de votre énergie ?
13. Cette personne vous inspire-t-elle du dégoût ?
14. Avez-vous envie de vous évader sur le plan émotionnel, au moyen de la nourriture, de l'alcool, de la drogue ou du sexe ?
15. Constatez-vous que, en réaction à cette personne, vous vous privez de nourriture ou vous en gavez ?
16. Dans un groupe, cette personne vous ignore-t-elle, vous donnant ainsi l'impression que vous n'existez pas ?
17. Cette personne vous irrite-t-elle ou vous blesse-t-elle en

faisant des blagues à votre sujet, puis en riant et en disant que ce n'était qu'une plaisanterie ?

18. Vous sentez-vous trahi par cette personne ?
19. Vous sentez-vous constamment jugé par cette personne, avez-vous l'impression que vous ne pouvez jamais rien faire de bien ?
20. Avez-vous l'impression que cette personne vous abaisse ou vous diminue constamment, surtout en présence des autrcs ?
21. Éprouvez-vous peu de respect pour cette personne, ou cette personne éprouve-t-elle peu de respect pour vous ?
22. Vous sentez-vous maltraité sur le plan émotionnel par cette personne ?
23. Après avoir été en contact avec cette personne, avez-vous l'impression que tout est sans espoir ?
24. Cette personne vous donne-t-elle souvent envie de pleurer ?
25. Vous sentez-vous soulagé sur le plan émotionnel quand vous êtes loin de cette personne ?
26. Vous arrive-t-il d'imaginer que cette personne souffre ou est blessée, et d'en ressentir de la joie ?
27. Seriez-vous heureux de ne plus jamais être obligé de revoir cette personne ?

Symptômes comportementaux

28. Avez-vous envie de vous éloigner physiquement de cette personne ?
29. Après avoir rencontré cette personne, buvez-vous plus que d'habitude ou prenez-vous de la drogue ?
30. En présence de cette personne ou après l'avoir rencontrée, mangez-vous trop ou vous privez-vous de nourriture ?
31. Vous arrive-t-il d'avoir envie de frapper cette personne ?
32. Essayez-vous de trouver des moyens d'éviter cette personne ?

33. Cette personne essaie-t-elle de saboter vos initiatives en agissant derrière votre dos ?
34. Cette personne nie-t-elle votre importance ou renie-t-elle votre personnalité ?
35. Cette personne vous traite-t-elle différemment selon que vous êtes seul avec elle ou en groupe ?
36. En présence de cette personne, vous comportez-vous d'une façon soumise ou agressive qui ne vous ressemble pas ?

Symptômes physiques

37. Cette personne vous donne-t-elle mal à la tête ?
38. Faites-vous une grimace ou froncez-vous les sourcils chaque fois que vous êtes en présence de cette personne ou que vous pensez à elle ?
39. En présence de cette personne ou après l'avoir rencontrée, avez-vous la nausée ?
40. Avez-vous envie de rentrer sous terre quand vous êtes avec cette personne ?
41. Avez-vous de la difficulté à respirer en présence de cette personne ?
42. Ressentez-vous de la tension dans le cou et dans le dos ?
43. Votre cœur bat-il plus vite comme si vous aviez une crise de panique ?
44. Avez-vous pris ou perdu beaucoup de poids après avoir passé quelque temps avec cette personne ?
45. Transpirez-vous davantage en présence de cette personne ?
46. Avez-vous la gorge serrée quand vous lui parlez ?
47. En compagnie de cette personne, manquez-vous d'énergie ou vous sentez-vous physiquement faible ?
48. Chaque fois que vous rencontrez cette personne, toussez-vous ou avez-vous un chatouillement dans la gorge ?
49. Souffrez-vous d'urticaire ou d'éruptions quand vous êtes avec cette personne ?

50. Éprouvez-vous de la répulsion ou avez-vous un mouvement de recul quand cette personne vous touche ?
51. Cette personne vous touche-t-elle d'une façon agressive ?
52. Évitez-vous de toucher cette personne ou de vous trouver près d'elle ?
53. Avez-vous des tics aux yeux en présence de cette personne ?
54. Est-ce que les manies de cette personne vous irritent, vous dégoûtent ou vous gênent ?
55. Souhaitez-vous vous éloigner de cette personne et ne plus jamais la revoir ?

Symptômes se manifestant dans la communication

56. Quand vous parlez à cette personne, avez-vous l'impression de marcher sur des œufs, avez-vous peur d'être vous-même et choisissez-vous vos mots avez soin ?
57. Cette personne se montre-t-elle condescendante avec vous ?
58. Quand vous parlez à cette personne, votre visage est-il crispé ?
59. Cette personne vous parle-t-elle durement ou agressivement ?
60. Votre ton est-il dur ou hostile quand vous parlez à cette personne ?
61. Trouvez-vous que cette personne vous fait des commentaires méchants ou sarcastiques ?
62. Le son de sa voix vous inspire-t-il de la répulsion ?
63. Vous surprenez-vous à utiliser des invectives quand vous parlez à cette personne ?
64. Bredouillez-vous ou bégayez-vous en présence de cette personne ?
65. Vous arrive-t-il souvent de crier quand vous parlez à cette personne ?
66. La communication non verbale de cette personne (gestes, attitudes corporelles, expressions faciales) vous rebute-t-elle ?

67. Cette personne vous fait-elle des remarques négatives ou sarcastiques, pour ensuite vous dire qu'elle plaisantait, quand elle constate votre réaction ?
68. Quand vous parlez à cette personne, vous arrive-t-il souvent d'être à court de mots ?
69. Hésitez-vous à parler à cette personne au téléphone ?
70. Vous refermez-vous comme une huître en présence de cette personne ?
71. Engagez-vous une controverse avec cette personne chaque fois qu'elle dit quelque chose ?
72. Cette personne contredit-elle tout ce que vous dites ?
73. Vous sentez-vous en paix ou soulagé quand vous n'avez pas parlé à cette personne pendant un certain temps ?
74. Cette personne vous adresse-t-elle des propos injurieux ?
75. Cette personne utilise-t-elle souvent un langage ordurier en votre présence ?
76. Utilisez-vous un langage ordurier en présence de cette personne ?
77. Avez-vous l'impression que l'échelle des valeurs de cette personne est si différente de la vôtre que vous ne souhaitez même pas lui parler ?
78. Avez-vous l'impression que cette personne et vous parlez deux langages différents et qu'il vous est impossible de communiquer ?

Interprétation de vos réponses

Si vous avez répondu oui ne serait-ce qu'à quelques-unes de ces questions, cela signifie que vous êtes en contact avec une personne qui est toxique pour vous.

Comme vous le voyez grâce à ce questionnaire, les personnes toxiques peuvent influencer différentes dimensions de votre bien-être, et chaque personne toxique a une façon particulière de vous affecter. Elles ont le pouvoir de modifier la manière dont vous vous comportez et dont vous vous sentez.

Grâce à ce questionnaire, vous savez désormais que, quand vous ne vous sentez pas bien sur le plan émotionnel ou physique, c'est peut-être parce que vous êtes en contact avec une personne toxique.

Au chapitre suivant, je parlerai du comportement des personnes toxiques, en décrivant leur façon d'agir et l'effet qu'elles ont sur vous. Si vous avez eu de la difficulté à vous faire une idée de ce que j'appelle une personne toxique, le prochain chapitre, qui traite des caractéristiques de ce type de personne, devrait vous aider.

2.

COMPORTEMENT TOXIQUE

- Les paroles toxiques
- Les gaffes
- Les compliments équivoques : que signifient-ils réellement ?
- Les commentaires toxiques que l'on s'adresse à soi-même
- Le syndrome de la «plaisanterie»
- Écoutez attentivement
- Les jurons ne sont pas les seuls déclencheurs toxiques

Comme vous l'avez vu grâce au questionnaire du chapitre premier, les personnes toxiques peuvent avoir un effet sur n'importe quelle dimension de votre bien-être. Même s'il en existe de nombreux types, ces personnes ont des traits en commun pour ce qui est de leur comportement et de leur motivation. Dans le présent chapitre, nous examinerons certains de leurs comportements typiques, plus particulièrement leur langage toxique. Au chapitre 3, nous verrons ce qui motive leurs agissements.

Les paroles toxiques

«J'étais ébranlé.»
«Je me sentais humilié.»
«Je n'en croyais pas mes oreilles.»
«Je n'en revenais pas.»
«J'étais comme assommé.»
«Quel imbécile !»
«Quel manque de sensibilité !»
«Pouvez-vous imaginer qu'il m'ait dit cela ?»

Voilà certaines des réactions que j'entends dans mon cabinet chaque fois qu'un client me rapporte un commentaire que lui a adressé une personne toxique. Dans chaque cas, mon client se sent blessé. Dans chaque cas, il éprouve de la colère. Et, dans chaque cas, mon client est estomaqué par l'impolitesse et l'insensibilité de la personne en question.

Généralement, mes clients tentent de rationaliser l'incident en disant, par exemple : «C'est lui qui a un problème», «C'est un pauvre type», «Il doit être malheureux» ou «Il est probablement jaloux». En dépit de tous les efforts que font mes clients pour justifier le commentaire négatif, ils ne s'en sentent pas moins blessés. Les commentaires toxiques résonnent longtemps dans la tête des gens, car les paroles et les commentaires négatifs blessent, détruisent et mutilent la psyché.

Amy Hagadorn, sept ans, a écrit une lettre au Père Noël. Atteinte de paralysie cérébrale congénitale, elle voudrait que les enfants cessent de se moquer de sa façon de parler et de marcher.

Le fait que cette petite fille souffre non seulement de sa maladie mais aussi des mots cruels de ses camarades de classe est déchirant. Tout ce qu'elle veut, c'est ce que tout être humain souhaite et mérite : être accepté et être traité avec bonté.

Les paroles hostiles peuvent infliger des blessures plus profondes que n'importe quelle arme. La blessure causée par une arme guérira sans doute au bout de quelques semaines, tandis que la blessure verbale restera ouverte beaucoup plus longtemps et laissera une cicatrice indélébile.

Les gens disent des choses laides, impolies et méchantes pour toutes sortes de raisons : pour se sentir mieux, par jalousie, parce qu'ils vivent une journée pénible, parce qu'ils ne peuvent pas vous supporter, parce qu'ils sont ignorants. Cependant, quand vous êtes la cible de telles flèches verbales, vous réfléchissez rarement aux motifs ou aux états d'âme de ceux qui vous les décochent. Vous encaissez le coup, et vous avez mal.

À 42 ans, Chloé, une très bonne amie à moi, n'avait pas encore rencontré l'homme de ses rêves. C'était une femme charmante et maternelle, qui réussissait bien sur le plan financier et qui souhaitait avoir un enfant.

Chloé, n'arrivant pas à trouver un homme qui puisse lui faire un enfant et ne souhaitant pas affronter les problèmes juridiques d'une adoption, a décidé de se rendre dans une banque de sperme. Neuf mois plus tard, elle a donné naissance à un bébé, aujourd'hui devenu une fillette brillante et ravissante.

Chloé n'hésitait jamais à répondre aux questions que ses amis ou connaissances lui posaient sur sa situation et sur les difficultés que pouvait entraîner le fait d'avoir un enfant sans père. Ce qu'elle n'appréciait pas du tout, c'était que des étrangers, ayant eu vent de sa situation, lui posent des questions indiscrètes.

Un jour, elle est allée dîner au restaurant avec un ami et un autre couple. Cet ami, qui approuvait tout à fait la démarche qu'elle avait suivie, a raconté l'histoire de Chloé à l'autre couple, dont la femme, à laquelle Chloé venait d'être présentée, a immédiatement fait des commentaires d'un ton impoli et hostile : «Beurk ! Je ne pourrais jamais faire cela. C'est dégoûtant ! Le sperme pourrait être infecté par le virus du sida ! En outre, qu'allez-vous dire à votre fille quand elle vous demandera qui est son père ?» En ricanant, elle a poursuivi d'un ton sarcastique : «Lui direz-vous que son père était une éprouvette pleine de sperme ?»

Chloé était abasourdie, comme les deux autres convives. Sa première tentation a été de gifler la femme. Puis elle a eu envie de lui lancer : «Et vous, comment allez-vous dire à votre propre enfant que vous êtes aussi laide intérieurement qu'extérieurement ?» Mais, pour rester digne et pour éviter d'embarrasser davantage ses compagnons de table, Chloé s'est contentée de dire calmement : «Quand ma fille sera assez grande, je lui dirai la vérité.» Puis, refusant de passer une minute de plus en compagnie de cette femme odieuse, elle a demandé à son ami de la raccompagner.

Les gens font souvent des commentaires toxiques non parce qu'ils le souhaitent mais parce qu'ils sont ignorants ou qu'ils croient être drôles. En fait, ils apparaissent plutôt comme des personnes irréfléchies et insensibles. Bien que je croie fermement que la plupart des gens n'ont pas l'intention de blesser les autres ou de les rendre malheureux, quand ils dépassent les bornes il faut absolument les remettre à leur place.

Même si la première réaction de Chloé, frapper la femme insolente, aurait peut-être été salutaire, celle de lui demander comment elle dirait à son propre enfant qu'elle était aussi laide intérieurement qu'extérieurement aurait été encore meilleure et plus productive.

Faire rebondir les commentaires négatifs sur les personnes toxiques qui les ont énoncés est l'une des techniques que vous apprendrez plus loin.

Les gaffes

Dans le cas de Chloé, la femme impolie n'acceptait tout simplement pas qu'une autre femme ait décidé de recourir à une banque de sperme pour avoir un bébé. La situation avait suscité en elle une réaction hostile.

Cependant, la plupart des gens ne sont pas si ouvertement vindicatifs ou hostiles. Ils sont plutôt ignorants et insensibles, ce qui explique généralement pourquoi ils mettent les pieds dans le plat. Les gens disent des choses stupides qu'ils ne pensent même pas. La plupart du temps, c'est la curiosité qui les motive. Ils veulent tout savoir, mais ils n'ont pas la classe ou les bonnes manières qu'il faut pour le faire avec tact. Ce ne sont pas des personnes mauvaises ou méchantes. Simplement fermées aux sentiments des autres, elles disent tout ce qui leur passe par la tête, sans aucune censure. Elles ne se rendent même pas compte que leurs commentaires sont impolis, insensibles ou blessants.

Quand elles prennent finalement conscience de la stupidité de leurs paroles, il est souvent déjà trop tard. Nous avons tous vécu une telle situation à un moment ou à un autre, que ce soit en tant que gaffeurs ou en tant que victimes, comme cela a été le cas d'Amy.

Amy avait pris du poids parce que, trop occupée, elle n'avait pas pu suivre à la lettre son rigoureux programme d'exercices. Un jour, au déjeuner, elle a rencontré Danielle, qu'elle n'avait pas vue depuis un certain temps. Au lieu de regarder Amy droit dans les yeux et de la saluer, Danielle a posé la main sur le ventre d'Amy en lui demandant : «L'heureux événement, c'est pour quand ?» Amy était stupéfaite : elle avait dû en prendre du poids pour que Danielle lui dise une chose si terrible !

Même si Amy était intérieurement furieuse, elle a réussi à sourire. En enlevant la main de Danielle de son ventre, elle lui a répondu : «L'heureux événement, c'est pour le jour où je serai mariée et enceinte.» Danielle était rouge comme une tomate. Elle se sentait horriblement gênée.

Combien d'entre nous ont un jour fait des commentaires peu diplomatiques sans le vouloir ? Cela est arrivé à une bonne amie à moi, Roxanne, qui avait finalement réussi à sortir avec Rob, l'homme pour qui elle avait le béguin depuis des années.

Un ami commun avait organisé leur rencontre après le divorce de Rob. La sortie s'était bien déroulée jusqu'à ce que Rob dise à Roxanne : «Il faut que je te dise, Roxanne, tu ressembles beaucoup à ma sœur.» Roxanne, décontenancée par ce commentaire, a tout de même souri, en étirant le cou pour voir la photo que Rob avait sortie de son portefeuille. En voyant la photo, Roxanne s'est exclamée : «Non, pas du tout, elle est trop laide.» Le visage de Rob est devenu dur comme la pierre, et il s'est empressé de remettre la photo dans sa poche. Quand il a raccompagné Roxanne chez elle, c'est à peine s'il a ouvert la bouche. Roxanne a essayé de s'excuser à plusieurs reprises, mais Rob restait silencieux et impassible. Il n'entendait pas un mot de ce qu'elle disait. Cette soirée a mis fin à ce qui aurait pu devenir une relation sentimentale.

Les compliments équivoques : Que signifient-ils réellement ?

Quand les gens vous adressent un compliment, essentiellement, ils vous font un cadeau. Un compliment est une espèce de clé qui peut ouvrir la communication, permettant ainsi à deux êtres de se comprendre. Quand le compliment est sincère et énoncé d'une voix chaleureuse, il peut cimenter une relation.

Cependant, s'il n'est pas sincère, qu'il est dit avec sarcasme, jalousie ou méchanceté, ou si les mots gentils sont suivis d'une véritable gifle verbale, il s'agit alors d'un compliment équivoque.

J'ai un jour donné une conférence à Dallas. La limousine qui allait me conduire à la salle de conférence s'était approchée, et mon hôtesse et moi étions sur le point d'y monter quand nous avons toutes deux aperçu une pièce d'un cent par terre.

Mon hôtesse m'a immédiatement dit, avec son accent texan : «Voilà une pièce d'un cent. Vous feriez bien de la ramasser, car cela porte chance. Et vous aurez besoin de toute la chance du monde aujourd'hui.» J'ai immédiatement pensé : quelle chipie ! J'aurais réagi tout autrement si, d'un ton agréable, elle m'avait dit : «Voilà une pièce d'un cent. Vous feriez bien de la ramasser, car cela porte chance.» J'aurais alors peut-être bavardé avec elle pendant le trajet. Mais, à cause de son compliment équivoque, je l'ai complètement ignorée.

Certains vous diront des choses gentilles : «Tu es vraiment séduisante. J'aime la façon dont tu t'habilles. Tu es très élégante.» Puis, du même souffle, ils ajoutent : «Mais tes cheveux sont un désastre; tu devrais les porter en chignon.» C'est là un compliment équivoque typique : il commence d'une façon agréable et vous réjouit, mais il finit mal et vous froisse.

Vous pourriez croire que votre interlocuteur est bien intentionné et souhaite être gentil et chaleureux avec vous. Toutefois, ces compliments équivoques signifient en réalité : «Je ne peux pas te supporter», «Je suis jalouse de toi», «Je ne t'aime pas», «Tu n'es pas parfaite», «Pour qui te prends-tu ?», «Quelqu'un doit te remettre à ta place» ou «Tu ne vaux pas mieux que moi».

Le ton de la voix dévoile sans l'ombre d'un doute ce que la personne pense vraiment de vous. Souvent, ce n'est pas ce qui est dit qui révèle la sincérité d'une personne, mais la façon dont elle vous le dit. Le ton sarcastique, la voix forte ou le débit monotone expriment souvent des sentiments hostiles.

Les commentaires toxiques que l'on s'adresse à soi-même

Parfois, nous sommes si habitués à entendre les commentaires toxiques des autres que nous commençons à nous trouver à l'aise dans ce rôle. Par conséquent, nous prenons la relève de nos persécuteurs et nous nous disons des choses terribles.

Combien de fois ne nous sommes-nous pas dit que nous sommes obèses, stupides, laids ou dégoûtants ? «J'ai fait une bêtise énorme. Comme je peux être stupide !» «J'ai vraiment l'air monstrueux. Je mange comme un porc !»

Je considère que ces énoncés d'autodénigrement sont un poison pour l'esprit. Plus vous vous dites des injures, plus elles se gravent dans votre esprit et s'intègrent à l'idée que vous vous faites de vous-même.

Autrefois, nos parents nous disaient : «Cesse de faire des grimaces, ton visage va rester comme cela.» Votre mère ou grand-mère vous disait peut-être cela pour que vous cessiez de faire le clown. Après un certain temps, vous vous êtes rendu compte que c'étaient pures balivernes — votre visage ne restait jamais grimaçant — et vous avez continué à faire des grimaces.

Cependant, plus tard dans la vie, vous avez constaté que ce n'était pas si faux. Si vous avez constamment l'air renfrogné ou négatif, vos muscles faciaux se dessineront ainsi. C'est pourquoi certaines personnes ont l'air beaucoup plus âgées qu'elles ne le sont en réalité. De même, ceux qui ont une attitude optimiste finissent par avoir un visage plus avenant.

Le même principe s'applique à ce que vous pensez de vous-même et à ce que vous vous dites. Si vous vous dites «Je n'en suis pas capable» ou «Je ne suis pas assez bon», vous n'en serez jamais capable et vous ne serez jamais assez bon.

Si, dans les profondeurs de votre esprit, vous vous dites «Je n'arriverai jamais à faire ce panier», «Je ne frapperai jamais cette balle de golf comme il le faut», «Je ne maigrirai jamais», «Je n'aurai jamais une relation sentimentale saine», «Je ne serai jamais riche» ou «Je ne trouverai jamais un bon emploi», je peux vous assurer que cela sera le cas. Vos paroles reviendront toujours vous hanter et deviendront des prédictions qui se réaliseront.

Si vous continuez à dire des choses vilaines sur vous-même, les autres le remarqueront et feront la même chose. Après tout, si vous faites ces commentaires toxiques, ils doivent être vrais, puisque vous êtes la personne la mieux placée pour bien vous connaître. Quand vous claironnez à l'univers entier «Je suis un pauvre type», «Mes cuisses sont trop grosses» ou «Mes cheveux sont horribles», vous donnez aux autres la permission de vous dire les mêmes choses et de vous traiter aussi mal que vous vous traitez vous-même.

À l'époque où je faisais mon baccalauréat, nous avions établi une règle à la résidence universitaire : si un garçon vous disait qu'il était un pauvre type, vous deviez le croire, car il l'était probablement. Après tout, il était le mieux placé pour le savoir. Les étudiantes qui niaient l'auto-évaluation du garçon en lui disant «Non, tu es un chic type» finissaient toujours par se rendre compte que le garçon avait raison : il était effectivement un pauvre type.

Parfois, nous disons sur nous-mêmes des choses négatives et toxiques pour avoir l'air humbles. Quelle que soit notre culture d'origine, nos parents nous ont dit que nous ne devions pas nous vanter ni faire l'important. En réalité, les commentaires autodénigrants ne sont pas perçus comme des preuves d'humilité. Ils sont plutôt perçus négativement, et l'opinion que les autres se font de nous s'en trouve diminuée.

L'une de mes clientes était choquée par le surnom que son amoureux lui avait affectueusement donné : «Cuisses d'athlète». «Après tout, m'a-t-elle confié, s'il me dit sans provocation à quel point mes cuisses sont grosses, elles doivent vraiment être énormes, et tout le monde pense probablement comme lui.»

«Sans provocation ?» lui ai-je demandé. Je lui ai fait remarquer que presque tout ce qu'elle disait avait rapport avec son corps et surtout avec ses «grosses» cuisses, qu'elle détestait.

«Vraiment ? m'a-t-elle dit. Je ne me rends pas compte que j'en parle si souvent.»

«Absolument. Vous en parlez tant — si ouvertement et librement — que les autres se sentent le droit d'en parler aussi, ce qui vous blesse. Votre amoureux n'est pas méchant; il vous taquine au sujet de vos cuisses parce que vous l'avez indirectement invité à le faire.»

Le réveil a été dur pour elle, qui n'avait jamais été consciente de l'attitude négative qu'elle avait envers elle-même.

Vous adresser constamment à vous-même des commentaires toxiques peut non seulement nuire à vos relations personnelles, comme nous venons de le voir, mais aussi à vos relations professionnelles.

La leçon à retenir, c'est que vos propos sur vous-même modifient la perception que les autres ont de vous et, dès lors, ce qu'ils disent de vous.

Le syndrome de la «plaisanterie»

Quelqu'un vous dit quelque chose de bizarre ou de choquant et, constatant que vous rougissez de colère ou que vous avez l'air dégoûté, ajoute que ce n'était qu'une plaisanterie, afin de désamorcer le commentaire hostile. Plaisanterie ou pas, vous avez l'impression d'avoir reçu une gifle.

La théorie de Freud selon laquelle il n'y a pas de plaisanterie, «seulement la vérité», s'applique à de tels cas. Les gens qui vous disent ou vous font des choses méchantes pour ensuite prétendre qu'ils plaisantaient révèlent bien des vérités. Ils vous montrent qu'ils entretiennent des sentiments négatifs à votre endroit.

Ceux qui présentent le syndrome de la «plaisanterie» souhaitent souvent attirer votre attention ou susciter une réaction de votre part. Ils y parviennent parfois, mais la réaction sera sans doute si négative que vous ne voudrez plus jamais avoir affaire à eux.

Quand Joseph, l'homme avec qui vous sortez, sourit et vous demande l'âge de votre chien Fido, vous lui souriez en retour et, attendrie, lui répondez : «Cinq ans.» À sa réaction : «N'a-t-il pas atteint l'âge de l'injection fatale ?», vous froncez les sourcils, une expression de dégoût envahit votre visage et vous vous écriez : «QUOI ?» Vous apercevez alors un sourire taquin sur le visage de Joseph, qui essaie de désamorcer votre colère en vous disant : «Ce n'était qu'une plaisanterie.» En réalité, Joseph n'aime pas Fido. Inconsciemment, il souhaiterait que Fido disparaisse, surtout quand le chien saute sur lui pendant qu'il vous embrasse. Quand Joseph vous fait l'amour et que Fido saute partout dans le lit, votre amant serait loin d'être bouleversé si l'animal mourait subitement.

Le commentaire hostile de Joseph, suivi de «ce n'était qu'une plaisanterie», est le résultat de l'animosité qu'il ressent envers votre chien et du ressentiment qu'il éprouve à devoir partager votre affection avec l'animal. Si vous essayez de tirer tout cela au clair avec lui, il fait en sorte que vous ayez l'impression que c'est vous qui avez tort : «Qu'est-ce qui ne va pas ? Tu n'aimes pas les blagues ?», ce qui vous fait vous sentir coupable de manquer d'humour.

Souvent, le «plaisantin» — l'auteur du crime verbal — vous met sur la défensive. Généralement, il est tellement inquiet, tellement fragile, tellement incapable d'exprimer sa vulnérabilité et ses sentiments, qu'il s'en prend à vous et vous donne le mauvais rôle sous prétexte que vous êtes fâchée qu'on vous dise des choses négatives. Après tout, il ne faisait que plaisanter.

Ursule a découvert à quel point Gilles éprouvait de la colère et de l'insécurité face à elle quand, après lui avoir dit qu'elle était plus sexy avant d'avoir des implants mammaires, il lui a expliqué qu'il plaisantait. Ursule se sentait écrasée, et rien de ce que pouvait dire Gilles n'arrivait à effacer sa remarque initiale. Il n'a pas réussi à la mettre sur la défensive ni à faire en sorte qu'elle se sente coupable quand il lui a demandé : «Allons ! N'as-tu pas le sens de l'humour ? Qu'est-ce qui ne va pas ?» Au lieu de cela, Ursule a choisi d'aller au fond des choses, jusqu'à ce qu'elle et lui se mettent à hurler et que, finalement, elle insiste pour mettre fin à leurs fiançailles.

Après des heures de tension, de larmes et de tentatives d'y voir clair, Gilles a avoué à Ursule qu'il avait peur de la perdre. Il se disait que, puisque ses seins étaient plus gros et qu'elle s'habillait de façon plus provocante, elle faisait tourner plus de têtes. Gilles était jaloux et inquiet. Il craignait d'être supplanté par d'autres hommes qu'Ursule trouverait plus séduisants. En réalité, Gilles aimait les nouveaux seins d'Ursule mais il se sentait menacé par l'effet que ceux-ci auraient sur les autres hommes. C'est pourquoi il avait critiqué la poitrine d'Ursule, pour ensuite préciser : «Ce n'était qu'une plaisanterie.» Ursule, profondément blessée, était en état de choc.

Grâce à l'acharnement d'Ursule, ils ont pu dénouer une situation délicate, et la blessure émotionnelle de la jeune femme a pu guérir.

Chaque fois que vous entendez : «Ce n'était qu'une plaisanterie», sachez que, en réalité, on vous dit : «Je ne plaisante pas : j'éprouve du ressentiment, de l'insécurité ou de la colère», et cela, ce n'est vraiment pas une plaisanterie.

Écoutez attentivement

Les personnes toxiques révèlent ce qu'elles pensent vraiment par le biais de leurs propos toxiques.

Françoise, l'une de mes clientes, est une actrice belle et talentueuse qui avait vraiment confiance en elle. Malheureusement, Jacques, son agent, ne partageait pas cette confiance, comme le révèle la remarque toxique qu'il lui a adressée. Françoise était allée à une audition et, semble-t-il, le directeur de la distribution aurait dit à Jacques que Françoise n'avait aucun talent. Sans aucun tact, Jacques a rapporté sa conversation à Françoise, qui s'est sentie blessée. Elle lui a alors dit : «Je t'en prie, Jacques, ne me laisse pas tomber; c'est une longue route que nous avons prise ensemble.» Jacques lui a répondu : «Ne t'en fais pas, je ne te laisse pas tomber... encore.» Quelques secondes de silence ont suivi cet «encore». Même si Françoise aurait préféré ne pas l'entendre, la vérité était révélée.

Le bon côté de cette histoire, c'est que Françoise a laissé tomber Jacques avant que celui-ci la laisse tomber. Elle a fini par s'associer avec l'un des plus grands agents de Hollywood, et aujourd'hui sa carrière est en plein essor.

Vous ne devez pas vous contenter d'écouter ce que vous voulez que quelqu'un vous dise : vous devez aussi entendre ce que cette personne vous dit vraiment. Les paroles comptent et sont puissantes. Elles vous en diront long si vous y êtes attentif et si vous les écoutez toutes. Vous serez étonné par toutes les intentions secrètes que vous serez alors en mesure de décoder.

Les jurons ne sont pas les seuls déclencheurs toxiques

Parfois, les gens n'ont pas besoin de dire grand-chose. Il suffit qu'ils commencent une phrase par «tu devrais», «pourquoi n'as-tu pas», «tu aurais dû», «tu ferais mieux de», «pourquoi ne peux-tu pas», «je ne suis pas d'accord», «jamais», «je ne crois pas cela» ou «ce n'est pas vrai» pour susciter la colère et déclencher des réactions de défense.

Rien de ce qu'ils ajoutent à leur phrase ne compte. Le simple fait d'entendre ces déclencheurs toxiques rebute l'interlocuteur, qui se referme sur lui-même ou devient verbalement agressif.

Chaque fois que vous entendez une telle amorce, il se peut que vous soyez en contact avec une personne toxique extrêmement critique et prompte à juger, comme Christine l'a constaté un jour. Elle avait confié à Marie qu'elle avait trouvé un nouveau chemin spirituel. Marie lui avait répondu : «À mon avis, tu devrais essayer le bouddhisme si tu veux vraiment emprunter une voie spirituelle», faisant fi ainsi de l'intérêt de Christine pour sa découverte. Christine s'était refermée; elle n'avait même plus voulu parler à sa prétendue amie pendant le reste de la soirée.

Si vous entendez des amorces toxiques, rappelez-vous que vos sentiments négatifs à l'endroit de votre interlocuteur sont sur le point de monter à la surface.

L'effet que peuvent avoir les mots sur un autre être humain est mentionné dans la Bible : «*La mort et la vie sont au pouvoir de la langue.*»

En vérité, des centaines de crimes ont été commis contre ceux qui ont prononcé des paroles toxiques. Dans les journaux, on rapporte souvent que les paroles de telle ou telle personne ont déclenché un acte violent contre elle. Aujourd'hui, dire des choses toxiques à quelqu'un peut vous coûter la vie.

Les paroles toxiques peuvent aussi conduire au suicide ceux qui les reçoivent. Les supplices verbaux, le harcèlement constant et les pluies de paroles toxiques deviennent impossibles à supporter. Quand c'est le cas, l'irréparable peut être commis. Dans sa note de suicide, Megan, 15 ans, a écrit qu'elle ne pouvait plus endurer le harcèlement de ses camarades et qu'elle préférait mourir que de vivre sous la torture verbale. Malheureusement, le cas de Megan n'est pas unique. Le suicide chez les adolescents est en hausse partout au monde; les pressions exercées par les pairs et la faiblesse de l'estime de soi sont des facteurs importants de cette hausse.

Au fil des ans, les pressions exercées sur les jeunes pour qu'ils soient «comme les autres» et «acceptés par les autres» se sont accentuées, et aujourd'hui la punition infligée à ceux qui sont différents — ne serait-ce que sur le plan vestimentaire — est plus brutale et plus violente que jamais.

Les adolescents ne sont pas les seuls à souffrir quand ils font constamment l'objet de commentaires et de taquineries toxiques. Les adultes ressentent cette douleur, peut-être même plus que les jeunes.

Durant mes études postdoctorales en génétique à l'Université de la Californie, j'ai beaucoup travaillé avec des personnes de petite taille ou naines. Un jour que j'accompagnais une naine à la salle d'examen, nous avons traversé le hall de l'hôpital. Deux enfants ont commencé à faire des plaisanteries sur elle, en riant aux éclats. Leur mère s'est même jointe à eux. Je me suis tournée vers ces gens et leur ai dit : «Je suis étonnée par votre comportement. Comment osez-vous vous moquer de cette femme simplement parce qu'elle est de petite taille ? Il n'y a rien de drôle en elle.» Embarrassé, le trio a immédiatement cessé de rire. La naine s'est tournée vers moi et m'a dit : «Vous savez, j'apprécie ce que vous avez fait pour me défendre. Mais je dois vous dire que j'y suis habituée. J'ai entendu cela toute ma vie.»

Ces paroles m'ont brisé le cœur. Pourquoi quelqu'un devrait-il s'«habituer» à entendre toutes ces remarques méchantes ? Il y a quelque chose de tragique dans une société où l'on rit des malheurs des autres. Tout cela n'a rien à voir avec l'humour. C'est plutôt le symptôme d'une maladie morale.

On ne peut railler, chahuter ou abaisser les gens toute leur vie et s'attendre à ce qu'ils l'encaissent silencieusement. Quand les victimes n'absorbent pas intérieurement ces attaques qui finissent par les détruire, elles atteignent souvent un point de rupture et font ricocher l'hostilité vers l'extérieur. Un jour, ayant enduré tout ce qu'elles ont pu, elles risquent de faire des gestes terribles à l'endroit des autres.

On ne devrait donc pas s'étonner de lire dans le journal l'histoire du conducteur de métro new-yorkais qui, après de nombreuses tentatives pour que ses collègues cessent de se moquer méchamment de son bégaiement, a ouvert le feu sur eux, en en blessant un et en en tuant un autre, avant de se donner la mort.

Le commentaire du Christ dans le Nouveau Testament résume bien ce dont il s'agit : «*Ce n'est pas ce qui entre dans la bouche qui souille l'homme; mais ce qui sort de la bouche, c'est là ce qui souille l'homme.*»

Si vous adressez des paroles toxiques aux autres, vous devez en assumer toutes les conséquences. Sachez que votre interlocuteur n'oubliera peut-être jamais vos paroles.

Vous êtes peut-être si fâché que, pour ne pas exploser, vous avez besoin de crier et de proférer des paroles toxiques. Criez tant que vous voulez et dites les choses les plus laides, mais, si vous le faites, comprenez que vous risquez de perdre un ami à jamais, parce que les paroles blessantes ne s'oublient pas et ne peuvent pas être retirées.

Trop souvent, nous lançons des paroles toxiques aux autres, comme des balles de revolver tirées au hasard. Nous sommes responsables de ce que nous disons et de la façon dont nous utilisons nos projectiles verbaux. Comme de vraies balles, les paroles toxiques risquent non seulement de blesser mais aussi de tuer les autres... ou de nous tuer nous-mêmes.

3.

MOTIVATIONS DES PERSONNES TOXIQUES

- La jalousie est la source de toute toxicité
- Pourquoi est-ce qu'on vous déteste quand vous êtes magnifique ou que vous réussissez ?
- Pourquoi vous aime-t-on seulement lorsque vous êtes magnifique ou que vous réussissez ?
- Pourquoi est-ce qu'on vous déteste quand vous échouez ?
- Pourquoi est-ce qu'on vous déteste une fois qu'on vous connaît ?
- Comme vous ne pouvez plaire à tout le monde, vous devez vous plaire à vous-même

La jalousie est la source de toute toxicité

La jalousie est une réaction primaire. Après tout, pourquoi les chiens aboient-ils quand vous faites grand cas d'un enfant et que vous le cajolez ? Pourquoi certains animaux sauvages sont-ils prêts à tuer les membres de leur meute qui ont plus de nourriture qu'eux ? Pourquoi des enfants de trois ans, qui ont appris à parler et qui sont propres, commencent-ils à parler comme des bébés ou à salir leur culotte, bref à régresser, quand un nouveau-né arrive au foyer ?

Tout cela s'explique par la jalousie et par l'envie : l'insatisfaction et le sentiment d'insuffisance éprouvés devant les biens, la réussite ou l'amour dont jouissent les autres, et le désir de se les approprier. C'est sans doute parce qu'elles sont jalouses de vous que les personnes toxiques se comportent avec vous comme elles le font; mais sachez que la jalousie pourrait vous pousser vous aussi à agir d'une façon toxique pour les autres.

Je me souviens d'avoir observé, quand j'étais petite, un cas typique de jalousie. Je regardais à la télévision un concours de beauté pour enfants. Deux petites concurrentes se tenaient devant la caméra, se serrant les mains anxieusement, tandis que le roulement du tambour annonçait que l'animateur allait bientôt couronner la reine de beauté. Le grand moment est finalement arrivé, et on a nommé la gagnante. À ce moment-là, la perdante a assené à sa rivale victorieuse un coup de poing en plein visage. La gagnante s'est mise à pleurer convulsivement, parce qu'elle avait été frappée. La perdante pleurait elle aussi convulsivement, parce qu'elle avait perdu. Moi, à la maison, je riais convulsivement, parce que c'était la scène la plus drôle que j'avais vue dans ma vie, surtout que l'animateur ne réussissait pas à séparer les deux fillettes et que les deux mères se sont mises à s'injurier et à invectiver le pauvre animateur qui essayait vainement de reprendre la situation en main.

Le comportement de la petite perdante était une réaction élémentaire au fait que quelqu'un d'autre avait obtenu ce qu'elle convoitait. Furieuse d'avoir perdu et folle de jalousie, elle s'en est prise à sa rivale.

En repensant aujourd'hui à cet incident, je ne le trouve plus drôle du tout. Je le vois plutôt comme l'illustration crue de ce trait de la condition humaine qui afflige un trop grand nombre d'individus, jeunes ou vieux : la jalousie.

L'un de mes clients, un bel homme intelligent et athlétique, est sorti un jour avec une jeune femme charmante et séduisante que des amis lui avaient fait rencontrer. Comme ils étaient attirés l'un par l'autre, ils ont décidé de se revoir, cette fois pour jouer au racquetball. La femme, ancienne championne, gagnait tout le temps, tandis que lui s'irritait de plus en plus. Finalement, il lui a délibérément envoyé une balle sur la tête à un moment où elle lui tournait le dos. Feignant un accident, il s'est confondu en excuses. Mais il se réjouissait intérieurement de lui avoir fait mal et d'avoir dès lors à mettre fin au match. En me racontant cette histoire, mon client poussait de petits hennissements de satisfaction. Il essayait de me montrer à quel point il avait fait preuve d'imagination pour empêcher qu'une «femme» lui fasse honte.

J'étais dégoûtée. J'ai compris que cet homme faible avait été saisi de jalousie à l'endroit de cette femme, meilleure athlète que lui. Puisqu'il lui était impossible d'accepter qu'elle l'emporte sur lui, il a fait comme la petite perdante au concours de beauté : il a frappé sa rivale.

Souvent, des mauvais traitements causés par la jalousie sont infligés non seulement sur le plan physique mais aussi sur le plan mental : jeux d'esprit, mots cruels et comportements méchants.

En grandissant, nous nous rendons compte qu'il y a des nantis et des démunis ou, comme nous en sommes généralement venus à les appeler, des gagnants et des perdants. Dans la vie, parfois nous gagnons, parfois nous perdons. Il n'y a pas de sentiment plus exaltant que celui de gagner, ni de sentiment plus éprouvant que celui de perdre. Quand nous perdons, nous nous sentons déprimés, dévalorisés et réduits au rôle de victimes, et nous nous vengeons contre nous-mêmes en abusant de nourriture ou d'alcool, ou en cherchant l'évasion dans la drogue ou dans des activités susceptibles de nous mettre dans le pétrin. Il arrive souvent que nous dirigions notre colère et notre frustration sur les personnes les plus proches de nous ou sur celles que nous aimons le plus. Leur réaction négative au traitement que nous leur infligeons nous diminue encore plus dans notre propre estime et renforce notre sentiment d'être des perdants.

La présence de «gagnants» dans notre entourage accentue notre frustration. Quand il nous arrive de porter notre regard ailleurs que sur nous-mêmes et que nous voyons notre voisin qui a «gagné», nous nous sentons encore plus mal dans notre peau. Après tout, il possède une grande maison, son fils fréquente l'université, sa femme l'adore, il conduit une magnifique voiture de sport... Il est en grande forme physique, élégant et riche, il part en vacances avec sa famille deux fois l'an dans des endroits fabuleux... Il donne de grandes réceptions chez lui, pour des gens qui semblent vraiment l'apprécier... Lui et sa femme ont toujours l'air de s'amuser énormément... Il sourit toujours. Tous ceux à qui vous parlez de lui semblent l'apprécier. Alors pourquoi, vous, le détestez-vous ?

Vous le détestez parce qu'il a réussi sur tous les plans ou du moins c'est ce que vous croyez. Au lieu de vous réjouir pour lui, de vous sentir inspiré par lui et motivé, vous, comme bien d'autres, chercherez à le détruire.

Vous pourriez chercher à le détruire avec vos sarcasmes ou vos réactions négatives, ou avec des paroles mielleuses au sujet de sa réussite, accompagnées de regards acides. Votre expression et votre gestuelle vous trahiront. Le «gagnant» est loin d'être sourd et aveugle. Il comprend ce qui se passe et se sent blessé. Votre attitude le place dans une situation extrêmement difficile, et particulièrement douloureuse si c'est une personne que vous prétendez aimer ou qui vous croit son ami.

Jennifer a confié un secret à sa meilleure amie, Marilyn : elle est enceinte. Les deux femmes ont eu dans le passé de nombreuses conversations sur le fait qu'elles ne rajeunissent pas et sur leur désir d'être mères. Jennifer, ayant réussi à devenir enceinte, avait hâte de l'annoncer à Marilyn, convaincue que celle-ci serait ravie pour elle.

Quelle déception pour Jennifer ! Au lieu de se réjouir du bonheur de son amie, Marilyn a senti sa gorger se serrer; l'air peiné et froid, elle est parvenue à lui dire, d'un ton monocorde : «Bravo ! C'est merveilleux. Je suis vraiment contente pour toi.» De toute évidence, ses paroles contredisaient ses sentiments. Il ne fallait pas être un génie pour comprendre que Marilyn ne pensait pas du tout au bonheur de Jennifer ni au bébé que celle-ci aurait bientôt. Elle pensait plutôt au bébé qu'elle-même n'aurait pas. Marilyn était jalouse de Jennifer, et cette dernière le sentait bien. Mais, au lieu de se comporter comme la plupart des gens l'auraient fait — laisser sa colère briser une longue relation d'amitié —, Jennifer a serré Marilyn dans ses bras.

Les sentiments de jalousie et d'envie font généralement surface quand nous avons l'impression de ne pas être à la hauteur, quand il nous manque quelque chose ou que nous sentons que quelqu'un est mieux loti que nous.

La jalousie cause la plupart des ruptures dans les relations. Au cours d'un petit sondage personnel, j'ai posé la question suivante à 105 personnes : «Si vous avez vécu une rupture avec un ami, qu'est-ce qui l'a provoquée ?» Plus de 75 % de ces personnes ont attribué la rupture à la jalousie de leur ex-ami. Cela est particulièrement vrai dans les relations amoureuses, quand l'un des partenaires craint que l'autre le quitte. La personne jalouse devient possessive et s'en prend verbalement ou physiquement à son partenaire.

J'ai demandé à divers psychologues et conseillers matrimoniaux ou familiaux pourquoi les conjoints s'attaquent si souvent l'un l'autre. La plupart m'ont répondu que cela est dû au sentiment de ne pas être à la hauteur. La personne en question est si jalouse de son conjoint et éprouve un tel sentiment d'insécurité qu'elle recourt à la violence pour avoir plus d'emprise sur la relation. Parfois, il s'agit d'une violence verbale qui se manifeste sous forme de critiques.

Peut-être cela explique-t-il le fait que tant d'hommes d'affaires puissants et respectés, qui gèrent de grandes entreprises et dirigent des milliers d'employés, sont mariés à des femmes qui les maltraitent verbalement à la maison. Ces femmes les harcèlent et les critiquent constamment, afin d'exercer un certain pouvoir sur eux et de les faire tomber de leur piédestal.

La critique peut être bénéfique si elle est formulée dans des termes bienveillants et chaleureux. Ce qu'il faut vous demander, c'est qui vous critique et pourquoi. Vous critique-t-on afin que vous puissiez vous améliorer ? Le fait-on avec sincérité, pour votre bien ? Si c'est le cas, vous ne nourrirez pas de sentiments négatifs à l'endroit de la personne qui vous adresse des critiques. En fait, il se pourrait bien que vous la respectiez davantage pour sa franchise. La plupart du temps, la critique constructive s'exprime de façon positive et polie, par des paroles d'encouragement et d'affection.

Par contre, il y aura toujours des gens qui vous critiqueront sans que ce soit pour votre bien. Ils vous attaqueront parce qu'ils ne vous aiment pas, qu'ils sont jaloux de vous ou qu'ils prennent plaisir à vous énumérer vos travers, vos points faibles et vos défauts.

Celui qui vous montre du doigt et vous critique ne peut faire autrement que se regarder lui-même. Après tout, s'il pointe le doigt dans votre direction, c'est que trois autres de ses doigts pointent dans la sienne. Par conséquent, la personne qui vous critique a besoin de réfléchir à ce qui la motive. Si elle est honnête, elle se rendra probablement compte qu'elle est jalouse de vous, car vous avez sans doute quelque chose qui lui manque ou qu'elle désire avoir.

Pourquoi est-ce qu'on vous déteste quand vous êtes magnifique ou que vous réussissez ?

Il y a quelques années, une campagne publicitaire pour un shampooing mettait en vedette la magnifique actrice Kelly LeBrock (La Femme en rouge), qui déployait sa chevelure en tous sens en disant : «Ne me haïssez pas parce que je suis belle !» Elle décrivait alors les qualités du produit, en insistant sur le fait qu'il était à l'origine de sa beauté. Même si je suis sûre que le shampooing lui était utile, je ne crois pas que c'était ce qui la rendait si belle. Pourtant, la campagne était efficace : vous vous preniez de sympathie pour cette femme qui faisait une déclaration si audacieuse, et votre attention était ainsi captée pour le reste du message publicitaire.

Notre société accorde la plus haute importance à l'apparence physique. Cette attitude a peut-être pris naissance à Hollywood, où vit le «beau monde», avant d'imprégner l'Amérique entière et le reste du monde.

Hollywood est l'exemple typique de l'importance exacerbée qui est accordée à l'apparence physique de l'être humain. À Hollywood, tous les citoyens ne sont pas égaux. Vous êtes jugé en fonction de votre apparence, de votre façon de vous exprimer et de votre statut. Votre vie en dépend. Dans mon bureau de Beverly Hills, de magnifiques et voluptueuses jeunes filles éclatent parfois en sanglots parce qu'un quelconque producteur ou réalisateur leur a dit qu'elles devaient perdre 10 kilos pour obtenir tel ou tel rôle. Elles se privent alors de manger. Ou elles se mettent à manger de façon compulsive, puis se font vomir. Elles se gavent de laxatifs. Elles recourent à la liposuccion et à la rhinoplastie. Elles se font redresser ou blanchir les dents, remonter les seins ou mettre des implants, lisser la peau... tout cela pour être belles. Paradoxalement, une fois qu'elles atteignent le bon poids, qu'elles ont le nez, les dents, les seins et le teint qu'il faut, elles courent le risque d'être «trop belles» et de se faire rejeter pour les rôles qu'elles convoitent.

Les gens ressentent des émotions contradictoires envers les personnes qui sont belles. Ces émotions ont tendance à se transformer en haine ou en ressentiment à l'endroit de l'individu qui devient beau. La personne qui manque de confiance en elle-même se sent mal à l'aise avec celle qui a réussi à devenir plus attirante.

Frieda, 45 ans, était née avec un palais fendu qu'elle n'avait pas fait corriger par une chirurgie. Son élocution nasillarde la rendait difficile à comprendre. Elle avait pris rendez-vous avec moi, après m'avoir vue à la télévision. À son entrée dans mon bureau, j'ai pu constater à quel point elle était négligée de sa personne. Ses dents étaient pourries, et on avait l'impression qu'elle ne s'était pas lavée depuis longtemps. Elle portait des lunettes tout à fait démodées, ses longs cheveux étaient sales et gras, et son teint laissait beaucoup à désirer. Obèse, elle portait des vêtements qui ne l'avantageaient pas.

En plus de m'occuper de son élocution, j'ai décidé de l'aider à améliorer son «image globale». Ouvrière sur une chaîne de montage, elle n'avait pas les moyens de s'offrir un changement d'apparence. J'ai donc demandé l'aide de deux amis à moi, le plasticien Henry Kawamoto et le dentiste Henry Yamada, qui ont accepté de faire d'elle un «modèle» pour leurs étudiants. J'ai ensuite parlé de Frieda à d'autres amis susceptibles de l'aider : ma dermatologue a soigné sa peau; ma coiffeuse lui a fait une coupe avantageuse et facile d'entretien; mon optométriste lui a examiné la vue et fourni des lunettes attrayantes — tout cela gratuitement. J'ai consacré des heures et des heures de thérapie à améliorer son élocution et ses techniques de communication, sans parler des heures que j'ai passées à l'encourager et à essayer de lui redonner confiance en elle-même, afin qu'elle mène une vie plus riche et qu'elle réalise ses rêves. Je lui ai imposé un régime sain et un programme d'exercices, et lui ai enseigné à mettre ses traits en valeur grâce au maquillage. Enfin, je l'ai emmenée dans un magasin de vêtements griffés à rabais et lui ai montré comment choisir quelques vêtements de haute qualité, pour ensuite les combiner de diverses façons et y ajouter des accessoires.

Frieda avait fière allure. Son élocution s'était améliorée et elle se sentait bien dans sa peau. Elle était prête à commencer une nouvelle vie.

Plusieurs mois plus tard, j'ai reçu du Dr Kawamoto un appel téléphonique troublant. Frieda s'était rendue à son bureau pour son suivi postopératoire. Ses organes d'élocution fonctionnaient correctement, mais son élocution, elle, avait régressé. Il m'a aussi rapporté qu'elle avait le même air négligé qu'avant l'opération : malpropre, obèse et débraillée. Il se demandait ce qui avait bien pu arriver.

En état de choc, j'ai immédiatement téléphoné à Frieda qui m'a répondu avec le ton nasillard et monotone que nous avions travaillé pendant des heures et des heures à corriger. «Frieda, que vous est-il arrivé ? Nous avons toutes deux travaillé si fort pour améliorer votre élocution et votre image.» Sans l'ombre d'une hésitation, elle m'a répondu ceci : «Eh bien ! mes amis me préfèrent comme j'étais avant.»

J'ai eu l'impression d'encaisser un coup de poing en plein estomac. Non seulement j'étais triste à la pensée que tant d'efforts et tant d'heures avaient été dépensés en vain, mais j'étais atterrée de constater que Frieda n'avait pas acquis le courage, la force intérieure et la connaissance qui lui auraient permis de comprendre que les personnes toxiques qui préféraient l'ancienne Frieda n'étaient pas de vrais amis. Ses soi-disant amis se sentaient menacés par sa beauté et son assurance nouvelles.

Malheureusement, il existe trop de gens qui se sentent à tel point menacés par les changements positifs chez les autres qu'ils tentent de les saboter. Cette situation est des plus fréquentes quand un individu essaie de s'affranchir d'une dépendance à la drogue, à l'alcool ou à la nourriture.

Il existe aussi des personnes toxiques qui ne vous aimeront que lorsque vous aurez belle apparence et que vous vous sentirez bien dans votre peau.

Pourquoi vous aime-t-on seulement lorsque vous êtes magnifique ou que vous réussissez ?

Thérèse abhorrait l'homme de 140 kilos qu'était devenu Maurice, son mari, après huit ans de mariage. Cette obésité avait fini par la dégoûter sur le plan sexuel. Elle étouffait presque lorsqu'il s'étendait sur elle. Sa respiration difficile, sa transpiration excessive et son apparence grotesque la révulsaient. Chaque fois qu'elle le pouvait, Thérèse harcelait Maurice pour qu'il maigrisse. En vain, elle avait tout essayé, des cajoleries jusqu'aux menaces. Le jour où Maurice n'a plus été capable de monter dans sa voiture, il s'est finalement inscrit à un programme d'amaigrissement, grâce auquel il a perdu 70 kilos !

À la fin du programme, Maurice était devenu plus séduisant que le jour de ses noces : son visage était plus viril qu'alors, et il avait l'air plus distingué avec sa chevelure poivre et sel. S'entraînant aux poids et haltères, Maurice était devenu un véritable Monsieur Muscles. Les femmes étaient séduites et flirtaient ouvertement avec lui. Des gens qui, auparavant, ne l'auraient même pas salué amorçaient la conversation avec lui. Ses amis l'invitaient constamment à sortir, et son petit commerce de matériel d'éclairage allait de mieux en mieux.

Maurice commençait à devenir imbu de lui-même. Effrayée, Thérèse se disait qu'elle avait créé un monstre. Elle ne savait pas comment traiter son nouveau Maurice. Au début, elle essayait de le séduire et lui demandait constamment de faire l'amour; Maurice réagissait plutôt tièdement.

Furieuse d'être repoussée, Thérèse a alors repris ses vieilles habitudes de harcèlement, mais cette fois elle s'en est prise à sa façon de s'habiller, à ses dépenses et à d'autres choses sans importance. Maurice, qui n'avait pas oublié comment Thérèse l'avait traité quand il était obèse, n'allait pas tolérer ses attaques. Il lui en voulait parce qu'elle ne lui faisait des avances sexuelles que depuis qu'il était redevenu mince. Il n'a pas hésité à demander le divorce.

Nous sommes tous en mesure de comprendre ce qu'a vécu Maurice. Personne ne veut être aimé pour sa seule beauté physique. Quand c'est le cas — comme après une transformation physique avantageuse —, la colère et le ressentiment apparaissent.

J'ai vu à l'émission de Phil Donahue un exemple frappant du ressentiment que l'on peut éprouver à l'endroit de quelqu'un qui réagit bien avec vous seulement parce que vous avez belle apparence. L'équipe de Donahue avait demandé à une femme belle et mince de revêtir une combinaison de latex la faisant paraître obèse. Ensuite, on lui a fait porter des vêtements pour taille forte et on a filmé son rendez-vous dans un restaurant avec un homme qu'elle ne connaissait pas. Dès les premières minutes de la rencontre, l'homme a commencé à lui dire qu'elle devrait entreprendre un programme d'exercice et éviter de manger tel ou tel aliment. Il devenait de plus en plus choquant de l'entendre traiter de haut cette femme, en faisant constamment référence à son poids, durant tout le repas. Il a même commandé pour elle, décidant de ce qu'elle pouvait et ne pouvait pas manger.

Le lendemain, l'homme est arrivé sur le plateau de l'émission de Donahue, croyant qu'il ferait partie d'un groupe à qui on demanderait : «Sortiriez-vous avec une personne obèse ?» Il était prêt à parler de ses expériences et à donner son opinion.

Soudain, une femme magnifique s'est levée dans la salle

et est montée sur la scène s'asseoir près de lui. Donahue a demandé à l'homme si c'était là le type de femme avec qui il sortirait. L'homme a souri en lui enlaçant lascivement la taille, sur quoi la femme l'a repoussé, en le frappant presque.

Inutile de dire que cette femme était celle que l'on avait déguisée la veille. En racontant l'expérience qu'elle avait vécue ce soir-là en tant que femme obèse, elle devenait de plus en plus furieuse. Malgré cela, l'homme continuait d'essayer de l'enlacer. Après un certain temps, la jeune femme s'est écriée : «Phil, dites à ce pauvre type de ne pas me toucher, sinon je quitte la scène !»

Tous ceux qui ont regardé l'émission ce jour-là ont trouvé cet homme répugnant. Il était éprouvant d'être témoin, premièrement, de la grossièreté manifestée à l'endroit d'une personne à cause de sa seule apparence physique et, deuxièmement, des gestes de séduction tentés sur la même personne une fois métamorphosée.

Une réaction de colère est tout à fait naturelle dans un cas comme celui-là : personne ne veut être aimé pour sa seule apparence physique. Malheureusement, c'est une situation par trop commune dans notre société.

Pourquoi est-ce qu'on vous déteste quand vous échouez ?

À Hollywood, un acteur en vogue est invité à toutes les grandes réceptions, trouve une table dans les meilleurs restaurants et se fait photographier inlassablement par les paparazzi. Quand cette même personne tient le rôle principal dans une série télévisée ou un film qui fait un four, ce qui se passe est fascinant. Les invitations aux réceptions se font de plus en plus rares, les grands restaurants n'ont plus de tables libres, et les paparazzi s'éloignent.

L'une de mes clientes a enregistré un disque qui a atteint le sommet des palmarès. Elle donnait ses concerts à guichets fermés, et les offres de films et d'émissions de télévision pleuvaient. Elle se rendait tous les soirs à des réceptions, où elle était traitée comme l'invitée de marque. Son disque suivant a été un échec; du jour au lendemain les gens ont changé d'attitude envers elle. Elle n'a jamais retrouvé la première place des palmarès. À Hollywood, on dit que vous valez autant que votre dernier film. Si vous subissez un échec, vous ne valez plus rien dans ce milieu.

Dans le monde «ordinaire» aussi, les gens peuvent vous traiter injustement uniquement parce que vous avez échoué. Après vous en avoir voulu pour votre succès, ils finissent par vous haïr pour votre échec.

Pourquoi, quand quelqu'un chancelle, est-il si facile de faire comme les autres et d'essayer de le faire tomber ?

Donald Trump avait tout pour lui : il était riche, célèbre, sûr de lui et intelligent, en plus d'occuper un rang social élevé et d'être marié à une femme superbe, Ivana. Les médias l'adulaient, jusqu'à ce qu'il ait une liaison avec Marla Maples. Cette aventure était loin d'être discrète : Marla et Ivana se sont apostrophées sur les pentes de ski d'Aspen, au Colorado, devant Donald... et devant le monde entier.

Après cet incident, il semble que l'étoile de Donald ait pâli. Il n'avait plus le don de tout transformer en or. Il a perdu des millions de dollars en plus de sa réputation, et il a perdu sa femme. Ivana, victorieuse, a alors connu la réussite : gamme de vêtements à son nom, livres, conférences, vie sociale active, nouvel amoureux... tout le monde semblait prendre son parti.

Les gens en voulaient à Donald d'avoir mené sa vie comme il l'avait fait. Il avait été leur héros. Même s'il a fini par épouser l'«autre» femme, nombreux sont ceux qui ont pensé que Marla lui avait mis le grappin dessus parce qu'elle était enceinte.

Pourquoi le public a-t-il été si prompt à se réjouir des revers de Donald et a-t-il continué à le frapper quand il était tombé ? Les gens se sont intéressés à la saga des Trump parce que Donald était un héros qui, après avoir réalisé le Rêve américain, avait tout raté. Il a déçu tous ceux qui vivaient à travers lui et qui croyaient qu'il menait une vie idéale à laquelle eux aussi pouvaient aspirer. Après avoir été un modèle, Donald s'est révélé être comme tout le monde, ce qui nous a irrités. Nous voulions un héros.

Au fond, les gens ne peuvent pas supporter que vous tombiez parce que votre échec leur rappelle qu'eux aussi risquent l'échec.

C'est la peur qui motive les gens à faire des commentaires toxiques au sujet des sans-abri ou des obèses, de ceux qui ont perdu leur emploi, leur maison ou la santé, ou de ceux qui ont connu une série de tragédies dans leur vie. Les gens craignent que les mêmes revers les frappent. Au lieu de faire preuve de compassion et de se montrer serviables, ils trouvent beaucoup plus facile de supporter leur douleur en la convertissant en hostilité ou en l'ignorant tout simplement, dans l'espoir qu'elle disparaîtra d'elle-même. C'est ainsi qu'ils se protègent contre le sentiment de vulnérabilité qui les menace.

Pourquoi est-ce qu'on vous déteste une fois qu'on vous connaît ?

La familiarité engendre le mépris, dit-on. En réalité, la familiarité devrait engendrer l'amour. Pourquoi sont-ce ceux qui vous connaissent le mieux qui finissent par vous traiter le plus mal ? Pourquoi les gens se comportent-ils mieux avec de purs étrangers qu'avec leurs proches ? Cela relève d'un manque d'estime de soi.

Vous rappelez-vous la plaisanterie de Groucho Marx : «Je ne voudrais jamais faire partie d'un club qui m'accepterait comme membre» ? Quiconque aurait voulu être son ami, pensait-il, devait manquer de jugement !

Même si cet humour autodénigrant nous fait rire, ce

n'est pas drôle. Trop souvent dans notre société, ce sentiment empoisonne familles, amitiés et mariages.

Si vous êtes mal dans votre peau ou que vous vous sentez indigne d'être aimé, comment pouvez-vous aimer un autre être ? Dans mon cabinet, j'ai entendu d'innombrables clients me parler de personnes qui, au début d'une relation amicale ou sentimentale, sont généreux, chaleureux et ouverts, mais qui se transforment plus tard en véritables terreurs.

Dolorès, ma cliente, a vécu une telle expérience de Jekyll et Hyde avec Dominic, qui, durant leurs fiançailles, la traitait comme une reine. Il l'inondait de cadeaux, l'emmenait dans les meilleurs restaurants et était attentif à tous ses besoins. Il était affectueux avec elle, lui téléphonait cinq fois par jour pour lui dire son amour, lui faisait couler des bains et lui préparait des soupers d'amoureux.

Après le mariage, tout a changé. Dominic est devenu égoïste, renfrogné, négatif et carrément hostile. Ce n'est qu'après de longues séances de thérapie conjugale qu'il a pu révéler qu'il croyait ne pas mériter Dolorès. Il avait tenté de saboter leur relation en faisant des choses désagréables. Ayant tout fait pour que Dolorès fasse partie de sa vie, Dominic cherchait maintenant à l'en chasser. Grâce à une thérapie individuelle ultérieure, il a réussi à renforcer son estime de soi et à s'aimer davantage, et a pu dès lors appliquer ces sentiments positifs à sa relation avec Dolorès.

Dominic et Dolorès sont parvenus à sauver leur union, mais, dans la plupart des cas, l'individu qui ne s'aime pas lui-même ou qui ressent de l'insécurité ne peut jamais vraiment éprouver de sentiments positifs envers quelqu'un d'autre dans sa vie, qu'il s'agisse d'une relation amoureuse, professionnelle ou familiale. C'est pour cela que dans tant de familles on est capable de traiter les étrangers avec respect, avec dignité et avec bonté, mais qu'on se comporte les uns envers les autres d'une façon grossière, désagréable et irrespectueuse. Ces gens traitent leurs proches avec la même haine et le même manque de respect qu'ils se traitent eux-mêmes. Tout cela relève d'un manque de respect, d'estime et d'amour de soi.

Comme vous ne pouvez plaire à tout le monde, vous devez vous plaire à vous-même

Les personnes toxiques vous détestent quand vous êtes magnifique et que vous réussissez. Elles vous détestent aussi quand vous échouez. D'une façon ou d'une autre, vous perdez. Les gens vous aimeront ou vous haïront pour vos réussites ou vos échecs, et vous n'y pouvez absolument rien.

Le regretté Ricky Nelson, l'idole des adolescents des années 1950, a tenté un retour au début des années 1970 et s'est fait huer au Madison Square Garden parce qu'il n'a pas chanté ses vieux succès. C'était de sa part une erreur de jugement : le public, nostalgique, était venu entendre ses vieilles rengaines. Sa déception l'a poussé à écrire une chanson relatant cette expérience, The Garden Party; ce disque est l'un de ceux qui se sont le mieux vendus de toute la décennie.

«Comme vous ne pouvez plaire à tout le monde, vous devez vous plaire à vous-même», disait sa chanson. Ces paroles devraient être gravées dans l'esprit de chacun de nous, afin que nous puissions y trouver un réconfort chaque fois que nous nous sentons mis au ban de la société ou aliénés. Les techniques que je vous apprendrai plus loin dans cet ouvrage vous permettront de faire face aux gestes toxiques motivés par la jalousie ou par une estime de soi médiocre.

Nous passons trop souvent notre vie à essayer de plaire à tout le monde et de nous faire aimer quand, en réalité, il y aura toujours des gens qui ne nous aimeront jamais. Il se peut que, sans savoir pourquoi, nous soyons toxiques pour ces gens. En retour, leurs gestes sont toxiques pour nous.

On devrait enseigner aux gens dès l'enfance que la raison pour laquelle on s'acharne sur eux n'a aucune importance : ils sont trop gros ou trop maigres, trop grands ou trop petits, trop blonds ou trop noirs, trop blancs ou pas assez. Ils doivent apprendre très tôt dans la vie que — pourvu qu'ils s'aiment et s'acceptent eux-mêmes, quels que soient leur apparence ou leurs traits de caractère — ce que les autres pensent ou disent d'eux est sans importance.

Si nous continuions de penser de cette façon à l'âge adulte, nous serions certes plus heureux et connaîtrions moins de déceptions, puisque nous n'aurions à plaire à personne d'autre qu'à nous-mêmes.

C'est peut-être le commentaire du célèbre Bill Cosby qui résume le mieux ce principe : «Je ne connais pas la clé du succès, mais je sais que la clé de l'échec, c'est d'essayer de plaire à tout le monde.» Comme il a raison !

4

RECONNAÎTRE LES PERSONNES TOXIQUES DANS VOTRE VIE

- Regarder la réalité en face
- Qu'est-ce qu'une personne toxique ?
- Pourquoi y a-t-il des personnes toxiques ?
- Les personnes toxiques vous rendent malade
- L'humeur toxique est contagieuse
- Les personnes toxiques font ressortir ce qu'il y a de pire en vous
- Ce qui guérit l'un tue l'autre
- Les personnes toxiques de votre passé
- Qui est toxique pour vous ?

Regarder la réalité en face

Il y a plusieurs années, au cours d'un séminaire destiné à un groupe de fonctionnaires californiens, j'ai déclaré : «S'il y a des personnes dans votre vie qui ne vous soutiennent pas et qui ne vous accordent pas le respect et la dignité que vous méritez, chassez-les de votre vie. Ne les laissez pas faire partie de votre quotidien.» Après le séminaire, un bel homme, grand et élégant, est venu me trouver et m'a demandé, les larmes aux yeux : «Madame Glass, comment pouvez-vous dire qu'il faut laisser ce type de personnes sortir de notre vie ? Qu'est-ce que je fais des amis que j'ai depuis 20 ou 30 ans ? Cela ne compte-t-il pas ?»

Même si j'étais sensible à ses préoccupations, je lui ai répondu : «Monsieur, la sentimentalité n'est pas de mise quand quelqu'un vous traite mal, vous met des bâtons dans les roues et vous empêche de réaliser votre plein potentiel. La sentimentalité n'est de mise qu'avec ceux qui vous traitent avec bonté, dignité et respect, qui jouent un rôle positif dans votre vie, et absolument pas avec ceux qui sabotent vos efforts et vous empêchent de vous épanouir.»

L'homme a continué de mettre en doute le bien-fondé de mes propos en s'acharnant à défendre sa position selon laquelle il ne faut pas se défaire des personnes toxiques. Il persistait à croire qu'il ne faut pas chasser de sa vie les personnes qui en font partie depuis longtemps ou qui y jouent un rôle important.

Je lui ai demandé s'il pensait à quelqu'un en particulier quand il me disait qu'il ne devait pas se libérer d'une personne toxique.

«Oui, a-t-il répondu timidement. Qu'est-ce que je fais si la personne toxique est ma femme ? Voulez-vous dire que je dois me débarrasser d'elle ?» Des larmes coulaient sur ses joues. «Pendant toute votre allocution, j'ai pensé à ma femme. Depuis notre mariage, il y a plus de 20 ans, elle m'admoneste sans cesse. Elle me dit que je suis un perdant et que je ne suis bon à rien, que j'ai deux mains gauches et les deux pieds dans le même sabot. Elle crie tout le temps.» Il m'a confié que sa vie sexuelle était quasiment inexistante, car sa femme le considérait comme un amant nul. Elle le critiquait constamment, et si quelque chose de bon lui arrivait, une augmentation de salaire ou une récompense par exemple, elle ne le félicitait pas. Au lieu de cela, elle le rabaissait tout le temps, lui rabattant le caquet chaque fois qu'il était heureux de quelque chose.

Il m'a révélé que lui et sa femme avaient essayé de régler

le problème en suivant une thérapie, mais qu'elle avait quand même continué à le maltraiter verbalement. J'ai déclaré à cet homme que, s'il avait tout tenté pour sauver son union et que rien n'avait réussi, il lui fallait se demander s'il souhaitait passer les 20 années suivantes à essuyer les attaques verbales de sa femme. J'ai tenté de lui faire comprendre qu'il n'était pas obligé d'être une victime toute sa vie. D'autres avenues s'ouvraient devant lui et il avait besoin d'apporter quelques changements majeurs dans sa vie.

Il a enfin fini par se réveiller. Il a compris que sa femme n'était pas une alliée ni une amie, mais plutôt une personne extrêmement toxique, qui lui empoisonnait la vie et déchirait le peu d'estime de soi qui lui restait.

Pour la première fois, cet homme était honnête avec lui-même, ce qui le rendait affolé sur le plan émotionnel. Être honnête avec soi-même est une expérience effrayante, surtout après des années passées à se mentir, ou encore à ignorer délibérément ou à nier la réalité. Il peut être particulièrement déconcertant d'affronter la réalité pour finalement constater que la personne qui est censée vous aimer est en fait toxique pour vous et pour votre santé mentale, physique et émotionnelle.

Qu'est-ce qu'une personne toxique ?

Une personne toxique, c'est quelqu'un qui cherche à vous détruire. Elle attaque votre estime de soi et votre dignité, et empoisonne l'essence même de votre être. Usant votre résistance, elle vous rend malade physiquement ou mentalement. La personne toxique ne cherche pas à entretenir la vie. Elle ne voit que le négatif en vous. Jalouse et envieuse, elle se désole de vous voir réussir. En fait, elle se montre hostile chaque fois que vous réussissez. L'insécurité et le fait qu'elle se sente mal dans sa peau la poussent souvent à saboter les efforts que vous faites pour mener une vie heureuse et productive.

Une personne toxique se manifeste de différentes façons. N'importe qui peut l'être, quels que soient son groupe socio-économique, son âge, son héritage culturel, sa religion, sa scolarité et son intelligence. Une personne toxique pourrait même être un génie.

Les personnes toxiques peuvent être présentes dans n'importe quel secteur de votre vie, dans votre famille ou dans votre lieu de travail. Certaines seront ouvertement hostiles et agressives, tandis que d'autres jaseront et agiront dans votre dos. Il y a même des personnes toxiques dont les paroles seront positives et chaleureuses, mais dont le regard trahira l'envie, la négativité et l'hostilité.

Il y a beaucoup à apprendre du grand philosophe Confucius, dont les enseignements ont influencé l'empire chinois et la civilisation de toute l'Asie orientale. Au V siècle avant Jésus-Christ, il disait : «Quand les amis sont prétentieux, flagorneurs ou opportunistes, ils sont nuisibles.» C'est là une définition de la personne toxique.

Comme la plupart des vérités exprimées par Confucius, celle-là s'applique à notre époque et à notre culture. Les personnes toxiques étaient nuisibles il y a 25 siècles, et elles le sont encore aujourd'hui, dans toutes les dimensions de votre vie.

Pourquoi y a-t-il des personnes toxiques ?

Je crois que la plupart des êtres humains sont bons. L'homme naît innocent, bon, heureux, ouvert, réceptif et inoffensif. Les recherches ont démontré que les bébés naissent exempts de haine et d'envie.

Nous ne saurons jamais si des personnes deviennent toxiques à cause de leur environnement (la façon dont elles sont élevées), de leurs traits biologiques particuliers (composition génétique) ou d'une combinaison des deux. Nous ne saurons jamais avec certitude pourquoi telle personne devient toxique et telle autre pas.

Bernard, producteur à Hollywood, a eu une enfance difficile. Son père le torturait physiquement et a fait de la prison pour le meurtre d'un voisin. La mère de Bernard, victime perpétuelle, subissait les mauvais traitements de son mari. Par conséquent, Bernard éprouve peu de respect pour les femmes... enfin, pour tout le monde.

Même s'il s'est taillé une place enviable dans le monde du spectacle, il est parvenu à s'aliéner presque tous ceux qu'il a rencontrés sur son chemin, brûlant ses vaisseaux, escroquant des dizaines de milliers de dollars, ne remboursant jamais ses dettes. Père lamentable et mauvais mari, il maltraitait sa femme et ses enfants, verbalement, affectivement et physiquement.

Emporté par un cancer de l'estomac, Bernard a laissé derrière lui une meute de créanciers, mais aussi beaucoup d'ennemis. Le jour de sa mort, sa secrétaire a téléphoné à certaines vedettes qu'il connaissait, pour leur demander de faire son éloge funèbre. Aucune n'a accepté. En fait, aucune n'a voulu assister aux funérailles.

Les enfants de Bernard étaient ravis d'apprendre qu'il était enfin mort, tandis que son ex-femme était heureuse d'apprendre qu'il reposait en paix. Sa secrétaire était soulagée : elle n'aurait plus à endurer son hostilité. Pour elle, le seul inconvénient consistait à se trouver un autre emploi.

La secrétaire de Bernard m'a raconté que, après avoir téléphoné à plus de 250 personnes et constaté qu'aucune n'assisterait aux funérailles de son patron, elle avait fait incinérer sa «sale dépouille». Elle était convaincue que personne ne penserait plus jamais à cet individu.

À son décès, un être humain devrait laisser un souvenir chaleureux chez ceux qu'il laisse derrière lui et qui se rappelleront l'influence positive et affectueuse qu'il a eue sur d'autres vies. Malheureusement, tout ce que Bernard a laissé, c'est du poison dans chacune des vies qu'il a traversées.

Le fait que la personne soit devenue toxique à cause d'un milieu familial néfaste et d'une carence d'amour parental ne doit en aucune façon vous importer. Tout ce qui compte, c'est de savoir si cette personne est toxique ou non pour vous. Quelle que soit sa réputation ou sa toxicité pour les autres, tout ce qui doit vous préoccuper, c'est d'être traité avec le respect et la dignité que vous méritez.

Les personnes toxiques vous rendent malade

Si vous êtes longtemps en contact avec une personne toxique et que vous laissez son poison vous ronger, vous pourriez être sujet à des maladies psychosomatiques. La négativité de cette personne risque d'user votre résistance physique. En négligeant d'utiliser les techniques décrites dans cet ouvrage, en refoulant votre colère et en refusant d'affronter la personne toxique, vous pourriez être victime d'une maladie grave, voire fatale.

La colère et l'hostilité influent sur la production de l'hormone norépinéphrine. L'hostilité ou le stress constant peut entraîner une surproduction de cette hormone, qui cause de l'hypertension ainsi que des obstructions artérielles susceptibles de provoquer des crises cardiaques ou des accidents vasculaires cérébraux. De plus, selon les chercheurs, il y aurait un lien entre le refoulement des émotions négatives, d'une part, et le cancer et les cardiopathies, d'autre part.

Selon un ouvrage du Dr Deepak Chopra, Ageless Body, Timeless Mind, le taux de survie des victimes de cancer et de maladies du cœur est plus faible chez les personnes en détresse psychologique. J'ai lu récemment cette citation de Woody Allen : «L'un de mes problèmes, c'est que j'intériorise tout. Comme je suis incapable d'exprimer de la colère, j'attrape une tumeur à la place.» Quand je l'ai lue, je n'ai pas ri du tout. Ce qu'il dit est beaucoup trop vrai, comme me l'a tristement rappelé Madeleine, ancienne maquilleuse. Je crois que la tendance de celle-ci à refouler sa colère a joué un rôle dans l'apparition de sa tumeur au cerveau. Madeleine est venue me consulter en orthophonie parce que l'ablation de cette tumeur lui avait paralysé la langue et les cordes vocales. Au cours d'une séance, je lui ai demandé quelle vie elle avait menée avant la découverte de la tumeur.

Elle m'a répondu qu'elle gardait tout à l'intérieur, qu'elle ne confiait jamais sa peine ou sa colère à personne. Elle refusait d'accepter sa colère, parce qu'elle se sentait coupable et qu'elle ne voulait faire de mal à personne.

«Vous savez, m'a-t-elle dit un jour, j'ai beaucoup appris de cette expérience. Je n'aurai jamais plus la lâcheté de ne pas dire à certains qu'ils me tapent sur les nerfs. Je suis en colère et, pour la première fois de ma vie, je me donne la permission de l'être. Je n'ai plus besoin de jouer le rôle de la petite fille gentille et tranquille. Je voudrais faire une scène comme celle qu'a faite Peter Finch dans le film Network, quand il criait à pleins poumons par sa fenêtre : "Je suis furieux ! Je ne vais plus tout encaisser !" Moi, je suis furieuse contre mon père, qui ne s'est jamais soucié de moi et qui ne m'a jamais témoigné d'amour ni d'affection. Je suis furieuse contre ma meilleure amie, qui se sent toujours obligée de me surpasser et de me faire concurrence, surtout quand il y a des hommes dans le paysage. Et je suis furieuse contre mon amoureux, qui n'a pas été là pour moi durant ma longue maladie. Il ne pense qu'à lui et pas du tout à moi.»

En me faisant ces confidences, elle s'est mise à sangloter. Entre deux sanglots, elle a crié qu'elle éprouvait un grand soulagement, comme jamais auparavant. Pour la première fois dans sa vie, Madeleine était arrivée à se décharger de ses émotions, surtout de sa colère.

Comme il est triste qu'il ait fallu une tumeur au cerveau pour que Madeleine matérialise sa colère contre les personnes toxiques dans sa vie !

Une tumeur au cerveau est un cas extrême, bien entendu, mais la compagnie d'une personne toxique peut contribuer à causer toute une gamme de maladies psychosomatiques : maux de tête, nausées, maux de dos, tension dans la gorge, affections cutanées, crises d'asthme ou toux allergique chaque fois que vous êtes en présence de la personne en question. Votre réaction pourrait aussi se manifester sous forme de malaises psychologiques, comme la léthargie, ou de maladies mentales, comme la dépression. Le plus souvent, vous aurez l'impression que le vampire toxique aura sucé toute votre énergie. Cet état d'épuisement émotionnel peut entraîner divers comportements d'autodestruction : suralimentation, boulimie, anorexie, alcoolisme ou autres toxicomanies.

Il se peut que vous hésitiez à faire des vagues ou à prendre le taureau par les cornes. Même si vous vous dites : «Ce n'est rien; cela ne me dérange pas», vous risquez de recourir à des comportements d'autodestruction afin de mieux supporter votre douleur intérieure.

Roger, qui n'avait pas vu ses parents depuis de nombreuses années, a emmené sa fiancée les rencontrer à l'occasion de Noël. Après un délicieux repas familial, Roger, sa fiancée, ses parents et ses frères et sœurs se sont tous assis autour du sapin pour l'échange de cadeaux. Roger, sachant que son père était un amateur de golf, avait pris le temps de lui choisir un polo de cachemire extrêmement cher.

Quand Roger a présenté le cadeau à son père, ce dernier, après avoir déchiré l'emballage et jeté un coup d'œil au tricot, lui a remis la boîte en lui disant froidement : «Je n'ai pas besoin de cela.» Roger, abasourdi, a respectueusement repris son cadeau. Lui et son père ne se sont plus adressé la parole de la soirée. Personne parmi les invités n'a manifesté d'émotion, et l'incident semblait avoir été oublié.

Plus tard ce soir-là, Denise, la fiancée de Roger, lui a dit : «Je n'arrive pas à croire que ton père ait pu te traiter si grossièrement. N'es-tu pas fâché, bouleversé ? N'es-tu pas blessé par son attitude ?»

«Non, lui a répondu Roger. Cela ne me fait rien. Je ne suis pas fâché. Mon père est fait ainsi. Cet incident ne m'a pas dérangé.» Denise était à la fois étonnée et consternée. Irritée contre le père odieux, elle le devenait aussi contre Roger qui niait ses propres sentiments.

Voir Roger refouler ses émotions n'était qu'un avant-goût de ce que Denise allait vivre. Elle a commencé à remarquer que, chaque fois qu'ils se disputaient, Roger se repliait sur lui-même, sans exprimer d'émotion, et s'éloignait. Cette attitude l'a poussée à se demander si elle avait envie d'épouser Roger et de partager avec lui une relation de non-communication. Après des mois d'efforts pour le convaincre, elle était profondément frustrée par le refus de son fiancé de consulter un thérapeute, afin que lui et elle puissent apprendre à dialoguer. Roger continuait de nier l'existence du problème, prétendant avec insistance que rien ne clochait en lui. Denise a finalement compris et a rompu ses fiançailles. Elle trouvait Roger toxique, parce qu'il refusait de partager ses émotions avec elle.

Plus tard, Denise n'a pas été étonnée d'apprendre que Roger, à 38 ans, venait d'être hospitalisé après avoir subi une crise cardiaque. Son cœur agonisait au sens propre et au sens figuré. Étouffé par la colère et le chagrin, il a cessé de battre. Roger avait été un homme en colère. En colère contre son père. En colère contre Denise qui l'avait quitté. Mais, surtout, en colère contre lui-même pour avoir été incapable de manifester ses émotions avant qu'il ne soit trop tard.

Refouler ses sentiments de colère, de douleur et d'humiliation sans les exprimer aux autres risque d'engendrer des affections physiques graves.

L'humeur toxique est contagieuse

Avez-vous déjà été de mauvaise humeur sans savoir pourquoi ? Peut-être était-ce dû à la présence d'une personne toxique. Les gens qui sont sensibles aux autres imitent parfois la voix, les attitudes physiques et les expressions du visage de la personne toxique; par conséquent, ils absorbent aussi certaines de ses caractéristiques intérieures.

Votre mère ne vous disait-elle pas que si vous couchiez avec les chiens vous alliez attraper leurs puces ? Il en va de même pour l'humeur toxique, qui est contagieuse. Si vous restez longtemps en compagnie d'une personne de mauvais poil, vous finirez par l'être vous-même. Vous transmettrez même la maladie, contaminant l'humeur des autres, comme cela a été le cas d'Alex et de son frère Walter.

Walter, autrefois prospère, a fait faillite et sa femme l'a quitté. Il a donc emménagé avec son frère, le temps de se remettre sur pied. Walter n'a pas déménagé que ses vêtements et effets personnels dans la demeure d'Alex. Il y a aussi apporté toute son énergie négative et sa mauvaise humeur.

«Tout va mal depuis que Walter est venu vivre chez nous, m'a confié Alex. Je me sens toujours déprimé et je suis de mauvaise humeur. Ma femme et moi nous chamaillons tout le temps. Je me sens nerveux, malheureux et déprimé. Ma grande réserve d'énergie s'est épuisée; j'ai l'impression d'être vidé, fatigué et furieux. J'ai de la difficulté à dormir et je mange comme un porc. J'ai pris 10 kilos depuis que Walter a emménagé chez nous, il y a moins de deux mois.»

J'ai demandé à Alex pourquoi il n'avait pas cherché un autre endroit où Walter pourrait s'installer. Il m'a répondu qu'il ne voulait pas lui faire de peine et qu'il se sentirait coupable s'il le priait de partir. J'ai alors demandé à Alex comment il se sentirait si son mariage s'écroulait, si son travail en souffrait et s'il perdait sa maison et tout ce pour quoi il avait travaillé si dur toute sa vie.

Voyant où je voulais en venir, il m'a dit : «Un peu de culpabilité, ce n'est pas si grave que cela après tout.» Après notre séance, il est rentré et a eu une conversation franche avec Walter. Il lui a donné un peu d'argent et lui a annoncé qu'il devait déménager. Il semble que la situation n'ait pas été si pénible que prévu, car Walter était content de s'en aller.

Après le départ de Walter, Alex a eu l'impression qu'on venait de lui enlever un poids énorme des épaules. Il a constaté que sa femme et ses enfants étaient eux aussi de meilleure humeur. L'atmosphère à la maison était plus légère et plus dynamique. Alex devenait plus productif à mesure qu'il retrouvait son énergie. S'étant mis à faire de l'exercice tous les matins, il a vite perdu les 10 kilos gagnés durant le séjour de Walter.

Chaque fois que son frère lui téléphonait, toutefois, Alex se renfrognait de nouveau et son énergie baissait. Convaincu que la mauvaise humeur de Walter était contagieuse, Alex a pris la décision de réduire la fréquence de leurs communications. Alex ne serait plus la «mère» de son frère et cesserait de toujours le sortir du pétrin, comme il l'avait fait toute sa vie. Essentiellement, il a décidé de ne plus jamais être la victime de l'énergie négative permanente de Walter.

Si, comme Alex, vous vous trouvez de mauvaise humeur chaque fois que vous êtes en contact avec une personne toxique, mieux vaut vous éloigner d'elle le plus possible. Comme Alex, vous constaterez que vous riez, chantez et souriez davantage, et que vous voyez la vie avec plus d'optimisme.

Les personnes toxiques font ressortir ce qu'il y a de pire en vous

Le contact avec une personne toxique fait parfois ressortir ce qu'il y a de pire en vous. Par exemple, vous pourriez vous replier sur vous-même. À l'autre extrême, vous pourriez devenir irritable, vous offenser de tout ce que cette personne vous dit, la fustiger ou vous montrer sarcastique avec elle.

Carla et Pierre, collègues de travail, partageaient le même bureau et, de ce fait, étaient au courant de leurs activités respectives. Carla était généralement de bonne humeur et optimiste, sauf quand elle recevait un appel de son ancien amoureux toxique, Laurent, avec qui elle avait rompu à plusieurs reprises. Laurent persistait indûment à essayer de regagner l'affection de Carla. Celle-ci avait décidé de ne jamais lui répondre et avait demandé à sa secrétaire de prendre les messages. De temps à autre, toutefois, Laurent arrivait à joindre Carla.

Chaque fois que c'était le cas, Pierre comprenait immédiatement que Laurent était au bout du fil. Il voyait le visage de Carla se déformer : sourcils froncés, front plissé, lèvres serrées, narines dilatées.

Vous avez sans doute observé le même phénomène se produire sur le visage d'un ami ou collègue qui reçoit un appel de quelqu'un qu'il n'aime pas ou à qui il ne souhaite pas parler. Même si sa voix reste agréable pour son interlocuteur, vous remarquez que son visage se crispe, qu'il lève les yeux au ciel, qu'il hoche la tête, voire qu'il fait des gestes comme s'il voulait dire : «Finissons-en !» Vous le verrez peut-être se moquer de son interlocuteur, vous faisant comprendre qu'il ne lui parle qu'à contrecœur.

Pierre était toujours étonné d'entendre sa collègue si gaie rabrouer froidement son ancien amoureux en lui disant qu'il était un perdant et qu'il lui répugnait. Il était d'autant plus étonné que Carla recourait parfois à des jurons grossiers, elle qui était si distinguée et polie. Dieu merci, elle ne parlait de cette façon à personne d'autre.

Laurent faisait ressortir ce qu'il y avait de pire en Carla et provoquait chez elle des réactions qui ne lui ressemblaient pas du tout. Carla avait honte de la façon dont elle parlait à Laurent, car elle s'en sentait diminuée. Pourtant, elle était incapable de s'en empêcher, car il était la source de sa colère.

Vous pouvez être un être merveilleux et vous considérer comme bon, sensible et chaleureux. Mais si vous êtes en contact avec une personne toxique, vous risquez de vous transformer en quelqu'un que vous-même ne reconnaissez pas. Par conséquent, vous devez savoir que certaines personnes peuvent faire ressortir ce qu'il y a de pire en vous et vous faire réagir d'une façon si négative que vous aurez honte de votre comportement.

Ce qui guérit l'un tue l'autre

La personne qui est toxique pour vous ne l'est pas nécessairement pour tout le monde. La toxicité peut être spécifique et interactive. Vous pourriez réagir de façon hostile à certaines personnes qui vous prennent à rebrousse-poil, en fonction de votre caractère. Vous trouvez peut-être difficile d'être en contact avec une personne criarde ou dominatrice; votre meilleur ami, par contre, pourrait être incapable de supporter quelqu'un qui soit collet monté ou critique, mais bien s'entendre avec la personne criarde ou dominatrice.

Le scénario suivant illustre bien comment une personne toxique peut être perçue différemment, selon le point de vue de chacun. Un jour, à un déjeuner avec trois de mes amies (Suzanne, Nancy et Alice), j'ai entendu Suzanne nous dire qu'elle redoutait la visite prochaine de sa belle-sœur. «Est-ce une femme taciturne, renfrognée et maussade ?» lui ai-je demandé. Alice est alors intervenue : «Est-elle criarde et détestable ?» Nancy a alors demandé à Suzanne : «Est-elle égoïste et hypocrite ?» Suzanne a répondu que sa belle-sœur était effectivement égoïste et hypocrite.

Je n'ai pu m'empêcher de partager ma réflexion avec mes amies. Ce qui est foncièrement toxique pour moi («taciturne, renfrognée et maussade») n'est pas ce qui est toxique pour Alice («criarde et détestable»), ni pour Suzanne et Nancy («égoïste et hypocrite»). Toutes trois ont éclaté de rire devant la justesse de mon observation. Même si nous trouvions toutes que certains traits sont toxiques, chacune d'entre nous considérait tel ou tel trait comme plus toxique que les autres.

À chacun ses goûts. Ce qui fait plaisir à quelqu'un peut faire souffrir quelqu'un d'autre, comme les déchets des uns représentent parfois un trésor pour les autres.

Ce qu'il importe de savoir, c'est que les traits que vous trouvez toxiques ne le sont pas nécessairement pour votre entourage.

Carla et Laurent sont tous deux considérés comme des personnes charmantes. Si vous demandiez aux amis de Carla si elle est une personne toxique, la plupart riraient sans doute de vous en disant : «Jamais. C'est la femme la plus gentille, la plus généreuse et la plus bienveillante qui soit.» De même, si vous demandiez aux amis de Laurent s'il est toxique, ils vous répondraient qu'il est «un homme chaleureux dont l'attitude est positive et le sens de l'humour extraordinaire».

Cependant, Laurent fait ressortir ce qu'il y a de pire en Carla. Avec elle, il se montre dominateur, agressif, vulgaire et répugnant. En retour, Carla devient cassante, insultante et hostile avec Laurent, ce qui fait ressortir ce qu'il y a de pire en lui. Ces deux individus en apparence charmants sont extrêmement toxiques l'un pour l'autre; ils devraient éviter tout contact afin de ne pas nuire à leur estime de soi.

L'idée que des traits de caractère sont toxiques pour certains et pas pour d'autres m'est apparue très clairement au cours d'une tournée que j'ai entreprise en Australie pour faire la promotion de mon livre He Says, She Says : Closing the Communication Gap Between the Sexes.

À Brisbane, après un déjeuner-conférence réunissant plus de 300 participants, une femme s'est approchée de moi et de l'agente de publicité australienne que m'avait assigné mon éditeur. La femme a commencé à nous raconter combien les hommes sont «épouvantables». Elle avait l'air pincé, le corps raide; ses lèvres bougeaient à peine quand elle parlait.

Ma première impression : voilà une femme bégueule et collet monté. J'avais envie de lui dire : «Détendez-vous un peu. Si vous vous détendiez et ne vous preniez pas tant au sérieux, les hommes vous trouveraient plus attirante et vous auriez moins d'horreurs à raconter sur eux.»

Incapable de l'écouter plus longtemps, je me suis éloignée pour respirer, la laissant en compagnie de mon agente. Quelques instants après, celle-ci est venue me rejoindre et je lui ai confié que j'avais trouvé cette femme toxique. Sa réaction m'a surprise : «Moi, je l'ai trouvée fort sympathique. Nous avons même échangé nos numéros de téléphone et nous irons déjeuner ensemble une fois la tournée finie.»

Pendant le reste de ma tournée en Australie, mon agente me décrivait la personnalité des intervieweurs que j'allais rencontrer et me disait à quoi je devais m'attendre d'eux. Il s'est révélé que j'ai adoré toutes les personnes sur lesquelles elle avait fait des commentaires négatifs. Par exemple, elle m'avait dit que telle animatrice radio de Sydney était une femme excentrique et un moulin à paroles que je détesterais probablement. J'ai rencontré cette animatrice et je l'ai trouvée charmante. Au lieu de la voir comme mon agent me l'avait décrite, je l'ai trouvée intelligente, belle, sensible et très spirituelle. En fait, nous nous sommes si bien entendues qu'elle m'a invitée à déjeuner avec elle sur son bateau la prochaine fois que je serais à Sydney.

À la station de radio, nous avons rencontré un aborigène qui lui aussi devait être interviewé. Comme je n'avais jamais rencontré d'aborigènes de ma vie, mon agente a fait mon éducation en me disant à quel point ces gens sont ignorants et autodestructeurs. Après une brève conversation avec cet homme, guitariste dans un petit orchestre aborigène, nous sommes devenus amis et avons échangé nos adresses, afin que je lui fasse parvenir mon livre et que lui m'envoie son dernier disque.

J'en suis arrivée à la conclusion que chacun de ceux qui

faisaient l'objet de commentaires négatifs de la part de mon agent de publicité se révélerait être quelqu'un que je trouverais probablement sympathique. C'est là une autre confirmation du fait que ce qui est toxique pour l'un ne l'est pas nécessairement pour l'autre, et vice-versa.

Vous devez utiliser votre jugement quand on dénigre une autre personne. Ce n'est pas parce que quelqu'un n'aime pas telle ou telle personne que vous ne l'aimerez pas non plus. Ne prenez pas pour parole d'Évangile les commentaires négatifs que l'on fait sur les gens. Une personne prétendument toxique peut devenir votre meilleure amie.

Les personnes toxiques de votre passé

Durant toute votre vie, vous avez rencontré des gens qui ne vous ont pas particulièrement plu. Le simple fait de penser à certains d'entre eux pourrait vous donner la nausée. Même si on nous a enseigné qu'il fallait nous aimer les uns les autres et ne classer personne dans des catégories, dans la pratique ce n'est pas ce que l'on fait. En fait, il existe des catégories de personnes qui sont toxiques pour vous. Vous pourriez vous apercevoir que vous avez constamment des frictions avec le même type de personne.

Même si Charles a été marié quatre fois — à Louise, à Monique, à Thérèse et à Line —, ses amis le taquinent en lui disant qu'il a en fait épousé quatre fois la même femme : chacune était aussi gâtée et égoïste que les autres.

Peut-être n'y avez-vous jamais pensé, mais il y a des raisons qui font que vous n'aimez pas certaines personnes. Dans le cours de votre vie, vous pourriez constater que celles-ci sont incompatibles avec votre personnalité.

Pour découvrir le ou les types de personnes qui sont particulièrement toxiques pour vous, faites l'exercice suivant.

Qui est toxique pour vous ?

1. Dressez la liste de cinq hommes et cinq femmes qui vous ont fait la vie dure au fil des ans. Pensez à quiconque a traversé votre vie depuis votre enfance.
2. Demandez-vous pourquoi vous n'aimez pas ces personnes. À côté de leur nom, écrivez trois ou quatre de leurs traits négatifs. Si vous avez de la difficulté à en trouver, consultez la liste ci-dessous.
3. Comparez les descriptions de ces 10 personnes et voyez le nombre de traits négatifs qu'elles ont en commun.

accusateur
acerbe
acéré
acrimonieux
affecté
agaçant
agressif
amoral
anarchiste
antagoniste
apathique
arriviste
arrogant
artificiel
astucieux
austère
autodestructeur
autoritaire
avare
batailleur
béat
blessant
borné
brusque
cachottier
cancanier
carré
caustique
changeant
chaud lapin
chicanier
collant
collet monté
compétiteur
complexé
comploteur
condescendant
conventionnel
craintif
critique
cru
cruel
curieux
débraillé
défaitiste
déloyal
dépréciateur
déprimé
déraisonnable
désagréable
désapprobateur
désespéré
désordonné
difficile
dissolu
distant
docile
dogmatique
dominateur
dominé
dur
effacé
efféminé
effrayant
effronté
égoïste
égotiste
émotif
engourdi

énigmatique
ennuyeux
entêté
étourdi
étroit
évasif
exalté
excentrique
exigeant
expansif
facétieux
faible
falot
fanatique
fanfaron
fatigant
fauteur de troubles
faux
fermé
fou
fourbe
fragile
frivole
froid
fruste
futile
geignard
grégaire
grincheux
grossier
gueulard
haïssable
hargneux
hautain
hyperactif
hypocrite
ignorant
immature
immoral
impassible
impertinent
importun
imposteur
imprévisible
impudent
inamical
incrédule
insécure
indifférent
indigne de confiance
individualiste
indolent
inexpressif
inflexible
ingrat
inquiétant
insatisfait
insensé
insensible
insignifiant
insociable
instable
intellectuel
intimidant
intimidé
intrigant
introverti
irascible
irrationnel
irréaliste
irréfléchi
irrespectueux
irritable
irritant
jaloux
je-sais-tout
lâche
lèche-cul
lent
léthargique
libidineux
limité
lubrique
macabre
machiste
mal embouché
malhonnête
malin
malpropre
malveillant
maniaque
manipulateur
martyr
mauvais
mauviette
méfiant
menaçant
menteur
mesquin
mielleux
moralisateur
morose
mou
narcissique
négateur
négatif
négligé

névrosé	pugnace	sournois
nigaud	querelleur	stupide
nombriliste	rabat-joie	suffisant
obscène	railleur	superficiel
obséquieux	raisonneur	supérieur
odieux	rebelle	superstitieux
paranoïaque	refoulé	tapageur
passif-agressif	renégat	tatillon
perdant	retors	téméraire
perfectionniste	rigide	tenace
pharisien	rosse	terre-à-terre
pingre	rustaud	têtu
piteux	sadique	timide
placide	sale	tombeur
plaisantin	sarcastique	touche-à-tout
pointilleux	sceptique	traître
poltron	sclérosé	véhément
pontifiant	secret	véreux
prétentieux	servile	versatile
primitif	sévère	veule
prodigue	sexiste	victime
profiteur	snob	vide
prompt à juger	solennel	vieux jeu
provocant	solitaire	violent
prude	soupçonneux	volubile
puéril	soupe au lait	vulgaire

Vous seriez étonné de voir combien de traits négatifs sont communs aux personnes qui sont toxiques pour vous.

J'ai demandé à l'une de mes clientes, Jessica, de se livrer à cet exercice, et les résultats ont été des plus révélateurs. Voici la liste des hommes et des femmes toxiques qui lui ont causé le plus de difficulté au cours de sa vie.

nsidérées par Jessica comme toxiques
gatifs correspondants :

onsultante, collègue de travail) — prompte secrète, hypocrite, jalouse

(colocataire durant ses études) — hypocrite, pr pte à juger, collet monté, pharisienne

3. Jeanne (collègue de travail) — négative, prompte à juger, pharisienne
4. Suzanne (collègue de travail) — négative, prompte à juger, jalouse
5. Diane (son avocate) — hypocrite, dogmatique, prompte à juger, pharisienne

Hommes considérés par Jessica comme toxiques et traits négatifs correspondants:

1. Gérald (professeur à l'université) — mauviette, falot, hypocrite, perdant
2. Charles (chef de service durant son premier emploi) — froid, impassible, intrigant, secret
3. Marc (son cousin) — mauviette, falot, hypocrite, perdant
4. Stéphane (son premier amoureux) — mauviette, falot, pingre, peureux, perdant
5. Barry (son supérieur au travail) — faible, mauviette, falot, perdant

Comme vous le voyez, les traits que Jessica trouve toxiques chez les femmes ne sont pas les mêmes que dans le cas des hommes. Par conséquent, il est essentiel de dresser deux listes séparées, l'une pour les hommes et l'autre pour les femmes.

Jessica ne peut supporter les femmes hypocrites, promptes à juger, jalouses et pharisiennes, tandis qu'elle n'a aucune patience avec les hommes mauviettes, falots et faibles. Dans sa liste de femmes, Sharon et Diane sont interchangeables, comme le sont Jeanne et Suzanne. Mais toutes ces femmes ont certains traits négatifs en commun. Il en va de même pour sa liste d'hommes. Tandis que Gérald et Barry ont des traits négatifs identiques, tous les traits cités par Jessica se ressemblent et sont toxiques pour elle.

Après vous être livré à ce petit exercice, cherchez les traits communs aux hommes et aux femmes de vos listes. Y a-t-il des constantes ? Les traits de certains sont-ils semblables au point d'être interchangeables ?

Grâce à cet exercice, vous pourrez identifier les traits qui signalent que les personnes qui les présentent pourraient être toxiques pour vous et sans doute vous causer beaucoup de problèmes émotionnels.

Maintenant que vous avez repéré les traits communs des personnes qui sont toxiques pour vous, vous pourrez être sur vos gardes s'ils se manifestent chez les personnes qui entrent dans votre vie.

Mieux vaut vous tenir à l'écart de ces gens. Si cela est impossible, utilisez les 10 techniques que je propose au chapitre 6 pour traiter avec eux.

Il est tout à fait normal de ne pas aimer tout le monde, comme l'exercice le montre clairement. Il est sain de repousser les personnes qui nuisent à votre bien-être et qui sont incompatibles avec votre personnalité. Votre vie n'est pas et ne devrait pas être ouverte à tous. Confucius conseillait ceci : «Ne vous associez à personne qui ne soit aussi bon que vous.» Voilà une attitude qui pourrait vous sembler un peu élitiste. Mais vous pouvez l'adapter en choisissant des termes plus contemporains et vous dire que vous ne devriez vous entourer que de personnes qui vous sont bénéfiques.

L'idée que nous devrions aimer tout le monde et que tout le monde devrait nous aimer est bien naïve à notre époque. Durant l'enfance, cette idée a été inculquée à la plupart d'entre nous, mais elle n'est vraiment pas réaliste. Il y aura toujours quelqu'un qui ne vous aimera pas, et il y aura toujours quelqu'un que vous n'aimerez pas. Même si je crois être une personne gentille et que la plupart des gens qui me rencontrent sont de cet avis, cela ne signifie pas que tout le monde m'aime ou aime être en ma compagnie. Je sais que l'intensité de mon énergie, mon habitude de faire 10 choses à la fois et la charge émotionnelle de mon discours déplaisent à certaines personnes, tout en plaisant à beaucoup d'autres.

Même si vous avez le cœur à la bonne place, que vos intentions sont honorables et que vous faites votre possible, vous pourriez être toxique aux yeux d'une autre personne pour toutes sortes de raisons dont vous n'avez pas idée. Vous devez comprendre qu'il y aura toujours des gens qui ne vous aimeront pas et que vous n'y pouvez rien.

Si vous acceptez l'idée (fût-ce à contrecœur) que tout le monde ne vous aimera pas nécessairement et vice-versa, il vous sera beaucoup plus facile de faire face à toutes les personnes toxiques de votre vie.

5

LES 30 TYPES DE TERREURS TOXIQUES

- Le Dénigreur
- Le Moulin à paroles
- L'Autodestructeur
- Le Fuyard
- La Bombe à retardement
- La Commère
- Le Pugiliste
- La Victime
- L'Hypocrite
- L'Indécis
- L'Exploiteur
- Le Tyran
- Le Plaisantin
- L'Écervelé
- Le Malade mental
- Le Menteur
- Le Touche-à-tout
- Le Pingre
- Le Fanatique
- Le Nombriliste
- Le Manipulateur
- Le Pharisien
- Le Snob
- Le Compétiteur
- Le Dominateur
- Le Critique
- Le Je-sais-tout
- Le Glaçon
- Le Paranoïaque
- Le Fauteur de troubles

Du déjà-vu ?

Comment se fait-il que des animaux adoptent certaines personnes — ils agitent la queue, sautent sur elles, les lèchent —, tandis qu'ils sont rebutés par d'autres — ils jappent, grondent ou grognent, ou les ignorent complètement ?

À un niveau très primitif, les chats, les chiens et d'autres animaux distinguent instinctivement les personnes qu'ils aiment de celles qu'ils n'aiment pas — qui est toxique pour eux ou ne l'est pas, qui constitue ou non une menace, qui a peur ou n'a pas peur d'eux.

Nous sommes des animaux nous aussi, mais des animaux évolués. Instinctivement, nous savons qui nous aimons et qui nous ne supportons pas. Nous sommes souvent incapables de dire pourquoi nous n'aimons pas particulièrement telle ou telle personne, car cette disposition est peut-être viscérale.

À titre de spécialiste de la communication, j'ai passé des milliers d'heures à écouter des récits sur les personnes toxiques. Au fil des ans, j'ai commencé à percevoir certaines constantes chez celles-ci. En me fondant sur tous ces récits, j'en suis venue à dénombrer 30 types de personnes toxiques, que j'appelle «terreurs toxiques».

Ces terreurs toxiques ne savent pas comment se faire des amis ni comment influencer les gens. En fait, beaucoup de leurs traits sont si déplaisants que les autres évitent leur compagnie.

À la lecture des descriptions et exemples de terreurs toxiques que je donne plus loin, vous serez étonné de reconnaître dans les diverses catégories beaucoup de personnes que vous connaissez et que vous n'aimez peut-être pas. J'énumère certains de leurs traits, dont nous avons déjà parlé dans l'exercice de la section «Qui est toxique pour vous ?», afin que vous puissiez voir qui vous devez particulièrement éviter. Vous trouverez peut-être que les personnes toxiques appartiennent souvent à plus d'une catégorie. Vous serez peut-être encore plus étonné de vous reconnaître vous-même dans l'une ou l'autre de ces catégories.

Si vous vous reconnaissez, ne vous en faites pas trop. Rappelez-vous que savoir, c'est pouvoir. Le fait d'être conscient que vous présentez un type de comportement toxique vous donnera le pouvoir d'agir et de modifier vos traits toxiques. Vous apprendrez plus loin dans cet ouvrage les façons d'apporter ces modifications à votre comportement.

Le Dénigreur

- Il dénigre les amis qu'il déniche.
- Il ne rate jamais une occasion d'écraser les autres.
- Son humour est corrosif.
- C'est une vraie langue de rasoir.

Le Dénigreur est arrogant, méchant, dépréciateur, rosse, haïssable, pharisien, condescendant, supérieur, inquiet, déplaisant, critique, sarcastique, irrespectueux, fourbe et chicanier.

L'estime de soi du Dénigreur est si médiocre qu'il vous critiquera, vous et tout le monde. Il prend un malin plaisir à déprécier et à railler les autres. Il adore tourner les gens en ridicule, surtout les étrangers. Dans un restaurant ou un aéroport, il vous fera ce genre de commentaire : «Regarde-moi celui-là, quel patapouf !» ou «Quel laideron, celle-là !» Vous êtes aussi la cible de ses sarcasmes et commentaires désobligeants.

Le Dénigreur fait souvent des compliments empoisonnés. Il vous dira, par exemple : «Cette robe ne te fait pas paraître grosse du tout»; vous en déduirez que vous êtes grosse. Le Dénigreur est le type de personne qui, si vous lui apprenez que vous avez reçu une augmentation de salaire, fera l'éloge de l'entreprise parce qu'elle accorde à ses employés des augmentations automatiques pour les stimuler. Si vous maigrissez après avoir suivi un régime sévère, le Dénigreur vous dira : «Tu ne devrais pas trop maigrir, car tu pourrais tomber malade.» Rien ne le satisfait; pour lui, la médaille a deux revers.

Le Dénigreur doit vous déprécier pour pouvoir se valoriser. C'est une personne anxieuse qui éprouve du dégoût pour elle-même, et qui se sent menacée par vous et par les membres de son entourage. La seule façon pour le Dénigreur de se remonter consiste à rabaisser les autres. Il vous cherche des travers, à vous et aux autres, parce qu'il regarde le monde avec des yeux malveillants.

Carl est l'exemple type du Dénigreur. Sortir au restaurant avec lui peut être une expérience particulièrement pénible, au point que vous en perdez l'appétit. Il dira : «Regarde-le manger ! Un vrai porc !» ou «Cette serveuse a le derrière d'un autobus.» Ou encore : «La fille là-bas. Ses seins sont faux. Ils sont si gros qu'ils vont sans doute exploser au-dessus de la table.» Carl, riant grassement de sa plaisanterie, continue de faire des commentaires grossiers et hostiles sur la pauvre femme, ses seins, son compagnon de table, leur repas, ainsi que sur tout un chacun dans le restaurant.

Le Moulin à paroles

- C'est d'une muselière que cette personne a besoin.
- Au lieu de prendre des cours d'art oratoire, il devrait s'intéresser à la méditation silencieuse.
- Il est une source constante d'irritation pour les oreilles.

- Si vous ne lui avez pas parlé depuis longtemps, c'est qu'il vous est impossible de placer un mot dans la conversation.
- Sa voix est un feu impossible à noyer.
- Il lui faut deux heures pour vous convaincre que le silence est d'or.

Le Moulin à paroles est prolixe, ignorant, égoïste, irritant, sourd aux autres, narcissique, irrespecteux, fermé et ennuyeux.

Le Moulin à paroles impose le flux de ses paroles, la plupart du temps inutiles, à tous ceux qui meublent son entourage. Il vous téléphone sans motif et vous garde interminablement au bout du fil. C'est un peu comme si le Moulin à paroles entretenait une conversation avec lui même et que vous n'existiez même pas. Il parle de tout et de tous; aucun sujet n'est hors de sa portée. Le Moulin à paroles jacasse comme une pie : de sa vie, de la vie de sa famille, voire de la vie de personnes qu'il ne connaît pas ni ne souhaite connaître. Ses histoires insignifiantes et interminables n'intéressent personne. Le Moulin à paroles peut passer un bon quart d'heure à vous énumérer ce qu'il a acheté au marché. Inattentif aux autres, il est si absorbé par ses récits qu'il ne voit même pas votre air ennuyé, impatient ou exaspéré. Le Moulin à paroles est trop égoïste pour reconnaître aux autres le droit de parler.

En ne vous laissant pas placer un mot, le Moulin à paroles vous manipule pour que vous fassiez ce qu'il souhaite, c'est-à-dire l'écouter.

L'Autodestructeur

- Il incarne ce qu'il ne faut pas être.
- À chaque rapport accablant sur le tabac, il augmente sa consommation de cigarettes.
- Si on découvre que tel ou tel aliment est nocif, il en mangera davantage.

L'Autodestructeur est irréaliste, faible, instable, égoïste, mou, négatif, désespéré, indifférent, macabre, déprimé, défiant, rebelle et incontrôlable.

L'Autodestructeur se déteste au point de chercher constamment à se briser. Il rabâche ses points faibles et s'admoneste sans cesse. Il dit généralement des choses comme : «Je suis stupide», «J'ai été bête de faire cela» ou «Je suis vraiment le dernier des derniers». Essentiellement, l'Autodestructeur essaie de se rabaisser avant que quelqu'un d'autre ait l'occasion de le faire. Il n'accepte jamais les compliments et rejette les paroles gentilles qu'on lui adresse. Il éprouve un tel dégoût pour lui-même qu'il abuse de l'alcool, de la nourriture, des drogues ou du sexe. Au fond, l'Autodestructeur se croit indigne de tout ce qui est bon et positif dans la vie. Son estime de soi est au niveau zéro.

Une mort précoce peut être le tragique aboutissement de l'existence de l'Autodestructeur, comme cela a été le cas pour le jeune acteur River Phoenix. Phoenix avait le monde entier à ses pieds, mais il ne se jugeait pas assez favorablement pour continuer de vivre. Il a fini par se détruire d'une surdose de cocaïne et d'héroïne, mourant sur un trottoir, à la sortie d'une boîte de nuit, pendant que les passants enjambaient son corps.

Quand la vie va mal pour ces personnes toxiques, elles s'en prennent à elles-mêmes. Essentiellement, l'Autodestructeur nourrit un désir de mort. Il est difficile d'être en sa compagnie, de le voir se détruire devant vos yeux, comme Bernadette l'a découvert.

Bernadette fréquentait Théodore depuis plus d'un an. Elle l'avait rencontré au moment où il traversait une période noire de sa vie, durant laquelle il avait divorcé et perdu son emploi. Elle lui servait de soutien et était toujours disponible pour lui dans les moments de crise. Ils s'entendaient bien, sauf que Bernadette lui reprochait constamment de trop manger, de trop boire et de trop fumer. Par conséquent, quand Théodore l'a finalement demandée en mariage, Bernadette a bien réfléchi, se demandant si elle était disposée à relever le défi.

Bernadette a vite constaté que, chaque fois que Théodore essuyait un revers ou se sentait le moindrement stressé, il se comportait de façon autodestructrice. Par exemple, il enfilait une bouteille de whisky ou se gavait tout d'un coup d'aliments malsains : cinq sandwiches au beurre d'arachide et à la confiture sur du pain blanc, croustilles, bretzels, tablettes de chocolat et arachides salées. Pour couronner le tout, il fumait deux ou trois paquets de cigarettes par jour.

Bernadette l'incitait à dissiper son angoisse sur un tapis de jogging, à faire des promenades à pied ou des exercices au gymnase, et à manger des aliments sains au lieu de tous les aliments à calories vides qu'il privilégiait. Elle lui a même proposé de lui payer une cure dans un établissement pour qu'il cesse de fumer et de boire. Même si Théodore était un brave homme et qu'elle l'aimait profondément, Bernadette s'est résolue à lui dire : «Je veux être ta femme, pas ta veuve.» Elle a refusé de l'épouser tant qu'il n'aurait pas mis de l'ordre dans sa vie.

Théodore a consulté un thérapeute, entrepris un programme de conditionnement physique, cessé de boire et de fumer et suivi les conseils d'un nutritionniste, conditions posées par Bernadette. Cela a duré six mois, puis il a été incapable d'échapper à ses tendances à l'autodestruction.

Un jour, Bernadette a reçu un appel téléphonique de l'hôpital : Théodore, à 42 ans, venait d'être foudroyé par une crise cardiaque.

Cet exemple extrême nous montre non seulement les conséquences potentiellement tragiques du comportement de l'Autodestructeur, mais aussi le tourbillon émotionnel dans lequel sont plongés ceux qui gravitent autour de ce type de personne.

Le Fuyard

- C'est le genre de personne à qui vous demanderiez de rester près de vous si vous souhaitiez un peu de solitude.
- Il est toujours proche de vous, tant que vous n'essayez pas de l'atteindre.
- Aussitôt que vous lui présentez votre version des faits, il débranche son appareil auditif.

Le Fuyard est un être faible, indécis, peureux, fermé, intimidé, malhonnête, négateur, déloyal, irrespectueux, d'humeur changeante, craintif, peu viril ou peu féminin, peu fiable, solitaire et insociable.

Pour le Fuyard, la façon d'affronter tout type de stress, c'est de prendre ses jambes à son cou. S'il est incapable de faire face à une situation, il disparaît, comme cela a été le cas de Gustave.

Gustave faisait du jogging sur place, près d'une intersection, attendant le feu vert. Il s'est rendu compte que l'homme qui attendait à côté de lui était tombé sur les genoux, apparemment en proie à une crise cardiaque. Au lieu d'appeler les secours et de voir s'il pouvait faire quelque chose pour l'homme, Gustave a continué sa course, s'éloignant le plus vite possible de la scène du drame.

Ce n'est pas que Gustave ait le cœur dur. Il était tout simplement tenaillé par la peur, traumatisé au point de s'enfuir à toutes jambes, incapable d'affronter la situation.

Le Fuyard ne peut jamais prendre position. En fait, il est allergique à l'engagement et si faible qu'il ne peut faire face à la moindre situation stressante.

Après avoir fréquenté Richard pendant trois ans, Brigitte souhaitait qu'il s'engage à l'épouser. Quand elle lui en a parlé, il a paniqué. Ne sachant que répondre à l'ultimatum qu'elle lui lançait, Richard a fait ce qu'il sait le mieux faire : fuir. Brigitte n'a plus jamais eu de ses nouvelles.

Brigitte est venue me consulter, accablée par l'attitude de Richard. Sa première réaction a été de se blâmer elle-même, de s'en vouloir d'avoir parlé de mariage avec lui. Je lui ai dit que si Richard avait tendance à s'esquiver devant toute situation importante ou difficile, à refuser de dialoguer avec elle, mieux valait pour elle qu'il soit parti. Même si elle était d'accord avec moi sur le plan abstrait, elle demeurait toutefois une femme blessée.

Du fait que le Fuyard ne reste jamais dans le paysage quand un conflit apparaît, il n'est jamais témoin du traumatisme qu'il cause en fuyant ses problèmes.

La Bombe à retardement

- Il n'a pas regardé sa femme depuis des années, mais frappera quiconque osera la regarder.
- Il fait semblant d'enterrer la hache de guerre alors qu'il déterre de vieux conflits.

La Bombe à retardement est instable, fermée, conspiratrice, pointilleuse, accusatrice, peu fiable, faible, énigmatique, sournoise, irrationnelle, d'humeur changeante, secrète, amère, molle et incontrôlable.

C'est l'une des personnes les plus effrayantes, car on ne sait jamais à quoi s'en tenir avec elle. C'est un volcan qui sommeille. La Bombe à retardement semble se contrôler, se conduisant calmement, souriant et se comportant toujours cordialement. Elle ne vous dira jamais qu'une explosion se prépare ou qu'elle est fâchée contre vous, contre quelqu'un d'autre ou contre quelque chose. Elle ne se rebiffera jamais ni ne vous dira que vous avez fait quelque chose qui lui déplaît. Elle a de bonnes manières, et ne ferait pas de mal à une mouche.

Puis, soudainement, la bombe éclate et les fragments volent dans toutes les directions. Par exemple, lui adresser un simple bonjour ou la regarder de travers peut déclencher une réaction chez elle. La Bombe à retardement se met dans une rage épouvantable, vous insulte et vous blâme pour tout ce qui a mal été dans sa vie. Son comportement est non seulement choquant, il est terrifiant.

Un chercheur bien connu a vécu cette expérience avec Linda, une assistante qui travaillait auprès de lui depuis trois ans. Linda était une femme tranquille de constitution délicate, aux manières douces, qui ne se mêlait pas des affaires des autres et qui était toute dévouée à son travail. Elle semblait faire partie des meubles, tant elle se comportait comme une souris et ne se mêlait pas à ses collègues de travail. Quand elle le devait, elle disait bonjour en hochant la tête cordialement, même si cela lui demandait beaucoup d'efforts.

Le médecin était un homme énergique, plutôt exigeant, qui menait de front plusieurs recherches, dont la plupart requéraient une attention immédiate. Il criait souvent de son bureau : «Linda, trouvez-moi ce numéro de téléphone immédiatement !» ou «Apportez-moi immédiatement ce rapport !», «Faites-le sans délai» ou «J'en ai besoin tout de suite». Linda ne semblait jamais déconcertée. Pendant trois ans, elle a obéi docilement aux ordres de son patron.

Puis, un jour, se comportant comme il le faisait toujours, le médecin a crié : «Hé, Linda ! J'ai besoin de ce rapport immédiatement. Mettez tout le reste de côté.» Linda est alors entrée dans son bureau, furieuse, les yeux exorbités. Ses veines saillaient; son visage était écarlate. Elle a crié : «J'en ai assez de tout cela et j'en ai assez de vous. Pour qui vous prenez-vous ? Ce n'est pas parce que vous êtes célèbre et qu'on parle de vous dans les magazines que vous êtes le bon Dieu. Vous ne m'impressionnez pas du tout. Je vous déteste !» Après avoir jeté par terre tous les papiers se trouvant sur le bureau du médecin et après avoir renversé la corbeille à papiers, Linda est sortie en coup de vent. Le médecin ne l'a plus jamais revue.

Tout le personnel du bureau était stupéfait. Le médecin, bouche bée, craignait non seulement pour sa propre sécurité mais aussi pour celle de Linda et des personnes qu'elle croiserait sur son chemin.

La Bombe à retardement est si remplie de colère intériorisée que vous craindrez peut-être qu'elle vous agresse, crainte que vous ne devez pas prendre à la légère. Parmi les cas extrêmes de Bombe à retardement, on retrouve les tireurs fous qui abattent dans la rue ou ailleurs des victimes innocentes, sans motif apparent. Chaque fois que leurs proches sont interviewés à la télévision après l'événement tragique, on entend invariablement les mêmes commentaires : «Il était si gentil», «Nous n'aurions jamais pensé qu'il soit capable d'un acte si horrible» ou «Il avait de si bonnes manières».

La Bombe à retardement est la plus effrayante de toutes les personnes toxiques, parce que vous ne savez jamais quand et où l'explosion se produira. Une telle personne garde tout en elle; elle enregistre mentalement tout ce qui la dérange ou la blesse dans ses sentiments.

La Commère

- Elle vous vendra volontiers la mèche sans se faire prier.
- Elle se sert du téléphone comme d'un aspirateur pour accumuler le plus de saletés possible sur tout un chacun.
- Elle est passée maître dans l'art de la rumeur.

La Commère est indiscrète, anxieuse, chicanière, fausse, dépréciatrice, effrontée, menteuse, secrète, hypocrite, compétitrice, blessante, pharisienne, superficielle, acerbe, sceptique, sournoise, contradictoire, conspiratrice, critique, déloyale, touche-à-tout, mesquine, méchante, injurieuse et hargneuse.

La Commère aime répandre des rumeurs — voire en rajouter — et les invente parfois. C'est essentiellement une personne curieuse dont le plus grand plaisir consiste à vous rapporter les malheurs des autres. Elle se délectera en vous racontant comment le mari d'une amie commune a été surpris en train de la tromper. Elle rira en vous disant que cette amie commune a alors lancé une lampe à la tête de son mari et l'a blessé au front.

En règle générale, il se passe très peu de choses dans la vie d'une Commère. Celle-ci est surtout motivée par le besoin d'être acceptée et de se sentir importante. Ses amis ont hâte de recevoir son «rapport» hebdomadaire et l'encouragent à continuer de potiner.

Même si elle adore tout raconter sur tout le monde, la Commère ne divulgue jamais rien sur elle-même. En fait, sa vie est le seul secret qu'elle garde. Les personnes de ce type sont des hypocrites qui vous gagnent avec leur charme et leur cordialité et qui vous font croire que vous êtes leur meilleur ami, pour mieux vous tirer les vers du nez. Si elles ne vous donnent jamais d'information sur elles-mêmes, c'est qu'elles ne veulent pas que vous leur fassiez ce qu'elles vous font.

Grâce à son travail, Line est au courant des allées et venues de beaucoup de personnes riches et célèbres. Elle utilise ces renseignements pour se donner de l'importance. Au début, elle se montre gentille, engageante et manifeste de l'intérêt pour votre vie, comme une vraie amie. Mais, comme tous finissent par le découvrir, Line est votre ennemie secrète : une vipère qui attend de vous soutirer quelque «information» pour pouvoir ensuite la disséminer aux quatre vents.

Elle commence son petit jeu en s'ouvrant, en partageant avec vous des potins au sujet de personnes que vous connaissez aussi, voire au sujet de ses clients riches et célèbres. Vous baissez donc votre garde. Vous croyez être le seul à qui elle confie ces secrets, parce qu'elle vous aime bien, qu'elle vous respecte, qu'elle vous fait confiance et qu'elle vous considère comme un ami privilégié, son confident le plus intime.

Eh bien ! devinez la suite. Non seulement Line raconte à tout le monde ce qu'elle vous «confie», mais l'information que vous lui avez transmise fait désormais partie de son répertoire de cancans.

Quand vous traitez avec une Commère, il faut surtout vous rappeler ceci : quiconque vous raconte des choses sur les autres en raconte sur vous également. Soyez donc sur vos gardes.

Le Pugiliste

- Il est si désagréable que même son ombre a peur de lui.
- Il préfère raccrocher le téléphone que le décrocher.
- Il est méchant, égoïste, fort en gueule et fruste, et, comme si ce n'était pas assez, quelque chose en lui vous inspire de la répulsion.

- Il est d'un abord aussi agréable qu'une fraise de dentiste.

Le Pugiliste est difficile, irrespectueux, dominateur, agressif, désagréable, arrogant, hostile, rosse, impertinent, écrasant, blessant, intimidant, sadique, acerbe, versatile, machiste, maniaque, têtu, autodestructeur, grossier, anarchiste, criard, fermé, menaçant, insultant et déprimé.

Le Pugiliste traverse la vie avec aigreur : il y a toujours quelque chose qu'il n'a pas digéré. Toujours sur le pied de guerre, il est prêt à se battre ou à se disputer.

Il adore se faire l'avocat du diable, même s'il est d'accord avec vous. Quoi que vous disiez, il dira le contraire.

Il provoque constamment les autres, sans motif apparent. C'est sa propre insécurité et son besoin désespéré de paraître important et intelligent qui le poussent à déclencher des querelles.

Tout et tous semblent l'irriter. Il a la critique facile et prompte. Souvent violent, il en vient parfois à défoncer les murs ou les portes à coups de poing.

Le Pugiliste est toujours furieux sans raison, même quand vous faites ce qu'il veut. Il réussira à trouver la faille, à vous attaquer avant que vous ne l'attaquiez. Sa plus grande crainte est que vous disiez ou fassiez quelque chose qui le fasse se sentir incompétent; il vous coupera donc l'herbe sous le pied, se querellant avec vous pour pouvoir exercer un certain contrôle sur la situation.

Généralement, le Pugiliste a connu des difficultés durant son enfance ou son adolescence. Une fois adulte, il a souvent l'impression que la vie lui a joué de mauvais tours. Son air de bravache cache une extrême sensibilité.

Je connais une très bonne actrice qui n'est jamais devenue une vedette parce qu'elle a de la difficulté à s'entendre avec les autres. Elle est elle-même sa pire ennemie; tout le monde redoute de travailler avec elle. Réalisateurs, acteurs, actrices et même producteurs, personne ne peut la supporter.

Pourquoi ? Parce qu'elle est toujours prête à se battre, à tomber à bras raccourcis sur quelqu'un sans raison ou à se trouver en désaccord avec quelqu'un en position d'autorité. Résultat : elle a saboté sa carrière naguère prometteuse.

Le Pugiliste a tendance à être irrespectueux et insubordonné. Il se querellera avec n'importe qui. Il veut vous mettre au défi et, en fin de compte, vous braver, rien que pour prouver qu'il a raison, et même s'il ne sait absolument pas de quoi il parle.

La Victime

- C'est une diseuse de mauvaise aventure.
- Elle court toujours à son malheur.
- Elle aime se plaindre.
- Pour elle, à chaque jour une peine ne suffit pas.
- Elle trouverait à redire même au paradis.
- Elle est sur la bonne voie, mais le train va l'écraser.

La Victime est masochiste, coupable, inquiète, amère, rigide, égoïste, triste, négative, mesquine, chicanière, paranoïaque, têtue, geignarde, faible, défaitiste, terre-à-terre, autodestructrice, peureuse, solennelle, déprimée, macabre, sceptique, soupçonneuse, morose, molle, léthargique, nonchalante, défensive et déprimée.

La Victime est déprimante pour son entourage. Son énergie vous assomme quand elle vous raconte la vie malheureuse qu'elle mène, qu'elle a menée ou qu'elle mènera. Son but est d'attirer votre pitié, mais elle ne s'intéresse nullement aux conseils que vous pourriez lui offrir.

La Victime préfère se vautrer dans l'apitoiement sur son sort, convaincue que l'univers l'a éreintée et que tout le monde lui a fait du tort. Rien ne va jamais bien pour elle. Peut-être est-ce parce qu'elle voit toujours le verre à demi vide plutôt qu'à demi plein.

Les personnes toxiques de ce type blâment tout le monde sauf elles-mêmes quand quelque chose ne va pas dans leur vie, un peu comme le font les Pugilistes.

En fait, comme c'est le cas pour le Pugiliste, la Victime se sent incompétente et est convaincue que la vie est injuste. Mais au lieu de se servir de ses poings et de paroles acerbes, elle recourt aux larmes et aux expressions mélancoliques. Elle blâme le climat, sa vie personnelle, sa vie professionnelle, son enfance. Toujours victime, elle se complaît à s'apitoyer sur elle-même et recherche la pitié des autres en se présentant comme une pauvre âme impuissante.

La Victime est une éternelle inquiète. Elle invente d'avance les pires scénarios. Par exemple, avant même de partir à une réception, elle sait très bien qu'elle ne s'y amusera pas du tout, que personne ne lui adressera la parole et que tout ira mal.

Après avoir été en compagnie d'une Victime pendant un certain temps, vous serez épuisé et déprimé. Vous aurez peut-être envie de pleurer ou d'aller dormir, car elle vous aura vidé de toute votre énergie. Tout conseil que vous tenterez de lui prodiguer sera futile : elle vous répondra toujours par un «oui, mais» et commencera à vous expliquer pourquoi ses problèmes ne peuvent être réglés par votre solution. Après tout, elle ne voit que le côté négatif et désespéré des choses, et rien que vous puissiez dire ou faire n'y changera quoi que ce soit.

Malheureusement, il y a trop de Victimes dans notre société. Écoutez n'importe quelle tribune téléphonique ou causerie télévisée et vous y entendrez une femme que son mari bat, ou qui est prisonnière d'une relation malsaine, ou qui est trop pauvre, trop obèse, trop malheureuse ou trop désespérée pour affronter la vie. Fréquenter ces personnes quotidiennement peut être non seulement irritant, mais aussi déprimant et épuisant.

L'Hypocrite

- Avec un ami comme lui, qui a besoin d'un ennemi ?
- Il ne frappe pas avant d'entrer chez vous; il frappe après son départ.
- Il vous envoie des fleurs un jour; le pot vous parviendra le lendemain.
- Il est du genre à vous emprunter de l'argent et à s'en servir contre vous.
- Il retourne sa veste sans sourciller.

L'Hypocrite est secret, sournois, astucieux, fermé, malhonnête, tombeur, saboteur, égoïste, faux, artificiel, énigmatique, conspirateur, évasif, menteur, mesquin, touche-à-tout, superficiel, lâche, indigne de confiance, traître et renégat.

La plupart d'entre nous trouvent que l'Hypocrite est la plus toxique de toutes les terreurs. Dans la Divine Comédie de Dante, le dernier cercle de l'enfer était réservé à ceux qui avaient perpétré le crime le plus haïssable de tous : la trahison. Rien ne peut blesser plus profondément que d'apprendre que l'on a été trahi par quelqu'un à qui l'on faisait confiance. C'est ce qui se passe constamment avec l'Hypocrite.

Les personnes toxiques de ce type sont extrêmement passives-agressives; elles sourient hypocritement en prétendant être vos meilleures amies tout en vous poignardant sournoisement dans le dos. Confucius, autorité en matière de protocole social, déplorait un tel comportement : «Il est honteux de se comporter en ami avec quelqu'un en lui cachant qu'on a une dent contre lui.»

L'Hypocrite est un caméléon qui fait peur, car il change de discours en fonction de ce qu'il croit que vous aimeriez entendre. Il vous écrasera pour vous supplanter, disposé à tout pour obtenir ce qu'il veut.

Sharon et Laura sont allées à l'école ensemble et ont toutes deux fait des études en graphisme. Elles étaient censément les meilleures amies du monde. Après ses études, Laura, qui convoitait un certain poste, a confié à Sharon son projet, en lui expliquant qui étaient les principaux candidats et quelle serait sa stratégie pour décrocher le poste. Sharon, à qui Laura faisait pleinement confiance, lui a demandé toutes sortes de détails, pour lui montrer qu'elle s'intéressait à ses aspirations et la soutenait dans sa démarche. En réalité, Sharon rassemblait le plus de renseignements possible pour son propre avantage. En cachette, elle s'est rendue à l'entreprise qui embauchait, s'est présentée pour obtenir le poste et y a réussi. Quand Laura a eu vent de ses agissements, elle a été bouleversée. Sharon se moquait bien des sentiments de Laura. Elle a continué à sourire, n'éprouvant pas le moindre remords pour ce qu'elle lui avait fait.

Vous ne pouvez jamais faire confiance à un Hypocrite. Il utilisera contre vous les confidences que vous lui aurez faites, au moment où vous vous y attendrez le moins. Il complotera pour vous supplanter. Au fond, il éprouve du ressentiment à votre endroit, mais n'a pas le courage de vous avouer qu'il vous en veut, qu'il est fâché contre vous ou qu'il vous envie.

L'Hypocrite est évasif; il ne vous dira jamais ce qu'il pense vraiment. Mais ce que vous, vous pensez, il souhaite le savoir; à cet égard, il ressemble au Moulin à paroles.

L'Hypocrite sera mielleux avec vous, mais c'est une vipère qui vous empoisonnera sans remords.

L'Indécis

- Il ménage toujours la chèvre et le chou.
- Il a le courage d'une lavette.
- Il est si hésitant qu'il n'arrive pas à trouver un nom pour son enfant.
- Il n'est convaincu d'une chose que si quelqu'un d'autre l'est d'abord.
- Il marche constamment sur des œufs.

L'Indécis est passif-agressif, faible, tranquille, lèche-cul, fermé, dépendant, oblique, intimidé, servile, peureux, inquiet, indigne de confiance, cachottier, penaud, hésitant, conventionnel, déloyal, désespéré, mou, effacé, sans caractère, soumis, rustaud, vieux jeu, poltron, sclérosé, perdant et béni-oui-oui.

L'Indécis est un être passif-agressif qui manque d'échine et de cran. Il plie en fonction du vent et a peine à prendre une décision. Souvent tranquille et complaisant, il semble de prime abord être un aimable béni-oui-oui. Plus tard, cependant, il faut déchanter, quand il devient évident que son oui signifie non.

Il dit une chose un jour et le contraire le lendemain. En fait, il ne sait pas vraiment ce qu'il fait, son entourage non plus. C'est pour cela qu'il est si difficile et frustrant de travailler avec lui.

Marc est l'Indécis type. Promu à la direction d'un secteur d'activité chez son employeur, il a été congédié en un temps record, parce qu'il était incapable de prendre des décisions. Il écoutait le pour et le contre... puis ne faisait rien.

Dépourvu de substance et peu enclin à défendre quelque point ou qui que ce soit, y compris lui-même, l'Indécis croit que, en atermoyant, le problème disparaîtra ou que la décision se prendra toute seule. Il perd son temps parce qu'il ne croit pas en ses propres capacités et refuse de prendre le risque de se tromper. Si on le force à prendre une décision, il se fâche.

L'Indécis est paralysé par la peur et l'angoisse au point d'être incapable d'agir si on exige de lui qu'il s'exécute. Il pourrait même s'abstenir de faire un geste susceptible de sauver la vie de quelqu'un.

L'Indécis ne supporte pas l'affrontement. Il se considère comme une victime; il ne veut pas créer de remous ni causer de difficultés. En quête de confort, il se tapit dans les replis de la vie.

L'Exploiteur

- Il est toujours là quand il a besoin de vous.
- Il vous volerait votre montre puis reviendrait vous demander l'heure.
- Quand il n'y a plus d'argent à faire, il s'en va.
- C'est un éternel quémandeur.

L'Exploiteur est égoïste, importun, manipulateur, déloyal, lèche-cul, cachottier, oblique, servile, conspirateur, malhonnête, sournois, ingrat, fourbe, tenace et tombeur.

À Beverly Hills, j'ai connu un médecin et une veuve en vue dans la haute société qui illustrent bien le type de personnes toxiques que j'appelle Exploiteur. En plus des millions de dollars d'actif que son mari lui avait légués, Émilie avait également hérité de lui des millions de dollars de dettes. En fait, elle était pauvre comme Job, tout en donnant l'impression d'être la plus riche des princesses.

Pour continuer à mener le train de vie auquel elle était habituée, elle est partie à la recherche d'un homme riche. Elle a jeté son dévolu sur un certain médecin de Beverly Hills qu'elle croyait fortuné.

Le médecin aussi se cherchait quelqu'un de riche, qui le sortirait du pétrin : huit poursuites pour négligence médicale, faillites d'entreprises, enquête sur une fraude d'assurance, et perte importante de clients due à une réputation de plus en plus douteuse. Comme il avait entendu dire qu'Émilie était riche comme Crésus, elle était devenue la femme de ses rêves.

Quand leurs regards se sont croisés pour la première fois, cela a été le coup de foudre, car leurs réputations respectives de millionnaires les avaient précédés. Un mois plus tard, quand ils se sont épousés, chacun songeait déjà à la vie aisée qu'il mènerait. Je suis persuadée qu'ils ont dû bien rire quand ils ont entendu le prêtre dire «... dans la richesse comme dans la pauvreté».

Le choc a été terrible quelques mois plus tard quand chacun a compris que l'autre avait plus de dettes que d'argent. Des tensions sont apparues, les querelles ont commencé, et l'union a été rompue aussi rapidement qu'elle avait été formée.

Toutes les chances de s'enrichir sont bonnes pour l'Exploiteur, qui ne pense qu'à lui-même. C'est un ami des beaux jours qui ne s'intéresse à vous que tant que cela lui convient, tant qu'il peut profiter de vous. Il fera n'importe quoi pour réussir. S'il n'a rien à tirer de vous — ou s'il a déjà tiré tout ce qu'il pouvait —, sans hésiter un seul instant il vous rejettera comme un vieux mouchoir.

Le Tyran

- Quand il veut votre opinion, il vous la donne.
- Il est aussi autoritaire qu'un adjudant.
- Quand il ouvre la bouche, attendez-vous à ce qu'il vous morde.
- Ses dents sont acérées, sa langue aussi.

Le Tyran est injurieux, acrimonieux, antagoniste, énergique, hargneux, raisonneur, dur, grossier, insistant, exigeant, acéré, irrationnel, sadique, cruel, difficile, téméraire, vulgaire, arrogant, puéril, intimidant, chicanier, pugnace, machiste, arriviste, méchant, changeant, maniaque, criard, rustaud, menaçant, condescendant, versatile, fermé, grincheux et têtu.

Le Tyran est un terroriste verbal, un je-sais-tout tonitruant, odieux, grossier, exigeant et entêté, dont la devise pourrait être : «Il n'y a qu'une seule bonne façon de faire quelque chose : la mienne.» Explosif et versatile, il sort vite de ses gonds. Il n'est heureux que lorsqu'il dirige tout.

Je connais un professeur d'université qui est le parfait exemple du Tyran. Il mène sa secrétaire et ses étudiants par le bout du nez, exigeant que tout soit fait sur-le-champ et à sa façon. Si quelqu'un commet une petite erreur, il se met à crier. Les gens tremblent et ont envie de rentrer sous terre aussitôt qu'il entre dans la pièce. Sa personnalité est assurément du type A+; il s'énerve et s'agite pour tout et pour rien. Toujours méchant et hostile, il crie aux gens non seulement ce qu'ils doivent faire mais comment ils doivent le faire.

Le jour où ce professeur a dû être hospitalisé à la suite d'une crise cardiaque, les employés de son département étaient si heureux qu'ils ont organisé une fête pour célébrer l'événement.

Le Tyran éprouve le besoin de dominer, un peu comme les personnes toxiques du type Dominateur (voir plus loin), mais avec plus de méchanceté, à cause de ses tendances à la cruauté et au sadisme. Essentiellement, le Tyran prend plaisir à mettre les gens au supplice, à les voir trembler devant lui comme des chiots effrayés.

Le Tyran prend également plaisir à vous gruger sur le plan émotionnel; c'est le type de personne toxique qui donne des ulcères aux autres. C'est lui qui inflige le plus de souffrances émotionnelles à son entourage, et c'est lui qui remporte tous les concours d'impopularité. Confucius disait : «Le plus souvent, personne n'obéira à la brute même quand elle donne des ordres.» Même s'il est craint et détesté de tous, il ne parviendra jamais à obtenir que les autres le respectent assez pour lui obéir volontairement.

Le Plaisantin

- Ses plaisanteries déclenchent un silence général.
- Ce n'est qu'après son départ que son entourage retrouve le rire.
- Son répertoire se limite à trois plaisanteries qu'il répète inlassablement.

Le Plaisantin est ennuyeux, inquiet, faible, odieux, incapable d'être sérieux, égoïste, insignifiant, injurieux, insultant, sarcastique, rustaud, grossier, vulgaire, avide d'attention, superficiel, irrespectueux, gueulard, insistant et inattentif aux autres.

Le Plaisantin ne prend jamais rien au sérieux. Il entame toujours la conversation par une plaisanterie : «As-tu entendu la dernière... ?»

Le Plaisantin vous lancera des piques en recourant à un humour sarcastique, pour ensuite prétendre qu'il plaisantait. Face à votre réaction, il vous demandera : «N'as-tu pas le sens de l'humour ? Tout le monde trouve ça drôle. Pourquoi pas toi ?» Son humour est une arme avec laquelle il extériorise son hostilité latente.

À un déjeuner de travail, il pourrait vous dire : «Prends une autre brioche, elles te vont bien», laissant entendre que vous êtes gros. Devant votre air étonné, il ricanera en disant : «N'as-tu pas le sens de l'humour ? C'était une farce.» Il se montre indirectement hostile parce qu'il est trop lâche pour vous dire franchement ce qu'il n'aime pas chez vous.

Chaque fois que vous voulez aborder un sujet sérieux, il rit ou il plaisante, incapable de parler sérieusement.

Confucius a dit : «Quand je me trouve dans un groupe toute la journée et que la conversation ne porte jamais sur rien de sérieux mais reste un exercice d'humour facile, je m'ennuie.» Comme ce sage, la plupart d'entre nous s'ennuient quand ils se trouvent en compagnie d'un Plaisantin. Votre colère déclenche inévitablement en lui un rire, le Plaisantin étant incapable de faire face aux émotions authentiques, qui lui sont trop douloureuses. Si le Plaisantin est bouleversé par quelque chose, il vous le cachera, en dissimulant sa blessure et même son antagonisme à votre endroit derrière une façade d'humour. Essentiellement, le Plaisantin se construit une coquille de badinage pour s'y cacher.

Jerry avait une plaisanterie pour toutes les occasions. Même si certains riaient parfois de ses farces, la plupart le trouvaient irritant parce qu'il était incapable de s'arrêter. Ne prenant jamais rien au sérieux, il amorçait toujours la conversation de la même façon : «As-tu entendu celle-là...» puis lançait sa plaisanterie, parfois drôle, mais la plupart du temps stupide ou insignifiante. Si vous lui teniez des propos sérieux, il se mettait à en rire, puis tirait de son sac à plaisanteries une histoire insipide. Les gens fuyaient dès qu'ils voyaient Jerry s'approcher.

Un jour, Catherine, une collègue de travail à lui, pleurait dans son bureau. La veille, elle avait rompu avec son amoureux, et tout allait mal pour elle ce jour-là. La voyant bouleversée, Jerry est entré en coup de vent dans son bureau et a commencé à traiter à la légère tout ce qu'elle lui disait. Au lieu d'être réconfortée, Catherine s'est mise à pleurer encore plus fort et a fini par crier à Jerry de sortir de son bureau : elle le détestait parce qu'il se montrait totalement insensible à sa douleur.

En réalité, les Plaisantins comme Jerry n'ont pas confiance en eux et éprouvent peu d'estime pour eux-mêmes. Ils souhaitent tellement que vous les aimiez et les acceptiez qu'ils se croient obligés de gagner votre amour en faisant le clown.

Arthur Miller a dit un jour : «Tout le monde aime le plaisantin, mais personne ne lui prête d'argent», voulant dire que personne ne le prend au sérieux ni ne le respecte.

Les plaisanteries incessantes de Jerry se sont retournées contre lui. Au lieu d'être conquis, les membres de son entourage ont fini par le détester, irrités de constater qu'il ne prenait jamais rien au sérieux.

L'Écervelé

- Il doit toujours s'arrêter pour penser; l'ennui, c'est qu'il oublie de redémarrer.
- Aucune idée ne traverse jamais son cerveau.
- C'est une personne qui choisit mal ses mots.
- Il met toujours les pieds dans le plat.

L'Écervelé est inattentif aux autres, peu fiable, grossier, irritant, vieux jeu, insultant, fermé, sans imagination, indigne de confiance, débraillé, brusque, effronté, impudent, irréfléchi, négligé, rustaud, égoïste, lent, touche-à-tout et primitif.

L'Écervelé n'a aucune idée de ce qui se passe. Lourdaud inconscient de lui-même et de son entourage, il fait souvent des commentaires insultants sans penser à vos sentiments. Généralement, il ne vous regarde pas dans les yeux, il se tient mal, sa poignée de main est molle, il parle mal et il n'a aucun charme.

Essentiellement, c'est un être primitif qui, comme votre enfant de quatre ans, n'a aucune conscience de vos sentiments quand il vous dit tout ce qui lui passe par la tête. Il dit toujours ce qu'il ne fallait pas dire. Même s'il peut être intelligent ou exceller dans son travail, l'Écervelé manque autant de respect et de courtoisie qu'il est irréfléchi et négligent.

Gordon fréquentait une école privée réservée aux surdoués. Malgré son intelligence supérieure, il manquait de raffinement. Quand il a décroché son premier emploi de programmateur informaticien, il a fait faux pas sur faux pas, s'aliénant presque tous ses collègues. Il sautait d'un emploi à l'autre, parce que, invariablement, il insultait quelqu'un et se faisait congédier. On aurait dit qu'il vivait sur une autre planète ou, du moins, qu'il était perdu dans une brume épaisse. Même après avoir été congédié cinq fois de suite, il n'avait aucune idée de la nature de son problème.

Souvent, l'Écervelé est un pur étranger qui s'approche de vous et vous dit quelque chose de bizarre ou de déplacé. Vous vous demandez alors : «Comment peut-il dire une telle chose ?» Croyez-le ou non, les Écervelés disent toujours des choses comme cela.

Le Malade mental

- Si vous lui dites qu'il est fou, il croira que vous l'êtes.
- Pas étonnant qu'il dérape, il lui manque un pneu.

Le Malade mental peut être instable, émotif ou indifférent, énigmatique, épuisant, effrayant, peu fiable, versatile, imprévisible, incontrôlable, insultant, acrimonieux, raisonneur, dur, reclus, triste, paranoïaque, difficile, rigide, impertinent, impudent, haïssable, hyperactif, puéril, insensé, intimidant, irrationnel, superficiel, déprimé, sadique, batailleur, désespéré, égoïste, grincheux, agressif ou sur la défensive, soupçonneux, têtu, morose, méchant, menacé ou menaçant, maniaque, ambivalent et masochiste.

La présence du Malade mental est éprouvante pour les

nerfs et tout à fait terrifiante. Il s'agit d'une personne troublée sur le plan mental ou émotionnel ou les deux. Le Malade mental peut souffrir de schizophrénie ou de psychose maniaco-dépressive et avoir perdu contact avec la réalité. Il peut avoir une personnalité fragile susceptible d'être dangereuse pour sa vie ou pour la vie des autres, ou il peut être dépendant de l'alcool ou de la drogue, ce qui le conduit à se comporter de façon étrange ou incontrôlable.

Je place les alcooliques et les toxicomanes dans la catégorie des Malades mentaux, parce que l'alcool et la drogue altèrent l'état mental normal. Ces gens peuvent être généralement tout à fait normaux, mais aussitôt qu'ils consomment de l'alcool ou de la drogue, ils se transforment en monstres, se comportant souvent de façon violente.

Le Malade mental peut se métamorphoser en Monsieur Hyde devant vos yeux. C'est le type de personne avec qui le contact est le plus difficile car, comme dans le cas de la Bombe à retardement, vous ne savez jamais à quoi vous attendre de lui ni à quel moment son comportement monstrueux va se manifester.

Berthe, une jolie célibataire de 33 ans, a placé une annonce dans un magazine. Elle a rencontré William, qui semblait correspondre à tous ses critères : grand, beau, célibataire, carrière réussie, 42 ans. À leur première sortie ensemble, elle a remarqué qu'il parlait un peu trop vite et qu'il sautait d'un sujet à l'autre. Mais elle a attribué sa loquacité au fait que cette première rencontre le rendait nerveux, et n'y a plus pensé.

À leur deuxième sortie, il se comportait encore plus étrangement : il semblait délirer. Mais il était si beau et si sexy que Berthe n'a pas tenu compte de son comportement bizarre, qu'elle a attribué à un excès de zèle pour l'impressionner.

À leur troisième rencontre, Berthe a finalement compris que William était mentalement troublé : il s'est mis en colère sans raison, la traitant de «mocheté», de «putain» et de «truie» quand ils se sont rejoints devant le restaurant. Heureusement, elle était venue avec sa propre voiture. Elle a couru s'y réfugier, a verrouillé les portières et a démarré en trombe. L'une de ses amies, qui avait rencontré William à une soirée de célibataires un an auparavant, lui a révélé qu'il souffrait d'une psychose maniaco-dépressive et qu'elle avait vécu une expérience semblable avec lui.

Du fait que les statistiques indiquent qu'environ 1 pour 100 de la population est atteinte de schizophrénie et que le pourcentage de personnes souffrant de troubles mentaux, d'alcoolisme ou de toxicomanie croît à un rythme exponentiel (en partie à cause des problèmes sociaux comme le chômage, l'exclusion et l'éclatement de la cellule familiale), il est inévitable que vous serez à l'avenir de plus en plus exposé à rencontrer des personnes toxiques du type Malade mental.

Le Menteur

- Il fait toujours de la fausse représentation quand il se présente.
- Non seulement il se vante de ses exploits, mais il les exagère.
- Vous pouvez croire la moitié de ce qu'il dit, mais quelle moitié ?

Le Menteur est indigne de confiance, audacieux, faux, tombeur, secret, malhonnête, touche-à-tout, je-sais-tout, sans gêne, expansif, énigmatique, chicanier, manipulateur, odieux, cancanier, imprévisible, peu fiable, faible, irréaliste, déloyal, traître et égoïste.

Le Menteur ne sait pas s'il ment ou s'il dit la vérité. Les personnes toxiques de ce type mentent depuis si longtemps et ont débité tant d'histoires pour renforcer leur estime de soi qu'elles ont fini par croire à leurs propres mensonges. Le Menteur pourrait jurer sur une pile de Bibles que telle ou telle chose est vraie et qu'il la croit de tout cœur, alors même que vous savez pertinemment qu'elle est fausse. Rien ne le fera changer d'avis, car il est le manipulateur par excellence.

Ce qui peut être le plus déroutant, c'est que les propos du Menteur contiennent parfois un élément de vérité, qu'il a intégré pour vous tromper. Il pourrait vous dire des demi-vérités; quand vous mettrez en doute ses propos, il insistera : il ne vous a jamais menti.

Il est très frustrant de traiter avec un Menteur, parce qu'on ne peut jamais lui faire confiance ni vraiment communiquer avec lui. Puisque la confiance constitue le fondement de la communication, il est pratiquement impossible de le respecter ou d'établir avec lui un rapport honnête et ouvert.

Charlotte a découvert que Paul, l'homme qu'elle fréquentait, était marié. Lui, il répétait avec insistance qu'il ne lui avait jamais menti : il lui avait dit qu'il ne vivait plus avec sa femme. En théorie, Paul ne lui avait pas menti, mais simplement fourni de l'information incomplète.

Selon un vieux dicton américain, celui qui vous ment n'hésitera pas à vous voler aussi. Charlotte a constaté que c'était vrai : Paul lui avait volé son précieux temps et sa dignité personnelle.

À Hollywood, ce ne sont pas les Menteurs qui manquent. Ils vous raconteront toutes sortes d'histoires sur eux-mêmes et sur leurs projets. Cette attitude est due au fait que leur métier les expose constamment à être rejetés, ce qui mine leur estime de soi. Beaucoup d'acteurs mentent pour se remonter et se sentir plus importants. Généralement, ils embelliront le positif et ignoreront le négatif. Ces Menteurs sont inoffensifs — ils mentent pour impressionner les autres et se valoriser —, contrairement au Paul de Charlotte qui, lui, mentait pour la manipuler. Les Menteurs de son genre finissent souvent par briser la vie de ceux à qui ils mentent.

Le Menteur maintiendra souvent ce qu'il dit, malgré toutes les preuves démontrant qu'il ment. Il peut être toxique au point de se convaincre lui-même que ses mensonges sont vrais.

Le Touche-à-tout

- Il a le nez fourré partout.
- Il se mêle toujours de ce qui ne le regarde pas.
- Il n'hésite jamais à donner son avis sans qu'on le lui demande.
- Il a adopté une politique d'ingérence.

Le Touche-à-tout est envahissant, effronté, prompt à juger, impudent, dominateur, fauteur de troubles, pharisien, jaloux, sans-gêne, acerbe, sournois, cancanier, dogmatique, chicanier, importun, égotiste, sadique, injurieux, curieux, incontrôlable, grossier, agaçant, conspirateur et fourbe.

Le Touche-à-tout est un hybride de la Commère et du Fauteur de troubles (voir plus loin), mais en plus toxique. Il s'ingère dans votre vie (personnelle et professionnelle) en vous manipulant, dans l'intention de l'empoisonner. Il ne se contente pas de parler de vous aux autres, comme la Commère, ou de vous inciter à faire quelque chose, comme le Fauteur de troubles. Il se mêle plutôt de votre vie en téléphonant ou en donnant rendez-vous à d'autres pour leur parler de vous.

Vous souvenez-vous de Ma Sorcière bien-aimée, la série télévisée des années 1960 ? Il y avait une voisine curieuse, Mme Kravitz, qui téléphonait toujours à la police ou qui essayait de mettre dans le pétrin Samantha (la sorcière) et Jean-Pierre, son mari. Madame Kravitz est l'exemple typique du Touche-à-tout, une rapporteuse et une cancanière qui peut vous rendre la vie insupportable.

Toutes les séries télévisées ont leur Touche-à-tout, qui essaie de séduire le conjoint de quelqu'un, de ruiner le mariage d'un autre ou de voler son enfant à un troisième. Le Touche-à-tout tente toujours de mettre les gens dans le pétrin ou de briser leur vie.

Du fait que le Touche-à-tout ne mène pas une vie qui le satisfait, il essaie de vivre à travers celle des autres en les manipulant. Il en tire une grande satisfaction.

Jérôme, un Touche-à-tout classique, est le voisin de palier de Gloria, dans un immeuble en copropriété. Si la porte de Gloria est entrouverte, Jérôme y passe la tête et lui demande ce qu'elle fait, avec qui elle est ou ce qu'elle prépare à manger. Il s'amène souvent chez Gloria à l'improviste et essaie de s'immiscer dans ses affaires.

Un jour que Gloria se disputait avec une amie près de la piscine, Jérôme s'est approché d'elles à la nage et leur a donné son opinion : Gloria avait tort; il défendait le point de vue de l'amie. Une autre fois, Gloria a reçu une amende de 100 $ de l'association des copropriétaires, parce qu'un voisin avait rapporté que son chien avait uriné sur la pelouse de l'immeuble. Gloria n'a pas été étonnée d'apprendre que ce voisin était Jérôme, et que c'était lui aussi qui avait appelé les policiers pour qu'ils viennent calmer une soirée «trop bruyante» chez elle.

Jérôme, un acteur sans emploi, qui n'avait pas de vie à proprement parler — à part le fait de fourrer le nez dans les affaires de ses voisins — enviait ceux qui menaient une vie active, stimulante et productive.

Le Pingre

- Il aime les femmes qui portent des vêtements chers, sauf si c'est la sienne.
- Il ne s'intéresse à rien qui ne soit pas gratuit.

- Il préfère recevoir que donner.
- Aucun bout de chandelle n'est jamais trop court pour servir.
- Son porte-monnaie est fermé à double tour.

Le Pingre est égoïste, rigide, chicanier sur les prix, dominateur, limité, peu imaginatif, étroit d'esprit, anxieux, obstiné, refoulé, entêté, vide, craintif, mesquin, sceptique, primitif, inquiet, faible, mauviette, intrigant, névrosé et victime.

Le Pingre a une si mauvaise opinion de lui-même qu'il ne croit rien mériter qui ne soit bon marché ou gratuit. Il est avare non seulement d'argent, mais aussi de compliments, d'amour et d'affection. Sa conversation porte souvent sur l'argent, sur le prix qu'il a payé telle ou telle chose, sur la bonne affaire qu'il a conclue, sur la façon dont il a marchandé. Il est impressionné par sa propre habileté.

C'est une personne mesquine qui pense si petit qu'elle ne voit pas la vie dans son ensemble. Trop près de ses sous, le Pingre mène une vie à deux sous.

Dans un restaurant, le Pingre sera toujours le dernier à mettre la main dans sa poche. Si c'est lui qui règle la note, il la passera au peigne fin, décortiquant chaque prix et discutant avec le serveur, même si l'erreur est de quelques centimes.

Le Pingre réussit facilement à s'aliéner tout le monde, comme cela a été le cas de Joseph.

Joseph occupait un poste important dans une nouvelle entreprise. Chaque jour, il invitait quelqu'un de différent à déjeuner. Après un certain temps, plus personne ne voulait manger au restaurant avec lui. N'y comprenant rien, Joseph a fini par demander à l'un de ses collègues pourquoi il refusait toujours ses invitations. L'homme lui a répondu brutalement : «C'est parce que tu es trop radin et que tu ne règles jamais la note.»

La réponse de son collègue lui a ouvert les yeux. Joseph a pu enfin comprendre pourquoi son ex-amoureuse, Tina, avait rompu avec lui. Même si elle ne lui avait jamais clairement dit qu'il était mesquin et radin, elle lui avait constamment fait sentir qu'elle aurait aimé qu'il lui achète des fleurs, un bijou ou une robe. Dans mon cabinet, Tina m'a révélé que Joseph était même pingre en amour : «Il donne un certain nombre de caresses, un certain nombre de baisers et un certain nombre de mots doux.»

Quelles que soient les qualités d'un Pingre, l'avarice les neutralise. Selon Confucius, s'associer à un pingre ne vaut même pas la peine d'être envisagé.

Le Fanatique

- C'est le type de personne qu'il est difficile de trouver mais dont il est encore plus difficile de se débarrasser.
- Le Fanatique s'accroche comme une sangsue.
- Pour lui, il n'y a pas de demi-mesure.

Le Fanatique est dogmatique, entêté, irritant, dominateur, impudent, collant, agressif, étroit d'esprit, intrigant, irrationnel, intimidant, superficiel, pharisien, rustaud, névrosé, exigeant, fastidieux, fanfaron, effrayant, injurieux, odieux, mesquin, imprévisible, arriviste, pugnace, irréaliste, menaçant, déraisonnable, prompt à juger, irrespectueux et sur la défensive.

Le Fanatique est un zélateur qui croit dur comme fer en quelque chose ou en quelqu'un, sans tenir compte de quoi que ce soit d'autre. Comme c'est le cas pour le Tyran et le Dominateur (voir ce type plus loin), tout doit être fait à sa façon. Il est passionné dans tout ce qu'il dit et rejette quiconque n'adhère pas à son système de croyances. Le Fanatique tente constamment de vous convertir à sa pensée. Si vous avez votre propre opinion ou que vous êtes le moindrement en désaccord avec lui, il se fâche, vous dit que vous avez tort et vous considère comme un traître. Il est impossible d'avoir une conversation normale et intelligente avec lui parce qu'il refuse d'entendre le point de vue des autres. Il semble avoir réponse à tout et monopolise toujours la conversation. Il est si inflexible et prompt à juger que personne ne peut avoir un échange d'opinions avec lui.

Le Fanatique se comporte comme un chien qui a trouvé un os : une fois qu'il a une idée en tête, il n'en démord pas.

Édith essayait de vivre sa vie selon la doctrine chrétienne, mais elle allait rarement à l'église, lisait rarement la Bible et n'avait pas le don surnaturel de s'exprimer dans des langues inconnues. Marguerite, qui faisait tout cela, a reproché à Édith de ne pas être une vraie chrétienne puisqu'elle ne suivait pas toutes les règles. Édith a essayé de lui expliquer son point de vue, mais en vain. Marguerite parlait plus fort et avec plus de véhémence qu'elle, exprimant ses croyances en citant allègrement les Écritures.

L'exemple le plus dramatique d'un Fanatique, c'est sans doute celui que l'on trouve dans le film Attraction Fatale, où le personnage joué par Glenn Close traque son amant marié, refusant jusqu'à la mort de renoncer à son fantasme amoureux.

Le Nombriliste

- Il accepte toutes les idées des autres pourvu qu'elles aillent dans le sens des siennes.
- Dans la vie, il aime une chose par-dessus toutes : lui-même.
- Chaque fois qu'il se regarde dans le miroir, il se salue.

Le Nombriliste est égoïste, égotiste, peu sûr de lui, superficiel, inquiet, arrogant, ennuyeux, limité, rustaud, épuisant, odieux, vaniteux, centré sur lui-même, prétentieux, indiscret et m'as-tu-vu.

Pour le Nombriliste, une seule chose compte : lui-même. C'est la personne la plus centrée sur elle-même que vous rencontrerez. Il ne veut parler que de lui, n'agir qu'en fonction de lui. Il ne s'intéresse qu'à ce qui le concerne personnellement. Son discours est ponctué de «je», de «me» et de «moi». Une conversation avec le Nombriliste pourrait être l'expérience la plus éprouvante de votre vie, car il monologue au lieu de dialoguer avec vous.

Il aime se regarder dans le miroir et s'entendre pérorer. Il est difficile d'avoir une relation avec lui, à moins de le satisfaire sur tous les plans. Le Nombriliste ne fait que ce qui se rapporte à lui.

Une vieille plaisanterie illustre bien ce genre de comportement. Au cours d'une réception, un acteur de Hollywood bavardait avec une femme qu'il venait de rencontrer. Se rendant compte qu'il avait passé deux heures à lui raconter ses projets anciens, courants et futurs, et à lui répéter qu'il avait beaucoup de talent, il lui a dit : «Excusez-moi. Je suis impoli. Je parle de moi-même depuis deux heures. Parlons un peu de vous : comment me trouvez-vous ?» Voilà bien le Nombriliste.

Personne ne peut établir un rapport avec vous si vous parlez constamment de votre personne, de vos enfants, de votre conjoint, de votre carrière et de votre réussite. Votre attitude risque d'énerver, voire de dégoûter votre interlocuteur, qui se rendra compte qu'à vos yeux le monde tourne autour de vous. Cette intense concentration sur vous-même vous rend ennuyeux, car vous voyez le monde d'une façon primaire et égocentrique comme un enfant de deux ans, ce qui est inacceptable de la part d'un adulte.

Le Manipulateur

- Si vous êtes trop longtemps en contact avec lui, vous risquez une surdose de sucre.
- Ses flatteries vous donneront la nausée, comme un mauvais sirop.

Le Manipulateur est fourbe, menteur, faux, rosse, expansif, servile, intrigant, traître, hypocrite, sans-gêne, sournois, ennuyeux, béni-oui-oui, mielleux, grégaire, curieux, cancanier, prétentieux, irritant, touche-à-tout, dominateur, malhonnête, déloyal, renégat et profiteur.

Le Manipulateur ne ménage pas ses flatteries pour obtenir ce qu'il veut. Il fait votre éloge sans retenue et se comporte comme s'il était votre meilleur ami et comme s'il était prêt à tout pour vous.

Il se peut que, au fond de lui-même, le Manipulateur ne vous aime pas du tout, mais il ne vous le montrera jamais. Excessif dans ses compliments, si vous essayez de le faire taire ou de l'éloigner, il s'indignera, clamant que vous êtes la personne la plus extraordinaire du monde, la plus intelligente. Vous souriez; au fond de votre cœur, vous aimeriez que cela soit vrai et il vous plaît de l'entendre dire. C'est quand ce sourire apparaît sur votre visage que le Manipulateur comprend qu'il vous a eu. Le comportement du Manipulateur est répugnant : il est faux et baise la main de quiconque peut lui être utile.

Le Pharisien

- Le Pharisien se croit plus catholique que le pape.
- Il ne lui manque que quelques défauts de plus pour être parfait.

Le Pharisien est entêté, dominateur, dogmatique, prompt à juger, rigide, hypocrite, condescendant, fermé, ennuyeux, chicanier, égoïste, snob, prétentieux, primitif, déraisonnable, négatif, obstiné, critique, tatillon, superficiel, injurieux, mesquin et je-sais-tout.

Juché sur son piédestal, le Pharisien se croit parfait et vous regarde de haut. C'est une personne rigide, collet monté et prompte à juger, qui attend des autres qu'ils vivent selon son code d'éthique. Par exemple, le Pharisien prend parfois de haut quiconque fume, boit, a des relations sexuelles avant le mariage, blasphème ou n'est pas aussi soigné de sa personne ou organisé que lui. Généralement, il est rempli de colère, de dédain et de dégoût, car il a peu de tolérance envers les autres. Perfectionniste et pointilleux, il n'aime que peu de choses et peu de gens. Son attitude ressemble à celle du Fanatique, du Tyran et du Dominateur (décrit plus loin) : il faut faire tout à sa façon.

Il est extrêmement difficile de traiter avec le Pharisien, encore plus de vivre avec lui, car rares sont ceux qui sont à la hauteur de ses attentes. Menant une existence malheureuse, il n'arrive jamais à se détendre et à profiter de la vie.

Il s'impose une certaine rigidité pour ne pas montrer qu'il est imparfait. Puisque le Pharisien, après tout, est un être humain comme tout le monde, sujet à l'erreur et à des désirs susceptibles d'ébranler ses assises morales fragiles, il finit par se trouver hypocrite. Dès lors, il éprouve pour lui-même des sentiments ambivalents qui le dévalorisent à ses propres yeux.

Le Snob

- Il ne vous aime que si vous détestez les mêmes gens que lui.
- Il ne veut connaître que des gens qui ne souhaitent pas le connaître, lui.

- Il est à ce point conscient des classes sociales qu'il n'a pas de classe et que tout le monde en est conscient.
- Il lui faudrait une chirurgie du visage pour le débarrasser de son air hautain.
- Il porte la tête tellement haut qu'il a une double nuque.

Le Snob est prétentieux, pharisien, superficiel, arrogant, dépréciateur, prompt à juger, distant, inquiet, faible, rosse, fermé, égoïste, hostile, intimidant, égotiste, chicanier, pointilleux, inamical, rigide, déraisonnable, condescendant, irrespectueux, mesquin, grossier et satisfait de lui.

Le Snob se comporte comme s'il était supérieur à tout le monde. Il essaie de se donner de l'importance parce que, au fond de lui, il éprouve de l'insécurité. Pour avoir l'impression de valoir quelque chose, il émaille toujours sa conversation de noms de gens importants et il fréquente les endroits chic. Si vous ne faites pas partie des gens en vue, il ne vous saluera même pas. Il se promène le nez en l'air, vous ignorant si vous n'êtes pas in. Condescendant, le Snob vous parle comme à un enfant. On le trouve souvent dans des clubs réservés aux Snobs, où l'on ne vous laissera entrer que si vous avez l'apparence voulue, si vous êtes populaire ou si vous avez assez d'argent pour soudoyer le portier. Le Snob a désespérément besoin de ces clubs pour sentir qu'il est une personne à part entière.

Le Snob est d'humeur instable et insiste pour qu'on lui accorde un traitement spécial. Dans les files d'attente, il passera devant vous et se comportera comme un enfant gâté, sans considération pour personne. Son attitude de supériorité masque son complexe d'infériorité et son insécurité; en fait, son ego est extrêmement fragile.

Parfois, le Snob n'a pas d'argent mais occupe une position qui le met en contact avec les gens riches et célèbres. C'est souvent le cas à Beverly Hills, par exemple, où les assistants des célébrités se comportent parfois comme s'ils en étaient eux-mêmes.

Dans le film Une jolie femme, Julia Roberts, habillée pauvrement, entre dans une élégante boutique de Rodeo Drive à Beverly Hills. Les vendeuses snobs la traitent comme une rien du tout, la croyant pauvre. Ayant moi-même été victime de tels comportements à Beverly Hills, je puis vous assurer que cette scène fictive est malheureusement fréquente dans la réalité.

Même si ces vendeuses ne pourraient jamais se payer les vêtements qu'elles vendent, elles sont l'exemple typique des Snobs et elles ne sont appréciées de personne.

Le Compétiteur

- Il cherche depuis toujours à être premier.
- Il ne frappe jamais celui qui est tombé; il se contente de le faire tomber.
- Il ne s'intéresse qu'aux amis dont il savoure l'infériorité.
- Il ne peut faire un pas en avant sans écraser quelqu'un.

Le Compétiteur est provocant, intrépide, fanatique, odieux, paranoïaque, injurieux, arriviste, agressif, amer, intrigant, intimidé, sur la défensive, indigne de confiance, négatif, inquiet, raisonneur et toujours sur le pied de guerre.

Le Compétiteur saisit toutes les occasions de se montrer plus malin que vous ou de vous surpasser. Tout est compétition pour lui, qu'il s'agisse de trouver un emploi, un ami ou un conjoint. Dites-lui que votre chien est intelligent, et il vous parlera du sien, qui est plus gros, plus beau et plus intelligent encore. Dites-lui combien dur vous avez travaillé aujourd'hui, et il vous racontera qu'il a travaillé encore plus dur que vous et cela, malgré toutes les difficultés qu'il a dû surmonter.

Aucune détente n'est possible dans l'entourage du Compétiteur. Vous avez toujours l'impression qu'il va s'abattre sur vous. Il a généralement une attitude négative envers les gens, car il doit leur faire concurrence. Si vous faites une remarque sur une amie commune, par exemple : «Elle était vraiment en beauté aujourd'hui», il vous répondra : «Je l'ai vue en meilleure forme que cela. En fait, elle a l'air épuisée. As-tu vu comme ses yeux sont cernés ?»

Le Compétiteur a tendance à se comporter comme un m'as-tu-vu et à se vanter de ses réussites passées et présentes. Il essaie constamment de vous impressionner en tentant de vous faire croire qu'il est meilleur que vous. La réalité, c'est que le Compétiteur manque d'estime de soi et que la seule façon pour lui d'entrer en rapport avec vous consiste à tout transformer en compétition.

Le Dominateur

- Il mène tout le monde à la baguette.
- Il épouse sa secrétaire pour mieux la mener par le bout du nez.
- Il ne croit qu'à la loi, tant que c'est lui qui la fait.

Le Dominateur est touche-à-tout, rigide, manipulateur, arrogant, agressif, exalté, traître, pharisien, batailleur, dogmatique, égotiste, obstiné, arriviste, déraisonnable, entêté, menaçant, irrespectueux, fermé, tenace et primitif.

Le Dominateur ne lâche jamais. Comme le Tyran, il est paralysé s'il n'exerce pas un certain contrôle sur tout. Cependant, contrairement au Tyran, il ne recourt pas toujours à la colère ou à la méchanceté pour atteindre ses fins. Souvent, le Dominateur use plutôt de flatterie et de manipulation.

Le Dominateur n'a pas l'esprit d'équipe et répugne à déléguer son autorité, essayant de faire tout lui-même. Si les choses ne se font pas comme il le souhaite, il se fâche ou cesse de s'y intéresser, car il croit que c'est lui qui doit tout orchestrer. Il s'expose à une vie de frustration et de déception, du fait qu'il va toujours à contre-courant et qu'il force le cours des choses. Quand la situation n'évolue pas comme il le désire, il panique et devient encore plus hargneux ou manipulateur.

Jean était maussade durant son voyage en Indonésie avec Ginette. Rien n'allait bien pour lui dans ce pays du Tiers-Monde. Plus il essayait d'être maître de la situation, plus celle-ci lui échappait. Les réservations d'avion, les magasins, les hôtels, les repas, le climat... tout cela l'irritait, car il n'avait aucun contrôle sur ce qui lui arrivait de minute en minute. Il refusait de reconnaître que l'Indonésie a une culture différente, des valeurs différentes et des façons différentes de faire les choses.

Le Dominateur se met en rogne quand il n'a pas le contrôle de la situation, si insignifiante soit-elle. Anita, l'une de mes clientes, s'est rendu compte que son mari, Philippe, un Dominateur, était à tel point incontrôlable qu'elle a dû demander le divorce.

Un jour, ils sont partis faire une promenade en voiture dans le désert, en écoutant la radio. À un moment donné, ils n'entendaient plus que de la friture. Philippe essayait de régler le poste, mais en vain. Il jurait comme un charretier. Exaspéré, il a arrêté la voiture et en est descendu. Il a sorti un pied-de-biche du coffre avec lequel il a arraché le poste du tableau de bord, l'a jeté par terre et a commencé à lui donner de grands coups. Anita n'en revenait pas. De crainte qu'il s'en prenne à elle, elle n'a pas osé parler.

Ce qui est paradoxal, c'est que le Dominateur n'arrive pas

à se dominer lui-même. S'il ne peut exercer quelque emprise sur une personne, sur une situation, voire sur un objet, il perd le contrôle de lui-même. C'est le genre de personne à enfoncer le poing dans un mur quand la situation ne va pas comme il le veut.

Personne ne doit tenir les autres en laisse au point de les empêcher d'agir. Si c'est le cas, ils se briseront sur le plan émotionnel ou physique. Songez au papillon : si vous l'attrapez et le retenez trop fort, ses ailes se briseront; vous finirez par détruire sa beauté de même que sa vie.

Le Critique

- Il passe le plus clair de son temps au comptoir des réclamations.
- Il a cessé de fréquenter et commencé à intimider.
- Il pose une question, y répond lui-même, puis vous dit ce qui ne va pas dans la réponse.

Le Critique est intimidant, chicanier, rosse, agressif, brusque, geignard, fermé, détestable, fauteur de troubles, irrationnel, jaloux, je-sais-tout, sadique, pharisien, acerbe, sans-gêne, injurieux, acrimonieux, agaçant, odieux, rigide, dogmatique, émotif, négatif, déraisonnable, pugnace, irréaliste, mesquin, tatillon, insatisfait, grincheux, rebelle, condescendant, dominateur, irrespectueux, insultant, touche-à-tout, menaçant, soupçonneux et perfectionniste.

Pour sentir qu'il a raison, le Critique doit vous donner l'impression que vous avez tort. En vous critiquant ouvertement, il essaie de vous convaincre que vous ne valez pas grand-chose. Comme vous ne pouvez jamais rien faire de bien aux yeux du Critique, vous êtes toujours mal à l'aise en sa présence. Il se comporte comme un mauvais parent avec ses enfants : il les réprimande et les accuse, même quand ils n'ont rien fait de mal.

Au lieu de vous poser une question, il vous accuse, afin de consolider son pouvoir et sa domination, un peu comme le fait le Dominateur. Il se sent obligé de vous trouver un défaut et de vous le faire connaître d'un ton dur, cynique et agressif qui reflète son état permanent d'insatisfaction. Il prononce souvent d'un ton accusateur : «C'est de ta faute si nous sommes en retard» ou «Tu n'as pas décroché ce poste parce que tu es trop exalté».

Voici une conversation que j'ai entendue un soir dans un restaurant:

Lui: C'est de ta faute si nous sommes en retard.
Elle: Non, c'est de la tienne.
Lui: C'est toi et ton maquillage.
Elle: Non, c'est toi et tes appels téléphoniques.
Lui: Tu es toujours en retard; tout le monde dans ta famille est en retard. Personne ne vous a jamais enseigné à être à l'heure ?

Ces deux personnes sont des exemples typiques du Critique. Même si c'est l'homme qui a lancé la première accusation, elle aussi a profité de la conversation pour donner tort à l'autre.

Le Critique recherche une perfection telle qu'il n'est jamais satisfait. Comme le Pharisien, le Critique est constamment frustré dans ses efforts pour rendre parfait un monde imparfait. C'est pourquoi le Critique s'en prend à vous en dénigrant tout ce qui vous concerne, en ignorant le côté positif de toute situation et en y recherchant plutôt ce qui est négatif, même quand il s'agit de quelque chose d'aussi insignifiant que le plat que vous choisissez au restaurant.

Si vous êtes trop longtemps en contact avec un Critique,

vous finirez par tomber malade, car il représente un type de terreur toxique difficile à supporter.

Le Critique est un être mesquin, tatillon et chicanier, même pour les choses les plus insignifiantes. Malheureusement, les comportements de Critique se manifestent dans trop de ménages, ce qui explique peut-être le taux élevé de divorces dans notre société.

Le Je-sais-tout

- C'est une vraie encyclopédie; mais il ne sait pas que les ouvrages de référence sont épais.
- Il a toutes les réponses, mais personne ne lui a rien demandé.
- S'il ne peut se vanter de savoir ceci ou cela, il se vantera de ne pas le savoir.

Le Je-sais-tout est prétentieux, batailleur, anxieux, rustaud, épuisant, manipulateur, pédant, limité, fermé, prompt à juger, égoïste, pharisien, arriviste, agaçant, rigide, inconscient des autres, entêté, condescendant, sarcastique, dominateur, injurieux, prolixe et critique.

Le Je-sais-tout ne sait rien du tout pour ce qui est de traiter avec les gens. Même s'il donne l'impression de tout connaître et de déborder d'assurance, il éprouve beaucoup d'insécurité. Si ce n'était pas le cas, il n'aurait pas besoin d'étaler partout son intelligence et ses vastes connaissances.

Généralement, le Je-sais-tout ne dialogue pas avec vous, il s'adresse à vous. En fait, il se comporte souvent comme s'il vous accordait une faveur en vous parlant. Il adore utiliser des mots rares et s'empresse de dénigrer vos idées. Son ton condescendant vous donne l'impression que vous êtes stupide et que lui est intelligent.

Une autre tactique du Je-sais-tout consiste à vous submerger de données et d'information. Ainsi, vous n'avez aucune chance de lui faire concurrence, encore moins de lui apporter un point de vue éclairé. Puisqu'il sait tout, il ne peut avoir l'esprit assez ouvert pour apprendre quoi que ce soit, surtout si c'est vous qui lui parlez.

Le Glaçon

- Son visage est aussi expressif que celui d'un poisson.
- Il a la personnalité d'une poignée de porte.
- S'il donnait du sang, le transfusé aurait les veines glacées.

Le Glaçon est froid, calme, distant, impassible, secret, taciturne, malhonnête, indifférent, intimidé, limité, inquiet, peu fiable, fermé, craintif, primitif, énigmatique, imprévisible, soupçonneux et déprimé.

Le Glaçon ne manifeste rien d'autre qu'une attitude distante. Il use du silence comme le Tyran des menaces. Il est réservé et secret, un peu comme la Bombe à retardement, sauf que lui n'éclate jamais.

À aucun moment, vous ne savez ce qu'il ressent vraiment, car vous n'arrivez pas à le décoder par sa voix ou sa gestuelle. Impossible de savoir s'il est heureux ou malheureux. Son regard, généralement vide ou terne, exprime rarement ses émotions.

Même si le Glaçon peut exceller dans son travail, quiconque traite avec lui sur le plan personnel s'expose à une déception. Il répond si peu sur le plan émotionnel qu'il est terriblement frustrant d'être en contact avec lui. Il refuse de vous dire ce qui ne va pas ou pourquoi il est si taciturne. Souvent, il se sert du silence pour vous manipuler ou vous intimider. Il prend plaisir à voir comment le silence qui le réconforte, lui, vous met mal à l'aise.

Il éprouve probablement les mêmes émotions que vous,

mais, s'il vous le disait, il aurait l'impression de perdre l'emprise qu'il a sur vous. C'est pourquoi il vous cache tout ce qui se passe en lui.

Le Paranoïaque

- Vous ne pourriez jamais lui dire qu'il est sceptique ou paranoïaque, car il ne vous croirait pas.
- Il pense, sans vraiment y croire, que tous ceux qui lui en veulent le suivent.
- Il pense que le monde entier est contre lui, et il a raison.

Le Paranoïaque est intimidé, mou, négatif, peureux, geignard, autodestructeur, déprimé, irrationnel, prompt à juger, limité, hésitant, timide, amer, dogmatique, égotiste, anxieux, masochiste, victime, chicanier, rigide, faible, instable, irréaliste, incrédule, contradictoire, sceptique et méfiant.

Le Paranoïaque ne croit jamais à rien sans qu'on le lui prouve. Malgré ce qu'il voit et entend, il refuse de croire. Il a souvent l'air dubitatif et semble hésitant quand il rejette chacune de vos idées.

Le Paranoïaque est pessimiste et incrédule. Dès le départ, il ne croit pas que ceci ou cela va marcher, un peu comme la Victime. Il est extrêmement pénible d'être en rapport avec lui, parce qu'il est très soupçonneux et qu'il croit que tout le monde lui en veut. Il ne fait confiance à personne.

Par conséquent, il est difficile de se rapprocher du Paranoïaque, qui doute de vos intentions et de votre sincérité. Essentiellement, il croit que vous complotez contre lui.

Le Fauteur de troubles

- Il ne répète jamais les cancans comme il les a entendus.
- Pour lui, le pire n'est pas l'ennemi du mal.
- Il souffre d'indiscrétion aiguë.

Le Fauteur de troubles est touche-à-tout, dominateur, indiscret, sadique, négatif, hargneux, antagoniste, traître, prompt à juger, chicanier, sournois, blessant, jaloux, mou, arriviste, peu fiable, indigne de confiance, mesquin, menteur, injurieux, manipulateur, irrespectueux, querelleur, critique et fourbe.

Le Fauteur de troubles fourre son nez partout pour mettre les gens dans le pétrin. Il souhaite que vous preniez des risques pour se délecter ensuite de votre échec. Contrairement au Touche-à-tout, il ne s'engage pas beaucoup dans la situation. Il préfère inciter les gens à faire ceci ou cela, tout en sachant bien que son conseil est mauvais.

Sa vie est si triste et si ennuyeuse que sa seule façon de s'amuser consiste à provoquer des remous dans la vie des autres. Il communique souvent par sous-entendus : «Je suis sûr que ton mari t'est fidèle, même s'il a passé tout l'après-midi avec sa secrétaire» ou «Ce n'est pas de mes affaires, mais est-ce que Robert n'est pas censé travailler exclusivement pour toi ? Je l'ai vu faire des choses pour trois autres chefs au bureau».

Le Fauteur de troubles n'a de considération que pour lui-même et ne vise que son propre amusement. C'est un alarmiste qui prend plaisir à manipuler les situations et à faire une montagne avec des riens.

Simon, un coiffeur, riait aux éclats en me racontant comment il avait provoqué une querelle entre une cliente et sa fille.

D'un ton alarmé, il avait conseillé à sa cliente de mieux

surveiller sa fille, après avoir entendu parler de ce qui se passait à l'école, car celle-ci prenait peut-être de la drogue et risquait de devenir enceinte : si elle avait été sa propre fille, il ne l'aurait même pas laissée sortir le soir; cette pauvre fille était déjà sans doute droguée et enceinte.

La cliente était tellement bouleversée qu'elle avait bondi de sa chaise et avait téléphoné à sa fille pour lui interdire de sortir avec ses amis ce soir-là. Une querelle avait éclaté au téléphone. Simon bavait presque de plaisir en me relatant cette histoire, ce qui m'a appris à quel point il était dangereux et toxique. Simon se trouvait bien malin d'avoir réussi à alarmer sa pauvre cliente.

Le Fauteur de troubles se comporte comme il le fait afin de contrôler la situation et d'avoir le sentiment d'être important. Il se sent puissant quand il réussit à manipuler les autres. Du fait qu'il provoque des actions négatives chez les autres, c'est l'une des pires terreurs toxiques. Il déformera la vérité ou poussera les gens à faire ce que normalement ils ne feraient pas. Le Fauteur de troubles allume le feu, attise les flammes puis prend plaisir à observer l'incendie de loin.

Le Fauteur de troubles est aussi un cancanier qui répand toutes sortes de ragots pour mettre les gens dans le pétrin. Comme la Commère, il est incapable de garder un secret mais, contrairement à elle, il inventera des histoires pour manipuler les autres. Il ne semble vivre que pour semer la zizanie.

C'est un véritable démon qui essaie d'empirer toute situation.

Du déjà-vu ?

Avez-vous reconnu quelqu'un parmi les 30 descriptions de terreurs toxiques ? Quelqu'un avec qui vous vivez ou travaillez, ou avec qui vous avez entretenu une relation amicale ou amoureuse ? Peut-être avez-vous reconnu votre conjoint ? Peut-être vous êtes-vous reconnu vous-même ?

Vous aurez sans doute remarqué que beaucoup de traits

sont communs à plusieurs terreurs toxiques, même si chacune est unique et possède ses caractéristiques propres. Parfois, la personne toxique que vous connaissez incarne plus d'un type, par exemple : Commère et Dominateur ou Dénigreur et Hypocrite.

Maintenant que vous avez pris connaissance des traits particuliers des 30 types de terreurs toxiques, vous devriez comprendre pourquoi vous éprouvez des sentiments négatifs à l'endroit de telle ou telle personne. Les contacts avec une personne toxique laissent un goût amer dans la bouche.

Dans le chapitre suivant, vous apprendrez à neutraliser l'acidité de ces personnes afin qu'elles deviennent moins toxiques pour vous.

6

10 TECHNIQUES POUR FAIRE FACE AUX PERSONNES TOXIQUES

- La technique de l'expiration de la tension
- La technique de l'humour
- La technique du chasse-pensée
- La technique du miroir
- La technique de l'affrontement
- La technique de l'interrogation calme
- La technique de la furie
- La technique du désamorçage
- La technique du fantasme
- La technique de la coupure

Techniques à proscrire
L'autodestruction
La violence physique

Autres interdits dans les contacts avec les personnes toxiques

Ces 10 techniques à appliquer avec les personnes toxiques ont été utilisées par un très grand nombre de mes clients, qui les ont trouvées efficaces pour chasser les démons de leur vie. Après les avoir maîtrisées, ils ont pu constater une amélioration spectaculaire de leur santé, de leurs attitudes, de leurs projets professionnels et de leurs relations personnelles.

La technique de l'expiration de la tension

Cette technique peut être utilisée en parallèle à toutes les autres, car elle vous aide à reprendre le contrôle physique de vos émotions.

Que se passe-t-il quand quelqu'un vous bouleverse ? Quand vous êtes en colère, votre taux d'adrénaline augmente, votre cœur bat plus vite, votre tête commence à élancer, votre visage rougit et vos yeux deviennent exorbités, en même temps que vous retenez votre souffle. La technique de l'expiration de la tension vous aide à vous oxygéner immédiatement, et constitue un moyen de relâcher la tension et de recouvrer l'équilibre homéostatique de votre organisme. Elle vous permet d'absorber de l'oxygène et d'expirer du dioxyde de carbone d'une manière contrôlée et systématique. Voici les étapes à suivre:

1. Inspirez par la bouche pendant deux secondes.
2. Retenez votre souffle pendant trois secondes, en pensant à la personne toxique.
3. Continuez de penser à cette personne pendant que vous expirez de toutes vos forces, jusqu'à ce que vos poumons soient vides.
4. Cessez de respirer pendant deux secondes.
5. Répétez les étapes 1 à 4 jusqu'à ce que, en vous rappelant les gestes ou les actions toxiques et en expirant, vous ayez complètement évacué cette personne de votre système.

6. Répétez tout l'exercice, en continuant d'expirer la négativité de la personne toxique. Ensuite, prenez une grande inspiration par la bouche, remplissez vos poumons et expirez normalement.

Vous serez peut-être un peu étourdi à la fin de cet exercice. Si c'est le cas, ne vous en faites pas. Asseyez-vous; inspirez et expirez lentement, de façon rythmée.

D'une façon ou d'une autre, vous devriez vous sentir moins tendu et moins irrité. Si ce n'est pas le cas, refaites l'exercice jusqu'à ce que vous ne soyez plus en colère contre la personne toxique.

La technique de l'expiration de la tension est particulièrement recommandée quand quelqu'un vous agace ou vous irrite. Souvent, en libérant l'air de vos poumons, vous vous libérerez aussi d'une irritation excessive.

L'effet apaisant de cette technique vous aidera à ne pas commettre d'impair en disant ce qu'il ne faut pas dire. La première inspiration retenue vous donne quelques secondes de plus pour réfléchir avant d'agir.

En tant que professionnelle traitant avec un grand nombre de clients, je trouve moi-même cette technique particulièrement utile quand je me trouve face à des personnes dont les problèmes émotionnels sont graves ou qui ont perdu la maîtrise d'elles-mêmes. Non seulement cette technique m'aide à me calmer, mais elle aide mes clients à faire de même. J'y recours aussi pour rester calme quand on me pose des questions après un séminaire ou à la télévision. Je peux ainsi contrôler le rythme de mon élocution, afin de ne pas parler trop vite, de ne pas bafouiller et de ne pas dire quelque chose que je regretterais plus tard. Cette technique peut vous aider vous aussi à atteindre ces buts.

La technique de l'humour

Non seulement vous pourrez dissiper votre tension durant cet exercice, mais vous pourrez aussi vous amuser un peu.

Combien de fois ne vous est-il pas arrivé de trouver, des heures plus tard, une repartie intelligente à une remarque toxique ? Combien de fois, couché dans votre lit la nuit, ressassant un incident, ne vous êtes-vous pas réprimandé mentalement pour n'avoir pas dit ce que vous aviez envie de dire sur le moment ?

Grâce à la technique de l'humour, vous pourrez répondre sur-le-champ et rire par surcroît.

Utilisez la technique de l'expiration de la tension; au moment où vous retenez votre souffle, pensez à quelque chose d'amusant à dire. Il importe peu que la remarque paraisse stupide à votre interlocuteur, pourvu que vous la trouviez drôle.

J'ai recouru à cette technique au cours d'une réception où je me trouvais assise à côté d'un homme insupportable qui ne cessait de se vanter. Il m'a dit que, malgré son grand talent de chanteur, il n'avait jamais réussi à percer dans le monde de l'opéra et que de ce fait, il gagnait sa vie en enseignant le chant. Durant tout le repas il a essayé de m'impressionner par ses connaissances en opéra, qui ne voulaient pas dire grand-chose pour moi. Tout ce que je connaissais de l'opéra, c'était L'Italiana in Algeri de Rossini, et seulement parce que j'avais enseigné au tristement célèbre duo Milli Vanilli la synchronisation labiale (play-back) pour une publicité de gomme à mâcher Carefree. Néanmoins, j'ai continué de sourire et d'écouter poliment mon voisin de table. Soudain, au moment où j'allais saisir une deuxième tranche de pain à l'ail gratiné, il m'a jeté un regard furieux en me disant sèchement : «Vous savez, je viens de perdre sept kilos; vous devriez faire de même.»

Au début, abasourdie, je n'en croyais pas mes oreilles. J'ai commencé à me sentir un peu coupable et à me demander si je ne mangeais pas trop. J'ai inspiré profondément et retenu mon souffle en me disant que la technique de l'expiration de la tension ne marcherait pas, que j'étais furieuse et que ce dont j'avais besoin, c'était de me moquer de cet homme. Peut-être pouvais-je le faire marcher un peu et m'amuser.

J'ai alors décidé de faire une blague au sujet de l'opéra. Je l'ai regardé droit dans les yeux et, feignant d'être surprise, me suis exclamée : «Maigrir ! Je veux plutôt prendre une trentaine de kilos. En fait, j'aimerais avoir l'air de ces chanteuses d'opéra, vous savez celles qui portent des cornes sur la tête et de longues tresses.» Ce disant, j'ai pris une énorme bouchée de pain à l'ail.

L'homme ne m'a plus adressé la parole de la soirée, ce que j'avais espéré. M'étant amusée à ses dépens, je me sentais beaucoup mieux. La tension que suscitait en moi cette personne toxique, je l'avais relâchée grâce à l'humour, en me moquant de quelque chose qui lui tenait à cœur : l'opéra.

La technique de l'humour peut aussi servir à préserver votre propre estime et à rehausser celle que les autres ont pour vous.

Jean, un petit nouveau à l'école, était né le palais fendu. Il avait le nez plat, une cicatrice sur la lèvre et une élocution nasillarde. Il était plutôt laid. Les autres élèves se moquaient de lui impitoyablement.

Un jour, un garçon plus grand que lui l'a bousculé en lui disant : «Hé, qu'est-ce que c'est cette horrible cicatrice ?» Jean l'a regardé droit dans les yeux et lui a répondu : «Ça ? C'est la cicatrice d'une coupure que je me suis faite il y a quelque temps en me rasant.» Les autres garçons témoins de la scène n'ont pu s'empêcher de rire en imaginant un enfant de neuf ans en train de se raser.

L'humour de Jean l'a rendu sympathique aux autres élèves. Très tôt, Jean avait appris que le rire était pour lui le seul moyen de s'en sortir, et il recourait à la technique de l'humour pour se moquer de lui-même et des autres. Il est vite devenu le garçon le plus populaire de l'école; le semestre suivant, il a été élu président de sa classe.

Parfois, vous pouvez répondre du tac au tac à une remarque

toxique. La personne toxique se croit subtile et drôle, mais en faisant une remarque encore plus outrée que la sienne, vous la choquerez tout en vous amusant.

L'humoriste David Brenner a trouvé une extraordinaire repartie pour ceux qui se moquent de son nez : «Vous croyez que mon nez est énorme ! Moi, quand j'étais petit, je croyais que c'était mon troisième bras !» Howard Stern, l'animateur d'une tribune radiophonique, dénigre constamment son pénis et son apparence. Il est difficile de détester quelqu'un qui se moque de lui-même.

Si rien de drôle ne vous vient à l'esprit, consultez un recueil de plaisanteries et essayez de mémoriser quelques reparties particulièrement amusantes à vos yeux.

Les humoristes qui font face à des chahuteurs saouls ou à une clientèle méchante disposent généralement de tout un répertoire de reparties. Un comique célèbre cloue le bec aux spectateurs qui font du bruit en disant : «Vous savez, mesdames et messieurs, c'est ce qui arrive toujours aux cousins qui se marient entre eux.» Inévitablement, l'assistance éclate de rire, le chahuteur se tait et l'humoriste peut continuer son spectacle.

Même si je ne prône pas le recours aux sarcasmes hostiles, dans certains cas ils sont nécessaires. Il faut parfois combattre le feu par le feu. Quand quelqu'un vous adresse des remarques toxiques, la technique de l'humour lui permet de voir à quel point son comportement est stupide, tout en vous permettant de vous libérer de votre tension et de votre colère.

Souvent, les gens souhaitent recourir à la technique de l'humour mais pensent qu'ils n'ont rien de drôle à rétorquer. Je dresse plus loin une liste de reparties amusantes que beaucoup d'humoristes utilisent. Mémorisez-les pour pouvoir y recourir instantanément au besoin. Du fait qu'elles ne sont pas trop méchantes, elles vous permettront de bien vous en tirer sans perdre la face. Choisissez celles que vous préférez.

1. Tu m'as convaincu que la réincarnation existe : je sais maintenant quelle partie d'un cheval tu étais dans une vie antérieure.
2. Tes parents étaient-ils cousins germains ?
3. Je ne sais pas ce qui te ronge, mais, quoi que ce soit, il doit avoir une indigestion.
4. Tu sembles être de ceux qui veulent toujours sauver la face; tu en as pourtant deux !
5. Je ne vais pas m'engager dans un combat intellectuel avec toi; je n'attaque jamais quelqu'un qui n'est pas armé.
6. Pourquoi ne vas-tu pas faire un tour au zoo ? Tu détonnerais moins.
7. Je suppose que je ne peux pas te demander de te conduire comme un être humain; tu n'es pas imitateur.
8. La dernière fois que je t'ai rencontré, c'était dans un cauchemar.
9. Tu as une belle personnalité, mais pas pour un être humain.
10. Je ne sais pas ce que je ferais sans toi, mais j'aimerais bien essayer.
11. Ne te lasses-tu jamais de ta propre compagnie ?
12. Plus je te vois, moins je t'apprécie.
13. Je ne me souviens pas de ton nom, mais je me souviens de tes mauvaises manières.
14. Je n'oublie jamais un visage, mais, dans ton cas, je suis prêt à faire une exception.
15. Pourquoi ne poursuis-tu pas ta mère pour vice de fabrication ?
16. Continue de parler, comme cela je saurai que tu n'as pas recommencé à penser.
17. Tes manières sont indiscutablement discutables.
18. Pendant une minute, je ne t'ai pas reconnu, et cela a été la plus merveilleuse minute de ma vie.
19. Ta place est à la cour : à la basse-cour.

La technique du chasse-pensée

Parfois, vous êtes tellement fâché contre quelqu'un que vous avez l'impression d'être sur le point d'exploser. Chaque fois que vous pensez à cette personne ou à ce qu'elle a fait, vous êtes submergé d'émotions négatives. Dans ce cas, non seulement vous devez recourir à la technique de l'expiration de la tension, mais quand vous expirez, vous devez crier : «Chasse cette pensée !» Chaque fois que vous pensez à la personne ou à la situation, vous devez vous entendre dire «Chasse cette pensée !» soit à voix haute, soit silencieusement.

Cette technique peut vous être d'un grand secours, car elle vous empêchera de ressasser une situation toxique.

Imaginez. Vous vous levez en pleine forme. La vie est belle. Votre journée se déroule bien jusqu'à ce qu'une vilaine pensée monte dans votre esprit et que votre humeur devienne massacrante à mesure que vous revivez la situation toxique. Vous vous fâchez de plus en plus contre vous-même pour ne pas avoir dit ce que vous auriez dû dire ou pour vous être frotté à cette personne toxique. Votre tête est comme un volcan sur le point d'éclater, pendant que des visions de la personne toxique et des scènes de la situation toxique se bousculent interminablement dans votre esprit.

C'est ce qui est arrivé à Glenda. Après une rupture tumultueuse avec Mario, elle n'arrivait pas à s'éveiller du cauchemar qu'avait été leur relation toxique. Elle y repensait plusieurs fois chaque jour. Même si la rupture s'était produite six mois auparavant, Glenda ressassait des idées négatives qui la rendaient de plus en plus déprimée. Après qu'elle eut appris la technique du chasse-pensée, sa vie a changé du tout au tout. Glenda en reprenait enfin les commandes. Chaque fois qu'elle pensait à Mario, elle s'écriait : «Chasse cette pensée !» Elle était de meilleure humeur et pouvait vivre sa vie sans Mario et sans revenir sans cesse sur le passé.

La technique du chasse-pensée peut être renforcée par une

affirmation positive, par exemple : «Chasse cette pensée ! Personne ne vaut plus que moi» ou «Chasse cette pensée ! Je m'aime. Je suis important. J'ai de la valeur.» Ajoutez n'importe quelle affirmation qui suscitera en vous des pensées positives sur vous-même.

La technique du miroir

Grâce à la technique du miroir, on force les personnes toxiques à observer leur propre comportement.

Ma cliente Doris, une avocate, a trouvé cette technique fort précieuse au cours de négociations avec un avocat hostile et insultant. Celui-ci ne la laissait pas placer un mot; il l'interrompait tout le temps, criait et jurait. Un jour, au cours d'une conversation téléphonique avec lui, Doris a tenu le combiné loin de ses oreilles et s'est mise à aboyer pendant qu'il parlait.

L'homme s'est tu soudainement et lui a demandé : «Qu'avez-vous dit ?» Doris lui a alors répondu : «J'ai dit...» et s'est remise à aboyer comme un chien. Elle a ensuite ajouté : «C'est exactement l'impression que vous donnez : un chien qui aboie. Nous sommes tous deux des professionnels compétents et civilisés. Comportons-nous en conséquence. Parlons intelligemment et calmement, afin que chacun de nous écoute ce que l'autre a à dire et que nous puissions en arriver à un règlement raisonnable et amical.»

Son interlocuteur était embarrassé, car il ne s'était pas rendu compte qu'il aboyait au téléphone. Après que Doris a utilisé la technique du miroir, cet homme a été transformé : il écoutait poliment et se montrait disposé à négocier d'une manière civilisée.

Quand vous utilisez la technique du miroir, nul besoin d'insister. Il suffit de renvoyer une image du comportement offensant pour que la personne toxique s'amende.

Voici ce qui m'est arrivé dans un petit magasin de chaussures de Beverly Hills. J'ai crié trois fois : «Il y a quelqu'un ?»

avant qu'une voix hostile me réponde : «Qu'est-ce que vous voulez ?» Une femme est ensuite sortie de l'arrière-boutique et s'est dirigée vers moi. J'étais outrée. Après tout, j'étais à Beverly Hills, paradis du luxe, du chic, de l'élite.

Au moment où la vendeuse s'est approchée de moi, je lui ai dit : «Vous savez, je suis venue dans ce magasin parce que je sais que vos chaussures sont de grande qualité. Quand j'y suis entrée, je n'ai vu personne, j'ai donc dû demander s'il y avait quelqu'un. Puis, j'ai entendu un cri : "Qu'est-ce que vous voulez ?"» J'ai crié avec le même ton vilain et dur qu'elle avait utilisé. La femme a rougi, s'est confondue en excuses et s'est montrée particulièrement serviable pour trouver les souliers qui me convenaient.

Je n'ai pas eu besoin d'insister sur l'incident. Elle a compris du premier coup. En m'écoutant, elle s'est entendue et n'a pas aimé cela du tout.

Cette vendeuse aura sans doute été plus avenante avec les clients suivants. Peut-être ne criera-t-elle plus jamais à personne : «Qu'est-ce que vous voulez ?»

Parfois, il faut que les gens sachent à quel point ils sont odieux et il faut qu'ils le sachent sur-le-champ, en observant l'image de leur propre comportement avec vous. Non seulement vous leur faites savoir que ce qu'ils vous ont dit est inacceptable, mais vous leur faites comprendre ce que l'on ressent quand on se fait dire des horreurs. C'est ce qu'Amanda a fait à Corinne.

Corinne avait aperçu Amanda dans le corridor, près de la salle de réception où était célébré le mariage de leur amie commune. Venant à sa rencontre, Corinne poussait des oh ! et des ah ! devant Amanda qui était magnifique. Après un quart d'heure de bavardage positif, les deux femmes se sont dirigées vers la table où on allait découper le gâteau. Tout à coup, Corinne a souri, l'air suffisant, en disant discrètement à Amanda : «Pas de gâteau pour toi; tu as vraiment pris du poids depuis la dernière fois que je t'ai vue.» Puis, Corinne lui a tourné le dos et est allée rejoindre ceux qui prenaient du gâteau, laissant derrière elle une Amanda abasourdie et blessée.

Amanda a pu se ressaisir après cette gifle verbale. Elle a alors rattrapé Corinne, a posé la main sur son épaule et, la regardant droit dans les yeux, lui a dit : «C'était très méchant de ta part de me dire ce que tu m'as dit. Tu sais à quel point je suis sensible quand il est question de mon poids. Si tu as des pensées négatives à mon sujet, garde-les pour toi, comme je le fais avec les pensées négatives que j'ai à ton sujet. Avant aujourd'hui, je n'aurais jamais osé te parler de tes dents jaunies, de tes cheveux clairsemés aux racines foncées, de ton front trop haut et de ta peau sans éclat.»

Amanda rendait la monnaie de sa pièce à Corinne, dont l'air suffisant s'est soudainement transformé en masque horrifié. Corinne ressentait la même émotion qu'Amanda, puisque cette dernière lui avait tenu le même langage. Ce que Corinne avait commencé, Amanda l'avait terminé brillamment.

Parfois, la technique du miroir est très efficace avec les enfants. Un enfant est venu un jour en consultation. Il s'est mis debout sur la chaise. J'ai immédiatement fait comme lui. Il m'a alors dit : «Vous êtes le médecin. Vous ne pouvez pas monter sur votre fauteuil !» Je lui ai répondu qu'il avait raison et nous nous sommes tous deux rassis.

La technique du miroir permet aux enfants comme aux adultes de voir clairement les conséquences de leur comportement toxique et de savoir comment les autres les perçoivent.

La technique de l'affrontement

La technique de l'affrontement est particulièrement efficace pour réagir à une personne qui vous fait une remarque acide. Si vous ne pouvez penser à une repartie intelligente ou drôle, ou si vous avez oublié les reparties proposées dans la technique de l'humour, vous pourrez dire franchement à cette personne ce que vous pensez de sa remarque ou de son geste.

La technique de l'affrontement vous évite de devenir une victime. Généralement, on vous respectera parce que vous dites ce que vous pensez. Quand vous affrontez ainsi quelqu'un, vous devez parler fort et clairement, afin d'être compris. Vous pouvez parler avec émotion pour donner l'impression que vous êtes convaincu et sûr de vous.

La sénatrice californienne Dianne Feinstein s'est adroitement servie de cette technique pour répondre à une remarque condescendante que lui avait adressée le sénateur Larry Craig, de l'Idaho. Se prononçant contre la proposition de Feinstein d'interdire les armes d'attaque semi-automatiques, Craig avait conclu en disant : «La gentille dame de Californie a besoin de se renseigner un peu sur les armes à feu et sur leur pouvoir mortel.»

Dianne Feinstein lui a répondu ceci : «Je connais très bien les armes à feu. Je suis devenue maire à la suite d'un assassinat. J'ai trouvé mon collègue abattu et j'ai dû mettre mon doigt dans le sang pour lui tâter le pouls. J'ai proposé une loi sur le contrôle des armes à feu à San Francisco. J'ai suivi des cours de tir parce que des terroristes avaient lancé une bombe sur ma maison, que mon mari était à l'article de la mort et qu'on avait tiré des coups de feu dans mes fenêtres. Par conséquent, sénateur Craig, je puis vous assurer que je connais très bien le pouvoir mortel des armes à feu.»

La technique de l'affrontement vous permet non seulement de vous faire respecter des autres, mais aussi de vous respecter davantage vous-même parce que vous dites ce que vous pensez.

Meryl Streep a raconté dans le magazine Cosmopolitan un autre exemple parfait d'application de cette technique. Au début de la carrière de l'actrice, le fils de Dino de

Laurentiis l'avait invitée à rencontrer son père, le célèbre producteur de films. Dino père a parlé gentiment à Meryl en anglais puis, se tournant vers son fils, lui a dit en italien : «Qu'est-ce que tu lui trouves ? Elle n'est pas belle. Elle n'est pas assez belle. Pourquoi me fais-tu perdre mon temps ?» Meryl, qui comprend l'italien, a regardé le père droit dans les yeux en lui disant en italien : «Je n'aime pas beaucoup ce que vous venez de dire.» Voilà qui a dû embarrasser le producteur hypocrite. Bien entendu, Meryl Streep est devenue plus tard une magnifique actrice recherchée par les producteurs de Hollywood, malgré de Laurentiis.

Essentiellement, la technique de l'affrontement vous permet de montrer aux autres que vous percevez leur petit jeu, de telle sorte qu'ils ne peuvent agir sournoisement et vous poignarder dans le dos. Ils en sont alors réduits à devoir vous poignarder dans la poitrine et à vous affronter directement.

La technique de l'interrogation calme

La technique de l'interrogation calme montre aux personnes toxiques à quel point leurs remarques ou opinions sont absurdes, ridicules ou stupides. En posant, en progression logique, une série de questions auxquelles il faut répondre oui ou non, vous faites comme l'avocat qui, à la cour, interroge un témoin dans le but de prouver un fait important.

Quand vous recourez à cette technique, il est essentiel que vous parliez calmement et que vous donniez l'impression de maîtriser vos émotions.

Supposons que quelqu'un vous dise tout de go qu'il déteste les Noirs. Vous pourriez lui poser la série de questions suivante pour lui montrer à quel point sa remarque est stupide :

Détestes-tu chacun des Noirs du monde entier ?
Connais-tu une personne noire que tu aimes ?

Aimes-tu les sports ?
Y a-t-il des athlètes noirs que tu respectes ?
Et dans le monde de la politique et de la musique ?
Y a-t-il une personne noire que tu as déjà considérée comme intelligente ou talentueuse ?
Y a-t-il des Noirs qui t'ont fait du mal ?
Crois-tu qu'il y a des Noirs qui travaillent dur et qui s'occupent de leur famille ?
Connais-tu beaucoup de Noirs ?
As-tu déjà vécu dans un quartier où il y avait beaucoup de Noirs ?
T'est-il déjà arrivé qu'on te déteste rien que pour ce que tu es ?
N'as-tu jamais pensé que si moins de gens se détestaient les uns les autres et si chacun apprenait à mieux connaître son voisin, le monde serait meilleur ?

Essentiellement, vous posez à un être ignorant une série de questions qui le forceront à réfléchir aux conséquences de sa stupidité et lui feront explorer les sentiments qui sous-tendent la remarque qu'il a faite.

Je recours souvent à la technique de l'interrogation calme quand je suis invitée à titre d'experte dans des causeries télévisées et que je me trouve face à des ignares qui ne comprennent pas le fond du sujet. Un jour que je participais à une causerie télévisée portant sur les mères qui font la fête avec leurs filles, une femme m'a raconté comment elle et sa fille de 20 ans s'amusent ensemble, sollicitant des cadeaux des hommes qu'elles fréquentent et leur volant leur argent après les avoir saoulés. Apparemment, la fille était vierge et ne couchait pas avec ces hommes comme le faisait la mère.

Inutile de dire que j'étais, comme toute l'assistance, outrée par le style de vie de la mère. J'ai donc recouru à la technique de l'interrogation calme pour lui montrer que son comportement était déplacé :

Moi (à la mère) :	Avez-vous fait la fête avec votre mère ?
Mère :	Non, mais j'aurais bien aimé cela.
Moi :	Vous entendiez-vous bien avec votre père ?
Mère :	Non.
Moi :	Avec les hommes en général ? Aimez-vous les hommes ?
Mère :	Cela dépend.
Moi :	Je comprends que vous n'aimez pas beaucoup les hommes.
Mère :	Vous ne les aimeriez pas non plus s'ils essayaient de se servir de vous.
Moi :	Croyez-vous que les hommes doivent être utilisés, exploités, qu'ils sont là pour prendre soin de vous et vous acheter des cadeaux ?
Mère :	Pourquoi pas ? Ils utilisent bien les femmes.
Moi :	Pensez-vous être une bonne mère ?
Mère :	Oui, je crois être une excellente mère.
Moi (à la fille) :	Croyez-vous qu'elle ait été une bonne mère pour vous ?
Fille (sur la défensive) :	Oui, je le crois.
Moi (à la mère) :	Êtes-vous fière que votre fille soit encore vierge ?
Mère :	Oui.
Moi (à la fille) :	Qu'est-ce qu'une vierge ?
Fille :	Quelqu'un qui n'a jamais eu de rapports sexuels.
Moi :	Une vierge c'est quelqu'un qui n'a jamais eu de rapports sexuels ?
Fille :	Oui.

Moi : Est-ce qu'une vierge s'occupe de la moitié supérieure du corps de l'homme tandis que sa mère s'occupe du bas ? Est-ce cela une vierge ?

L'assistance a applaudi vivement, pendant que mère et fille criaient en tentant de se défendre.

Moi (à la mère) : Pensez-vous que vous donnez le bon exemple à votre fille en lui apprenant à utiliser les hommes pour obtenir tout ce qu'elle peut tirer d'eux ?
Mère : C'est cela la vie.
Moi : Vous sentez-vous à l'aise quand, au fond, vous enseignez à votre fille à être une prostituée ?

L'assistance, déchaînée, a applaudi à tout rompre.

Cette technique est si puissante que, si vous l'appliquez correctement, non seulement vous pourrez présenter votre point de vue, mais vous arriverez souvent à changer celui des autres par le biais de questions auxquelles ils doivent répondre sans pouvoir se dérober. Vous ne leur parlez pas, vous essayez plutôt de les aider à trouver des réponses. Grâce à leurs réponses et à leurs commentaires, ils deviennent un élément actif du processus de communication.

La technique de l'interrogation calme peut aussi vous aider à acquérir un complément d'information sur une personne ou une situation. De ce fait, vous saurez exactement où vous en êtes.

Une cliente, après avoir appris de moi cette technique, a constaté qu'il lui était beaucoup plus facile de choisir les hommes qu'elle fréquentait. Elle était moins stressée qu'avant, car elle posait une série de questions directes aux hommes qui souhaitaient la fréquenter et savait ainsi à quoi s'en tenir.

Après avoir rencontré Claudia à une réception, Denis s'est mis à lui faire la cour; il lui téléphonait et l'invitait à dîner. Ils avaient des conversations intéressantes et avaient beaucoup de points communs. Leurs quatre sorties ensemble avaient duré jusqu'aux petites heures du matin, tant ils avaient d'expériences et de points de vue à échanger. Malgré leurs atomes crochus, Denis ne tentait jamais de se rapprocher de Claudia qui, terriblement attirée par lui, mourait d'envie de l'embrasser.

Au début, elle a pensé qu'il était timide. C'est pourquoi, à leur quatrième sortie, elle a appuyé son genou sur le sien, en plus de lui toucher le bras fréquemment et d'y laisser sa main quelques secondes. Chaque fois, Denis avait un mouvement de recul. Après un bout de temps, elle a compris qu'il n'était pas attiré par elle. Elle a donc commencé à parler d'homosexualité, croyant que cela le conduirait peut-être à lui expliquer son comportement. Mais, durant cette conversation, elle a bien vu qu'il était hétérosexuel et qu'il ne supportait pas que des homosexuels lui fassent des avances.

Ce soir-là, quand ils se sont quittés, le petit baiser du bout des lèvres que Denis lui a donné, un peu comme celui qu'elle donnait à sa mère ou à sa sœur, l'a remplie de tristesse. Elle avait l'impression d'être rejetée. Est-ce qu'elle sentait mauvais ? Avait-elle mauvaise haleine ? Était-elle trop grosse ou pas assez belle pour lui ? Peut-être parlait-elle trop ? Claudia a passé toute la nuit à se demander pourquoi elle n'attirait pas Denis. Le lendemain matin, encore triste, elle s'est résolue à faire une croix sur cette relation.

Un peu plus tard dans la journée, Denis, de fort bonne humeur, lui a téléphoné pour l'inviter à sortir le lendemain. C'est alors qu'elle lui a dit : «Denis, je dois te demander quelque chose.»

Denis :	Bien sûr, quoi ?
Claudia :	Me répondras-tu franchement ?
Denis :	Évidemment.
Claudia :	Même si tu crois que cela pourrait me blesser ?
Denis :	Bien sûr. Où veux-tu en venir ?
Claudia :	Je veux savoir si tu es attiré par moi.
Denis :	Oui. Je sais que tu crois que je ne le suis pas, mais je le suis.
Claudia :	Veux-tu dire que tu es attiré par moi en tant qu'amie ?
Denis :	Non.
Claudia :	Veux-tu dire que tu es attiré par moi en tant que personne ?
Denis :	Non. Enfin, je veux dire que je me sens attiré par toi sur tous les plans, physique, mental et émotionnel, et c'est cela le problème.
Claudia :	Pourquoi est-ce un problème ?
Denis :	Je vois où tu es arrivée dans la vie : tu es établie, tu as de l'argent, tu mènes une carrière réussie. Moi, je me lance à peine et je n'ai pas les moyens de t'offrir grand-chose. En plus, je n'ai pas les idées claires parce que j'essaie de me remettre de mon divorce et que je ne veux pas m'engager dans une autre relation.

Claudia savait ce qu'elle avait voulu savoir. Même si elle n'était pas enchantée par les réponses de Denis, au moins elle connaissait désormais la vraie nature de la situation et pouvait cesser de se torturer pour trouver ce qui, en elle, ne plaisait pas à Denis.

Cherchez et vous trouverez, dit-on. Eh bien ! demandez et vous saurez.

La technique de la furie

On nous a toujours enseigné qu'il fallait bien nous comporter, ne jamais nous mettre en colère, crier, sortir de nos gonds. Balivernes !

Parfois, il faut crier, car c'est la seule façon de se faire entendre. Parfois, on est si furieux que le seul moyen de laisser sortir de la vapeur pour ne pas éclater consiste à crier et à passer un savon à quelqu'un. Parfois, on fait usage de jurons ou de grossièretés pour apaiser sa colère. Comme Mark Twain l'a si bien dit, le blasphème apporte, dans certaines circonstances, un soulagement que même la prière ne peut apporter.

Même si je vous déconseille d'y recourir trop souvent — vous-même deviendriez alors une personne toxique —, il vous faut parfois user de jurons ou de blasphèmes pour vous faire comprendre. Quoique socialement inacceptables, ces paroles pourraient bien être les seules que les personnes toxiques saisiront quand vous les leur assènerez pour qu'elles vous écoutent.

À Wimbledon, le champion de tennis américain Pete Sampras s'est servi de la technique de la furie pour relâcher sa colère contre les admirateurs de son adversaire au cours d'un match contre un joueur britannique. Chaque fois que Sampras marquait un point, des partisans de l'Anglais le huaient. Dès qu'il est devenu évident qu'il remporterait le match, Sampras s'est tourné vers la foule et, le plus fort et le plus furieusement possible, a crié : «Voilà ! Bande de connards !» Beaucoup d'Américains ont été fiers de voir ce jeune homme se défendre contre les Britanniques, eux qui s'enorgueillissent de leur politesse, de leurs bonnes manières et de leur classe.

Dans un autre cas de mise en application de cette technique, l'une de mes clientes a pu soulager la douleur intérieure dont elle souffrait depuis des années. Sandra, 40 ans, était hantée par un incident qu'elle avait vécu quand elle était une jeune fille innocente de 18 ans. Technicienne dentaire, elle administrait le protoxyde d'azote aux patients pour les endormir. Un jour, le dentiste lui a dit qu'il souhaitait lui en administrer à elle, pour qu'elle sache ce que c'était et qu'elle soit de ce fait «plus compréhensive avec les patients». Elle a accepté. À mesure que le dentiste augmentait la concentration du gaz, Sandra riait et se sentait légère et libre comme un oiseau. Le dentiste a eu tôt fait de lui enlever sa culotte et de la violer dans le fauteuil. Sandra était en état de choc. Le dentiste a refermé le robinet de gaz, et elle a couru aux toilettes pour vomir. Par la suite, le dentiste s'est comporté comme si de rien n'était et lui a dit de nettoyer tout le matériel, de laver le petit crachoir, puis d'aller le rejoindre dans son bureau. Encore engourdie, Sandra s'est exécutée; quand elle est allée voir le dentiste, il l'a congédiée sur-le-champ.

Pendant des années, le souvenir de cet incident l'a torturée, mais elle avait trop honte pour en parler à qui que ce soit. Elle a fini par le refouler comme si rien ne s'était jamais produit, jusqu'au jour où elle a vu à la télévision un reportage dans lequel un journaliste avait filmé avec une caméra cachée un dentiste en train de caresser une patiente. Au moment où le reporter a demandé aux téléspectatrices : «Se pourrait-il que votre dentiste vous fasse la même chose quand vous êtes endormies ?», le mauvais souvenir de Sandra est remonté à la surface. Elle s'est soudainement sentie non seulement dégoûtée, mais enragée. Elle avait envie de se rendre chez son ancien employeur et de le frapper. Au moyen de la technique du fantasme (voir plus loin), elle s'est imaginée en train de le frapper, mais cette image n'arrivait pas à apaiser sa colère. Les poursuites judiciaires étaient hors de question, car elle ne voulait pas que son mari, ses enfants et elle-même aient à traverser une telle épreuve. Elle savait qu'il lui fallait affronter directement son agresseur. Elle a donc pris rendez-vous avec lui en utilisant le nom de son mari.

Quand la technicienne l'a conduite dans le cabinet du dentiste, Sandra lui a dit qu'elle avait un problème dentaire gênant dont elle ne voulait pas parler devant quiconque sauf le dentiste. Comme son cœur voulait sortir de sa poitrine, elle s'est servie de la technique de l'expiration de la tension pour se contrôler jusqu'à l'arrivée du dentiste. Même s'il avait vieilli, elle l'a reconnu immédiatement. «Vous souvenez-vous de moi ?» lui a-t-elle demandé. Il lui a répondu que non. «J'étais votre assistante il y a 22 ans. C'est moi que vous avez violée dans ce fauteuil, après m'avoir donné du protoxyde d'azote.» Le dentiste, ébranlé, est devenu pâle comme un drap. Sandra s'est levée et s'est mise devant la porte pour l'empêcher de sortir : «Vous m'avez humiliée en me faisant nettoyer les déchets de votre cabinet pour ensuite me congédier.» Sandra a alors saisi le contenant de déchets dentaires et le lui a lancé en plein visage en criant : «À votre tour, violeur, de nettoyer les déchets !» Ensuite, elle est sortie. Sur le chemin du retour, elle a ri à gorge déployée en pensant à cet homme minable qui avait tremblé devant elle et qui perdrait sans doute le sommeil à se demander si elle le poursuivrait devant les tribunaux. La technique de la furie était exactement le remède dont Sandra avait besoin pour assouvir son sentiment de rage et de haine envers son agresseur.

Avec cette technique, vous vous donnez la permission de rugir comme un tigre, de contorsionner votre visage et de gonfler les veines de votre cou pour dissiper votre colère. Vous pouvez crier, jurer, blasphémer. Vous vous donnez le droit de dire ce que vous voulez, d'aboyer, mais jamais de mordre. Vous pouvez frapper fort verbalement, mais jamais physiquement. Toute forme de violence physique est absolument exclue.

La technique du désamorçage

Selon un précepte chrétien, il faut présenter l'autre joue quand quelqu'un nous fait du mal. C'est sans doute l'une des attitudes les plus difficiles à adopter, surtout quand on souscrit à la loi du talion, «œil pour œil, dent pour dent».

Dans un chapitre précédent, nous avons dit que toute toxicité prenait sa source dans la jalousie causée par l'insécurité et par le manque d'estime de soi. Il arrive souvent que les personnes toxiques aient manqué d'amour dans leur vie ou qu'elles aient été maltraitées. La seule façon d'agir avec elles pourrait bien être de leur témoigner beaucoup de gentillesse, d'amour et de compréhension.

Il faut beaucoup de force intérieure et de compassion pour transformer la colère en amour et en bonté. Votre réaction instinctive sera peut-être de rendre les coups à la personne toxique, et au centuple. Grâce à la technique du désamorçage, vous pourrez l'aider à renforcer son estime de soi.

En mettant cette technique en application, rappelez-vous que vous ne devez jamais perdre votre sang-froid, si méchant, désagréable et mesquin que soit le comportement de la personne toxique envers vous. Restez calme, utilisez des termes apaisants et chaleureux, et souriez. Comment y arriverez-vous face à tant de négativité ? Il vous suffit de vous rappeler que cette personne souffre, qu'elle se sent vide et mal aimée, et que c'est sans doute la haine qu'elle éprouve pour elle-même qui la pousse à agir de la sorte.

En offrant de l'amour et de la bonté, vous constaterez le pouvoir étonnant que vous avez de modifier le comportement des autres. La personne toxique adoucira le ton, se détendra, et pourrait même finir par sourire et vous dire des choses gentilles.

L'une de mes clientes, Véronique, caissière dans une banque, recourt à la technique du désamorçage chaque fois qu'elle est en contact avec un client hostile. En fait, les autres employés l'appellent souvent pour apaiser les clients difficiles. Elle réussit à désamorcer les personnes toxiques parce qu'elle ne considère pas leur colère comme un affront personnel, seulement comme l'expression du fait qu'elles ne sont pas heureuses. Elle les calme en se disant d'accord avec elles, en leur souriant et en les apaisant avec sa chaleur. Quand les clients comprennent qu'elle prend leur parti, ils changent de comportement et adoptent une attitude plus positive.

Comme Véronique le fait, vous devez faire comprendre aux personnes toxiques que vous n'êtes pas leur ennemi, que vous prenez leur parti. Vous devez le faire avec douceur, avec tendresse et avec amour. Après tout, une petite tape dans le dos est beaucoup plus efficace qu'un coup de pied au derrière pour obtenir les résultats escomptés.

La technique du fantasme

La technique du fantasme vous aidera à relâcher votre tension en riant un peu, grâce à votre imagination.

L'un de mes clients a emmené son amie dans un restaurant chinois très cher. Le service était horrible, les mets infects et le personnel impoli. Il a insisté pour rapporter chez lui les restes, des aliments de toute évidence trop peu cuits, et le restaurant lui a facturé ce service. En me racontant cette histoire, mon client devenait de plus en plus furieux, et son visage rougissait de colère.

Il a ensuite éclaté de rire et a pris un air coquin. Les yeux pétillants, il m'a dit : «Vous savez quel fantasme j'ai ? C'est de retourner dans ce restaurant bondé et, devant les clients snobs, ouvrir un sac rempli de chats, de souris blanches et de rats. Comme ce serait drôle de voir l'air des clients qui se demanderaient ce qu'ils sont en train de manger en regardant les petits animaux se promener partout ! Ha ! Ha !» Mon client riait tellement qu'il arrivait à peine à terminer son histoire. «Imaginez les employés essayant de rattraper les petites bêtes. Ils se grouilleraient enfin un peu. Et les propriétaires, le visage écarlate, en train de hurler !»

À sa sortie de mon cabinet, ce client était revigoré. Il n'était plus furieux contre le restaurant, car justice avait été faite en imagination. Bien entendu, il n'aurait jamais concrétisé son projet imaginaire, mais celui-ci lui avait permis de dissiper la colère suscitée par une expérience toxique.

La technique du fantasme a fait beaucoup d'adeptes récemment, depuis le cirque médiatique créé autour de l'«affaire Bobbitt», où une femme a tranché le pénis de son mari et l'a jeté par la fenêtre de sa voiture. La police a retrouvé l'organe, qui a plus tard été rattaché au cours d'une intervention chirurgicale d'une durée de 10 heures.

Personnellement, je pense que c'était là le geste d'une femme mentalement troublée. Si son mari soûl la violait, elle aurait pu le quitter, se rendre dans un refuge pour femmes, divorcer ou rentrer au Venezuela. Rien ne peut excuser son crime.

Quoi qu'il en soit, cette affaire a déclenché une guerre entre les sexes, comme on a pu le constater par les propos tenus dans les tribunes radiophoniques. Certaines femmes ont fait de Lorena Bobbitt une véritable héroïne populaire qui n'avait fait que protéger ses droits. Les hommes rétorquaient : «Aurait-elle aimé qu'un homme lui tranche les seins et les jette dans une poubelle ?» Le débat a fait rage pendant des semaines, jusqu'à ce que John Bobbitt soit reconnu non coupable par un jury qui comprenait neuf femmes. Apparemment, Lorena avait tranché le pénis de son mari parce qu'il était un amant égoïste. Elle a déclaré au tribunal : «Il atteint toujours l'orgasme sans attendre que je l'atteigne aussi. Il est égoïste. Ce n'est pas juste. C'est pourquoi j'ai tiré les draps et fait ce que j'ai fait.»

Beaucoup de femmes ont réagi en posant en imagination le geste de Lorena Bobbitt. L'avocate féministe Gloria Allred l'a confirmé à son émission radiophonique en déclarant à ses auditrices qu'un grand nombre de femmes, dans leurs fantasmes, aimeraient bien avoir fait à leur agresseur ce que Lorena Bobbitt a fait à son mari.

Le mot clé ici, c'est «fantasme», qui n'a rien à voir avec la réalité. Vous ne réalisez pas vos fantasmes. Par exemple, vous imaginez votre patron dans le ring, en train de se faire écraser par un champion poids lourd. Ainsi, vous dissipez votre colère et les sentiments négatifs que vous nourrissez à l'endroit d'une personne toxique.

Avec la technique du fantasme, vous pouvez dessiner le portrait d'une personne toxique et la mutiler sur papier. Vous pouvez ajouter des cornes, des dents de vampire ou d'horribles verrues sur sa photo. Vous pouvez déchirer le dessin ou la photo, le brûler, le piétiner ou cracher dessus, tout en pensant à ce que vous aimeriez faire à cette personne toxique.

Il existe des personnes qui sont tellement toxiques que vous leur souhaitez des blessures, voire la mort. Même si cette idée est inacceptable du point de vue de la rectitude politique, de la société, de la loi et de la religion judéo-chrétienne, il nous arrive à tous parfois d'y penser et c'est parfaitement normal. Ce qui ne serait pas normal, ce serait de quitter le plan de l'imaginaire pour passer à l'action. Je le répète, on ne doit jamais faire de mal physique à quiconque. Vous pouvez vous sauver la vie en dissipant la colère éprouvée contre une autre personne et lui sauver la vie à elle, du fait que vous n'avez pas besoin de concrétiser votre fantasme. Le fantasme à lui seul assouvira votre vengeance.

À un moment ou à un autre, nous avons tous recouru sans le savoir à la technique du fantasme. Au cinéma, combien de fois nous sommes-nous réjouis de voir le héros battre le méchant ? Au fond, pour la plupart d'entre nous, c'est que nous imaginions, fût-ce une seconde, que c'était notre propre ennemi toxique qui se faisait tabasser.

Regarder nos idoles battre quelqu'un dans une œuvre de fiction ou dans un sport constitue une échappatoire sûre et saine pour notre agressivité. Il n'y a pas de répercussions négatives : prison, blessures, mort.

La prochaine fois que vous voudrez déverser votre colère sur quelqu'un en toute sécurité, recourez à la technique du fantasme : imaginez la tête de la personne toxique aplatie par votre vedette préférée ou par un héros de jeu vidéo.

Tout cela peut sembler sadique, mais c'est sûrement moins dangereux que si vous le faisiez vous-même; c'est aussi une excellente façon de vous décharger de la douleur et de la colère qui pourraient finir par vous détruire.

Je le répète, la technique du fantasme doit s'appliquer dans le domaine de l'imaginaire seulement. Vous pouvez vous imaginer en train de frapper quelqu'un, de lui enlever sa chaise au moment où il s'assied, voire de lancer son pénis par la fenêtre de votre voiture. C'est pur fantasme. Vous ne devez jamais passer à l'action. Les conséquences seraient désastreuses, cela va sans dire ! Vous vous libéreriez peut-être de votre colère, mais vous détruiriez votre vie. Ne recourez jamais à la violence. Ne vous faites jamais justicier.

La technique de la coupure

La technique de la coupure doit être réservée aux personnes les plus toxiques, avec qui vous ne pouvez plus avoir de contact. Quand vous avez essayé en vain toutes les autres techniques, il ne vous reste plus qu'à rompre avec ces personnes. Imaginez que vous vous débranchez d'elles, comme si vous tiriez une fiche hors d'une prise de courant. Il vous faut cesser d'éprouver quelque émotion que ce soit à leur endroit. Vous les coupez de votre vie et ne repensez plus jamais à elles. Qu'elles vivent ou qu'elles meurent vous laisse froid. Vous ne leur souhaitez pas de mal, mais vous ne leur souhaitez pas de bien non plus. Vous les laissez simplement sortir de votre vie pour de bon.

J'avais une amie avec qui j'avais grandi et fréquenté l'université. Samantha se montrait mesquine et critique, et essayait toujours de rivaliser avec tout le monde. Mais nous étions restées amies, parce que nous nous connaissions depuis longtemps et que je l'avais acceptée telle qu'elle était. Un jour, avant son départ pour l'Orient, elle m'a rendu visite. Même si j'étais très occupée, j'ai annulé quelques rendez-vous pour passer un peu de temps avec elle. À son arrivée dans mon bureau, elle a commencé par faire quelques remarques désobligeantes sur la décoration, remarques que j'ai ignorées. Avant de sortir avec elle, j'ai dit à mon assistant : «N'oubliez pas qu'il faut téléphoner à Singapour aujourd'hui. Il faut donc que cette lettre parte tout de suite. N'oubliez pas non plus de téléphoner à Jones et de commander les fournitures dont nous avons besoin.»

Mon assistant, un homme professionnel et respectueux, tout en étant chaleureux et amical, m'a répondu en souriant : «Docteur Glass, ne vous en faites pas. Ayez un bon déjeuner; tout sera fait avant votre retour au bureau.»

Au restaurant, Samantha m'a demandé ce que j'entendais faire de ma vie. Comme nous nous connaissions depuis si longtemps, je lui ai fait part de mes pensées les plus intimes et lui ai décrit en détail ma mission : promouvoir la paix mondiale au moyen de la communication.

La plupart d'entre nous penseraient que, devant la révélation d'un tel objectif, notre meilleure amie sourirait et dirait : «Quelle vocation admirable ! Je sais que tu as travaillé dur dans ta vie et que tu mérites d'atteindre ton but. Je suis fière de toi !»

Rien de cela de la part de Samantha : «Tu sais, Lillian, la paix mondiale commence chez soi. Ta façon de traiter ton assistant est atroce. Comment oses-tu le mener par le bout du nez comme cela ?»

Je suis restée bouche bée. Cette fois-là, la technique de l'expiration de la tension n'a pas marché pour moi. Je ne trouvais absolument rien d'humoristique dans la situation. Dans ma tête, j'ai passé en revue toutes les techniques que je connaissais; la technique de la coupure était la seule qui convenait à ma situation. Il me fallait sortir Samantha de ma vie, pour de bon.

Je l'ai regardée droit dans les yeux et lui ai dit calmement : «Tu sais, Samantha, toute ma vie tu as essayé de me couper les ailes, en me disant toujours quelque chose de négatif. J'en ai assez. Je ne veux plus être ton amie; je ne veux plus que tu fasses partie de ma vie.» Je me suis levée de table et suis partie sans me retourner.

Malgré les tentatives de Samantha pour entrer en contact avec moi, je n'ai pas changé d'idée depuis ce jour-là. Elle est sortie de ma vie et n'y rentrera plus jamais. Vous vous dites peut-être que c'est froid et cruel : «Comment pouvez-vous laisser tomber ainsi quelqu'un que vous avez connu toute votre vie ?» À cela, je réponds : «Comment pourrais-je permettre à cette personne — qui ne fait que me déprécier, ne me soutient pas et est hypocrite avec moi — de rester dans ma vie, alors que j'ai tant d'amis merveilleux qui souhaitent mon bien, qui veulent que je réussisse, qui croient en moi et qui ne me disent jamais rien de négatif ?»

Il était absolument hors de question que je poursuive une relation avec Samantha. C'était trop frustrant, trop éprouvant. Je ne la hais pas; en fait, je n'éprouve aucune émotion à son endroit depuis que je l'ai coupée de ma vie.

Dans la technique de la coupure, il arrive souvent que vous deviez sortir une personne de votre vie, non que vous la détestiez, mais bien parce que vous l'aimez. Cette coupure peut être une forme d'amour par laquelle vous établissez des limites et laissez la personne faire son choix. Ainsi, vous ne glisserez pas dans une relation de codépendance avec cette personne ni ne contribuerez à sa toxicité.

Techniques à proscrire

L'autodestruction

Ne dirigez jamais contre vous-même la colère que vous ressentez pour une autre personne. L'alcool, les tranquillisants, les amphétamines, la marijuana, la cocaïne, le crack, l'héroïne ou n'importe quelle autre drogue ne sont pas des moyens judicieux de faire face aux personnes toxiques. Il en va de même pour la suralimentation et la privation d'aliments. Même si ces moyens peuvent vous apporter un soulagement rapide ou un bonheur temporaire, il est probable qu'ils abrégeront vos jours.

Il serait déraisonnable de vous enlever la vie sous prétexte qu'il n'y a pas d'espoir. Quand je pense à tous ces adolescents qui se suicident parce qu'ils ne peuvent plus supporter le harcèlement de leurs pairs, les larmes me montent aux yeux. Il est encore plus triste de constater que le taux de suicide des adolescents a monté de 40 % au cours des dernières années. Pourquoi ? À cause des pressions de plus en plus fortes que les jeunes exercent les uns sur les autres et de leur besoin désespéré d'être acceptés.

Il existe des moyens d'affronter les personnes toxiques; le suicide n'en est pas un. Si jamais vous y songez, téléphonez immédiatement au centre d'aide de votre localité ou faites appel à un professionnel de la santé mentale. Personne n'a le droit de vous pousser à bout au point que vous envisagiez le suicide.

La violence physique

Dans le présent chapitre, je vous ai exhorté à ne jamais recourir à la violence physique pour faire face à une personne toxique.

Les séquelles de la violence sont trop graves. Je connais une femme qui doit maintenant faire face aux conséquences de ses actes parce qu'elle a tué un homme qui avait essayé de molester son fils. N'importe quel parent comprendra la colère et le dégoût qu'a dû ressentir cette femme; certains pourraient même trouver satisfaisant que justice ait été faite. Il faut cependant savoir que cette femme est maintenant incarcérée, loin du fils qu'elle aime tant et qu'elle a souhaité protéger.

Pour traiter avec les personnes toxiques, seuls les coups de poing verbaux sont acceptables.

Personne n'a le droit de blesser physiquement les autres; si du mal physique nous est fait, il faut quitter l'agresseur et solliciter la protection de la justice. Personne n'est obligé d'être la victime des autres.

Rien ne peut justifier la violence physique. Même si les médias ont fait grand cas d'une présumée cause génétique de la violence, cette conclusion reposait sur l'analyse d'une seule famille. Il est évident que des recherches plus poussées sont nécessaires pour déterminer la prévalence de ce gène défectueux dans la population en général, avant que nous cessions d'assumer la responsabilité de nos gestes pour blâmer nos gènes. Si agressifs que puissent être vos gènes, vous devez vous maîtriser. Si vous ne consultez pas un professionnel de la santé mentale, vous vous exposerez à toutes les conséquences de vos gestes.

Autres interdits dans les contacts avec les personnes toxiques

Ne prenez personne en otage

Ne vous servez jamais d'un enfant ou de quiconque pour assouvir votre vengeance contre quelqu'un qui serait toxique pour vous. Malheureusement, cela se produit trop souvent dans les cas de divorce. Les résultats sont terribles. Trop d'enfants sont détruits sur le plan émotionnel, non pas parce que leurs parents divorcent, mais parce que ceux-ci font d'eux des otages affectifs. L'un des parents dénigre l'autre et se sert de l'enfant pour lui faire du mal ou se venger. Cette attitude est cruelle et impossible à justifier. Vous n'avez pas le droit de détruire la vie d'un innocent en vous servant de lui pour assouvir votre colère contre une personne toxique.

Ne vous acharnez pas à vous faire aimer

Vous ne pouvez convaincre quelqu'un de vous aimer; alors, cessez de le rendre fou en essayant de gagner son affection. Quand une relation est terminée, ne vous accrochez pas. Ne soyez pas obsédé. Ne traquez pas l'autre comme le faisait l'ex-maîtresse du héros du film Attraction Fatale. Si vous éprouvez de la difficulté à faire votre deuil d'une relation, recherchez l'aide d'un professionnel de la santé mentale. D'excellents psychologues peuvent vous aider à faire le point.

7

TECHNIQUES À UTILISER SELON LE TYPE DE TERREUR TOXIQUE

- Le Dénigreur
- Le Moulin à paroles
- L'Autodestructeur
- Le Fuyard
- La Bombe à retardement
- La Commère
- Le Pugiliste
- La Victime
- L'Hypocrite
- L'Indécis
- L'Exploiteur
- Le Tyran
- Le Plaisantin
- L'Écervelé
- Le Malade mental
- Le Menteur
- Le Touche-à-tout
- Le Pingre
- Le Fanatique
- Le Nombriliste
- Le Manipulateur
- Le Pharisien
- Le Snob
- Le Compétiteur
- Le Dominateur
- Le Critique
- Le Je-sais-tout
- Le Glaçon
- Le Paranoïaque
- Le Fauteur de troubles
- Choix de la technique

Les deux traits communs aux 30 types de terreurs toxiques sont le manque d'estime de soi et le sentiment d'insécurité. Les recherches démontrent que les personnes qui ont peu d'estime pour elles-mêmes essaieront soit de saboter leurs relations avec les autres, soit de tout faire pour se sentir importantes. De plus, toutes les terreurs toxiques ont des façons de communiquer inadéquates, reflets de véritables faiblesses.

Dans le présent chapitre, vous apprendrez à mieux communiquer avec chaque type de terreur toxique et découvrirez laquelle des 10 techniques exposées dans le chapitre précédent est la plus susceptible de modifier le comportement toxique. Avant de choisir les meilleures techniques pour communiquer et pour traiter avec une personne toxique, vous devez tenir compte de deux éléments. Premièrement, le type de personne toxique avec qui vous êtes en contact, car certaines techniques sont plus efficaces que d'autres avec tel ou tel type. Deuxièmement, le rôle que joue dans votre vie cette personne toxique.

Dans le prochain chapitre, vous apprendrez quelles sont les meilleures techniques à utiliser en fonction du rôle que la personne toxique joue dans votre vie. Ici, nous concentrerons notre attention sur les techniques les plus efficaces pour chacun des types de terreurs toxiques.

Le Dénigreur

Du fait que le Dénigreur est l'une des terreurs toxiques qui éprouvent le plus d'insécurité, ce sont les techniques de l'interrogation calme et du désamorçage qui se révèlent les plus efficaces avec lui.

En appliquant la technique de l'interrogation calme, prenez garde de ne pas adopter un ton geignard ou raisonneur qui mettrait la personne toxique sur la défensive et la rendrait encore plus odieuse. Voici un exemple d'application de la technique d'interrogation calme à un Dénigreur :

Dénigreur :	Regarde-le manger. Un vrai porc !
Vous :	Qu'y a-t-il dans sa façon de manger qui le fait ressembler à un porc ?
Dénigreur :	Il est répugnant. Il mange trop vite et avale les aliments sans les mastiquer. Il n'a vraiment pas de manières.
Vous :	Pourquoi cela te dérange-t-il ?
Dénigreur :	Parce que c'est dégoûtant à voir.
Vous :	Ne serait-ce pas plutôt parce que tu n'as pas encore été servi et que tu es obligé de regarder cet homme engouffrer les aliments parce qu'il a faim ?
Dénigreur :	Oui, sans doute.
Vous :	Es-tu dégoûté parce que tu as faim, que tu voudrais être servi et que tu ne souhaites pas voir quelqu'un d'autre prendre plaisir à manger, même s'il le fait comme un glouton ?
Dénigreur :	Oui, je suppose que c'est cela. (Il sourit.)

Cette technique vous permet d'interroger quelqu'un afin de déterminer exactement ce qui le dérange. Pendant que vous poserez au Dénigreur des questions dans un ordre logique, sans l'accuser de rien, vous remarquerez que son comportement devient moins toxique; il se calmera, deviendra moins hostile et pourrait même commencer à sourire quand la vérité apparaîtra.

Vous pourriez aussi vous contenter de lui poser une seule question : «Qu'est-ce qui te pousse à faire une remarque comme celle-là ?» ou «Comment peux-tu dire quelque chose d'aussi grossier ?» De cette façon, vous allez droit au but. Le Dénigreur est ainsi obligé de répondre de son comportement toxique, puisque vous ne le laissez pas s'en tirer à bon compte.

Quand quelqu'un se sent enclin à vous dénigrer, c'est souvent parce que vous avez quelque chose qu'il envie ou parce qu'il ne peut faire face à ce que vous représentez. Dans la plupart des cas, il s'agit d'une personne qui ne se sent pas à votre hauteur. Vous pourriez donc choisir d'utiliser la technique du désamorçage qui, du fait qu'elle privilégie la compassion, vous rendra la tâche plus facile.

Le Moulin à paroles

La technique de l'expiration de la tension est la première à utiliser avec le Moulin à paroles. Elle vous permettra de garder votre calme, afin de ne pas crier «Silence !» de toutes vos forces. Vous finirez peut-être par le faire quand même, mais au moyen de la technique du fantasme.

Il faut que le Moulin à paroles se fasse dire que son bavardage incessant est déplacé; la technique de l'affrontement peut donc être efficace. Mieux vaut y recourir quand vous êtes seul avec lui, cette personne ayant besoin de sauver la face et de préserver sa dignité. Après tout, si elle bavarde inlassablement, c'est pour être acceptée et aimée, pour se sentir importante. Par conséquent, vous devez la rassurer physiquement. Touchez le Moulin à paroles pour qu'il sache que vous vous souciez de lui. Faites également usage de la technique du désamorçage.

Commencez par dire gentiment et poliment au Moulin à paroles à quel point vous l'appréciez (si c'est le cas), mais que parfois il parle trop et de sujets qui n'intéressent pas tout le monde. Incitez-le à observer les expressions faciales et gestuelles de ses interlocuteurs pour déterminer si ceux-ci s'intéressent à ce qu'il dit. Le Moulin à paroles pourrait d'abord réagir avec surprise et rester sur la défensive. Si c'est le cas, vous devez vous montrer plus direct, en mentionnant des exemples concrets de son bavardage inconsidéré. Vous devrez sans doute aussi rassurer le Moulin à paroles, en lui faisant comprendre que vous lui voulez du bien.

Proposez-lui de lui envoyer un signal — froncement de

sourcils ou contact de la main — au moment où il devrait se taire. Son attitude défensive et sa peur sont souvent dues au fait que ses techniques de communication ne sont pas assez développées pour lui permettre de décoder les expressions faciales et gestuelles de ses interlocuteurs.

Si, malgré tout, le Moulin à paroles n'a pas encore compris ou qu'il continue de monopoliser votre temps et votre énergie, vous devez être plus direct. Utilisez la technique de l'affrontement pour lui fixer des limites, de sorte qu'il ne vous manipule pas.

L'Autodestructeur

C'est à la technique du désamorçage que l'Autodestructeur, rempli de haine et de dégoût pour lui-même, répond le mieux. Il a besoin qu'on lui parle avec amour et gentillesse, ce qui lui a sans doute manqué durant son enfance. L'Autodestructeur n'a pas simplement faim d'aliments, d'alcool, de cigarettes ou de sexe; il a faim d'attention et d'acceptation.

Il vous faut parfois faire preuve d'un amour sévère avec l'Autodestructeur. Montrez-vous catégorique et fixez des limites au moyen de la technique de l'affrontement. C'est ce qu'a fait Bernadette. Elle a dit à Théodore qu'elle ne l'épouserait que s'il consultait un psychologue, cessait de fumer et de boire, et maigrissait. Elle savait que, s'il ne le faisait pas, elle vivrait avec lui un cauchemar et finirait par sombrer elle aussi.

Parfois, vous ne pouvez plus regarder passivement quelqu'un se détruire, car c'est trop pénible à voir. Dans ce cas, il arrive souvent que la technique de la coupure soit votre seule avenue pour assurer votre propre survie. Quand vous avez aimé quelqu'un et avez été brutalement honnête avec lui, que vous lui avez dit que vous étiez conscient de son problème et que vous lui avez offert votre aide — tout cela en vain —, vous devez procéder à la coupure et laisser cette personne se débrouiller seule et à sa façon. Vous ne pouvez pas aider l'Autodestructeur s'il n'est pas disposé à s'aider lui-même.

À force de fréquenter un Autodestructeur, vous risqueriez de vous détruire vous-même. Par conséquent, offrez-lui amour et gentillesse et, si cela n'est pas efficace, coupez les ponts.

Le Fuyard

Pour communiquer avec le Fuyard, il vous faut d'abord l'attraper, avant qu'il s'enfuie. La technique de l'affrontement est la première à utiliser avec lui. Ne vous souciez pas de savoir si cela le met mal à l'aise; cela ne vous concerne pas. Efforcez-vous plutôt de lui faire comprendre que vous êtes conscient que sa faiblesse le pousse à fuir devant les difficultés, mais que vous refusez d'accepter cette réalité et qu'il devra faire face à ses problèmes.

Généralement, le Fuyard n'est pas habitué à l'affrontement; par conséquent, si vous l'affrontez, souvent il écoutera et s'amendera. Bien entendu, il pourrait aussi choisir de s'enfuir, incapable de faire face à la situation.

Brigitte a fini par parler à Richard de mariage. Mais c'en était trop pour lui; il est parti. Au bout de deux semaines, elle lui en a reparlé : elle se réjouissait d'avoir abordé le sujet et d'avoir découvert qu'il était incapable d'y faire face parce qu'elle ne voulait pas d'un tel homme. Brigitte, déçue par l'impossibilité de communiquer avec Richard et par ses fuites constantes, a recouru à la technique de la coupure. C'était elle qui pouvait dès lors partir et oublier Richard à jamais.

Si vous placez le Fuyard devant les faits et qu'il continue de fuir, ne regrettez pas votre initiative; au moins vous êtes fixé sur lui et vous savez qui de vous deux a tort. Rappelez-vous que, si cette personne prend la fuite, vous n'y êtes pour rien.

La Bombe à retardement

La technique de l'interrogation calme est la seule qui soit efficace avec ce type de terreur toxique. Vous devez interroger la Bombe à retardement parce qu'elle ne vous dira jamais volontairement ce qui se passe dans sa tête. Vous devez rester calme et obtenir périodiquement une rétroaction de sa part. Demandez-lui si elle accepte de faire ce que vous lui avez proposé. Posez des questions ouvertes dont chacune exige davantage qu'un oui ou un non comme réponse. Vous la forcerez ainsi à réagir, ce qui vous permettra de connaître ses pensées et ses sentiments.

Chaque fois que vous réussissez à faire parler une Bombe à retardement, vous prévenez une explosion.

Par exemple, demandez-lui : «As-tu l'impression d'avoir trop travaillé aujourd'hui ?», «Comment as-tu réagi à cet appel téléphonique ?», «Que penses-tu de ce que ton patron t'a dit aujourd'hui ?» ou «Comment réagis-tu aux problèmes que tu vis au travail ?»

La Commère

La Commère est extrêmement dangereuse parce qu'elle peut transformer votre vie en un véritable cauchemar. Il faut qu'elle sache que vous n'êtes pas dupe de son petit jeu. Recourez à la technique de l'affrontement pour lui dire que son comportement est inacceptable, surtout si elle a colporté des cancans sur vous. Si elle vous rapporte des potins sur quelqu'un que vous connaissez ou aimez, coupez-lui la parole : «Je n'ai pas envie d'écouter cela», «Je n'en crois pas un mot» ou «Cela ne m'intéresse pas».

Vous voudrez peut-être recourir à la technique de l'humour et user d'une repartie comme : «Sais-tu quel sort on réservait aux commères au Moyen Âge ? On leur mettait un masque de fer fermé à clé. À bien y penser, un masque comme cela t'irait bien. Je peux peut-être t'en trouver un.»

Comme le Fauteur de troubles, la Commère éprouve

une telle insécurité et manque tellement d'estime pour elle-même qu'elle rapporte les derniers ragots pour se sentir importante, puissante et maîtresse de la situation. Par conséquent, lui faire une remarque sèche comme : «Je suis sûr que tu as l'impression d'être important quand tu connais des secrets sur tout un chacun, mais, franchement, le commérage ne te fait pas paraître sous ton meilleur jour» blessera sans doute la Commère, peut-être au point qu'elle ne voudra plus jamais vous adresser la parole. Tant mieux ! Bon débarras !

Il n'y a pas de place dans votre vie professionnelle pour une Commère, car elle risque de ruiner des années de travail. La Commère peut détruire votre entreprise aussi rapidement que le pyromane peut faire disparaître une forêt. Coupez-la de votre vie !

J'ai subi les répercussions de la présence d'une Commère au travail avant d'avoir eu l'occasion de la couper de ma vie. Même après que je l'eusse avertie de ne pas être trop familière avec mes clients et de ne jamais révéler quoi que ce soit sur mes clients célèbres, cette personne a continué de le faire. Un matin, un journal à scandales a téléphoné à mon bureau pour voir si je traitais une certaine vedette pour un problème de voix. Au lieu de me passer la communication, mon assistante a confirmé que cette vedette suivait un traitement avec moi. À cause de cette indiscrétion, la nouvelle a été publiée, et j'ai perdu le client. Après un concert, cette Commère toxique a poussé l'audace jusqu'à dire à une autre vedette que je lui souhaitais le bonjour. Aussitôt que j'ai eu vent de cette histoire, j'ai utilisé la technique de l'affrontement avec mon employée et j'ai fini par la congédier, lui disant que mon entreprise n'avait pas les moyens de se laisser ruiner par ses commérages. J'ai passé trop d'années à construire ma réputation et mon intégrité professionnelle pour les voir détruire, et je fais de la discrétion une priorité.

Le Pugiliste

Ce dont le Pugiliste a le plus besoin, c'est de bonté et de compassion. La technique du désamorçage est d'une efficacité étonnante dans son cas. Elle ne le transformera pas nécessairement du jour au lendemain, mais finira par faire de lui une personne plus douce et plus docile.

Si le Pugiliste devient physiquement violent et qu'il dirige son hostilité sur vous, votre seul recours se trouve dans la technique de la coupure. Dites-lui adieu et rayez-le définitivement de votre vie.

La coupure peut aussi être nécessaire quand il devient impossible d'être en contact avec le Pugiliste. C'est ce qui est arrivé à une ancienne actrice de télévision. Ses problèmes personnels — poursuites légales, évictions, retards et absences au travail —, sa mauvaise humeur chronique et ses caprices empoisonnaient l'atmosphère sur le plateau et, de ce fait, nuisaient à la réputation de l'émission. On l'a congédiée.

Si le Pugiliste ne répond pas aux autres techniques, il faut appliquer celle de la coupure.

La Victime

C'est la technique de l'expiration de la tension qui est la plus utile quand on est en contact avec une Victime. Vous devez expirer l'énergie négative qu'elle vous a transmise, car le contact prolongé avec elle peut être débilitant. Son humeur négative est contagieuse; vous risquez facilement de l'attraper.

Il pourrait être indiqué de couper la Victime de votre vie, car elle accepte rarement l'aide et les conseils des autres, et y répond par des «Oui, mais...» Même si vous recourez à la technique du désamorçage avec elle et lui dites à quel point elle est une personne merveilleuse, elle ne vous croira jamais, parce qu'elle ne se sent pas à la hauteur. Par conséquent, si vous tenez à votre santé mentale et que vous ne voulez pas vivre constamment dans la frustration, coupez la Victime de votre vie.

L'Hypocrite

Avec lui, utilisez d'abord la technique de l'affrontement, en lui disant que vous êtes conscient de son hypocrisie. Ne laissez pas passer un tel comportement.

Devant l'affrontement, l'Hypocrite tentera de tout nier, même si vous l'avez pris en flagrant délit. Dans ce cas, recourez à la technique de la furie pour vous libérer de votre colère. Mais ne recourez jamais à la violence physique, même si vous en mourez d'envie. Votre réaction, émotive et intense, se gravera souvent dans l'esprit de l'Hypocrite et le tourmentera le reste de sa vie.

Il y a plus de 20 ans, Thomas a eu une aventure avec Suzanne, l'amoureuse de son meilleur ami, Robert. La réaction de Robert quand il l'a surpris en train d'embrasser Suzanne est restée gravée dans l'esprit de Thomas. Celui-ci fait des cauchemars : il revoit le visage tordu de Robert et l'entend hurler comme le jour où il a découvert sa trahison. Aujourd'hui membre des Alcooliques Anonymes, dans le cadre de sa réhabilitation, Thomas a téléphoné à Robert pour s'excuser et pour réparer le tort causé 20 ans plus tôt. C'était trop tard. Robert lui a dit d'aller se faire voir et a raccroché. Cette attitude de Robert a troublé Thomas et a aggravé son sentiment de culpabilité.

Robert avait coupé Thomas de sa vie. Il n'éprouvait ni haine ni amour pour lui; il n'avait tout simplement pas de temps à perdre à recevoir des excuses présentées 20 ans trop tard. Si vous rencontrez un Hypocrite, vous devez, comme Robert, le couper de votre vie et ne plus jamais avoir affaire à lui. Ne perdez jamais votre temps en faisant confiance à une terreur toxique de ce type.

L'Indécis

L'insécurité et la fragilité de l'Indécis sont telles qu'il faut y aller précautionneusement avec lui. Par conséquent, la technique du désamorçage est la plus efficace si vous voulez lui faire savoir que vous le soutenez dans la prise d'une décision.

Vous pouvez aussi recourir à la technique de l'interrogation calme pour l'aider à prendre une décision. Posez-lui des questions qui l'éclaireront et l'aideront à en arriver à une conclusion logique.

Si l'Indécis vous rend fou et ne réagit pas aux deux techniques mentionnées, coupez-le de votre vie. Qu'il soit le seul à rester assis entre deux chaises.

L'Exploiteur

Le médecin et la veuve bien en vue de Beverly Hills dont j'ai parlé au chapitre 5 se ressemblaient comme deux gouttes d'eau : ce sont deux Exploiteurs qui ont essayé de profiter l'un de l'autre, pour ensuite apprendre que cet autre n'avait pas ce qu'ils convoitaient. Ces deux-là n'auraient jamais pu recourir à la technique de l'affrontement puisque chacun essayait d'exploiter l'autre. Toutefois, dans la plupart des cas, l'Exploiteur s'en prend à une victime innocente pour obtenir ce qu'il veut, et la technique de l'affrontement est la plus indiquée.

Grâce à cette technique, vous dites à la personne toxique que vous vous sentez exploité et que son comportement vous blesse. Dans certains cas, cette attitude fera éprouver des remords ou de la culpabilité à cette personne. Si l'Exploiteur tient à sa relation avec vous, il fera un examen de conscience et constatera qu'il vous a maltraité. Si la technique de l'affrontement est utilisée dans le calme, les interlocuteurs parviendront à amorcer un dialogue susceptible de guérir la blessure.

Parfois, quand vous recourrez à cette technique,

l'Exploiteur niera tout ou ne verra pas où vous voulez en venir. Quand vous savez que cette personne essaie de vous utiliser ou de vous manipuler, dites-lui franchement : «Non, je ne ferai jamais cela. Je ne laisserai pas quelqu'un m'exploiter, parce que cela ne me plaît pas.»

Vous pouvez aussi choisir la technique de la coupure pour que l'Exploiteur ne profite plus jamais de vous.

Le Tyran

La technique du miroir est celle qui convient le mieux au Tyran, parce qu'il déteste qu'on l'intimide, le domine ou le harcèle. Lui renvoyer en plein visage l'image de son comportement le poussera généralement à s'amender.

L'une de mes clientes, serveuse dans un restaurant chic, travaillait avec un patron Tyran. Un jour que celui-ci s'était mis à crier méchamment parce qu'elle avait commis une erreur, elle l'a immédiatement imité. Son patron s'est arrêté sur-le-champ et lui a demandé : «Est-ce de cela que j'ai l'air ?» Ma cliente lui a répondu par l'affirmative, en reprenant un ton plus calme et plus aimable.

Souvent, quand on rend au Tyran la monnaie de sa pièce, il est choqué et dégoûté par sa propre attitude. L'imitation que vous faites de lui met fin à son comportement négatif. C'est en aboyant plus fort que le Tyran que vous retrouverez votre pouvoir.

Souvent, la technique de la furie est elle aussi efficace pour traiter avec un Tyran. Il n'est pas question que vous le laissiez prendre plaisir à vous tourmenter. Montrez-lui plutôt que vous ne le craignez pas et que vous êtes maître de la situation. Si vous déchaînez votre furie contre lui, il vous respectera davantage pour l'avoir remis à sa place. Ne lui donnez jamais la satisfaction de vous voir ramper.

Si vous rendez la monnaie de sa pièce au Tyran qui est votre patron, ou bien il vous respectera davantage ou bien il vous congédiera. Dans un cas comme dans l'autre, vous gagnez; si vous êtes congédié, au moins votre respect de vous-même sera intact.

Vous pouvez aussi choisir de couper le Tyran de votre vie et de vous éloigner de lui le plus possible.

La technique de l'humour convient également. Bien des fois, l'humour bonhomme parviendra à faire passer votre message, et le Tyran s'adoucira.

Un jour, j'ai rencontré dans un avion un propriétaire de magasin qui recourait à la technique de l'humour pour traiter avec les clients difficiles. Quand l'un d'eux se montrait agressif ou essayait de le mener par le bout du nez, il cessait de faire ce qui l'occupait, levait les yeux et se demandait à voix haute : «Était-ce Jean ? Non, c'est impossible. Je suis sûr que c'était Michel. Non, c'était Suzanne. Sûrement Suzanne.» Le client toxique, interloqué, se demandait ce qui se passait. C'est alors que le propriétaire regardait le client droit dans les yeux en lui disant : «Je me demandais tout simplement qui vous a envoyé ici pour me faire la vie dure.» Puis il souriait, ce qui forçait le client Tyran à esquisser un sourire en retour et à se comporter de façon plus agréable et polie avec lui. Cet homme m'a dit que cette technique lui réussissait depuis des années.

Le Plaisantin

Grâce à la technique de l'affrontement, vous ferez savoir au Plaisantin que vous ne le trouvez pas drôle et que vous n'endurerez pas ses plaisanteries et histoires idiotes.

Vous devez prendre un ton ferme pour couper la parole au Plaisantin. S'il ne vous entend pas, parlez plus fort que lui. Quand il fait une remarque sarcastique à vos dépens pour prétendre ensuite qu'il n'a fait que plaisanter ou quand il essaie de vous obliger à rester sur la défensive en vous disant «N'as-tu pas le sens de l'humour ?», remettez-le à sa place immédiatement. Dites-lui que vous avez le sens de l'humour mais que ce qu'il vient de dire n'a rien de drôle. Ne vous inquiétez pas si vous parlez fort ou si vous blessez les sentiments du Plaisantin. Après tout, il ne s'inquiète pas trop de blesser les vôtres.

Du fait que le Plaisantin a érigé un mur autour de sa grande insécurité, vous n'arriverez peut-être pas à vous faire comprendre. Il risque de vous ignorer et de continuer à plaisanter. Dans ce cas, recourez à la technique de la furie, comme Catherine l'a fait avec son collègue Gérard quand celui-ci n'avait pas compris qu'elle voulait qu'il cesse de plaisanter et d'essayer de la faire rire. Elle lui avait alors passé un savon verbal.

En outre, rappeler au Plaisantin, au moyen de la technique de l'affrontement, qu'il risque d'être poursuivi pour harcèlement pourrait mettre fin à ses plaisanteries, surtout si elles sont d'ordre ethnique ou sexuel.

L'Écervelé

Avec l'Écervelé, vous pouvez recourir à plusieurs techniques pour vous faire comprendre, selon qu'il est plus ou moins borné ou rustaud. Commencez par la technique de l'expiration de la tension; l'Écervelé est si exaspérant que vous voudrez immédiatement apaiser votre colère et votre tension en inspirant profondément, en retenant votre souffle et en expirant comme si vous le chassiez de votre système.

Généralement, cela ne suffira pas à apaiser votre colère. Vous devez donc passer à la technique de l'affrontement pour informer l'Écervelé que son comportement est inacceptable.

Des Écervelés m'abordent souvent quand je promène mon lhassa-apso, et ils commencent à me parler de leur chien. La plupart du temps, il s'agit de chiens morts. Je ne les laisse pas raconter leurs histoires. Je recours immédiatement à la technique de l'affrontement : «Si c'est au sujet d'un chien mort, je ne veux rien entendre.» Je poursuis alors mon chemin, refusant d'être leur victime.

Trop souvent, l'Écervelé vous dira des choses vulgaires et socialement inacceptables; vous n'en croirez pas vos oreilles. Dans ce cas, recourez à la technique du miroir pour leur faire subir leurs propres remarques. Par exemple, s'il vous dit : «Mon Dieu que tu es gros !», répondez : «Je suis peut-être gros, mais cela peut changer. Toi tu es stupide et grossier; cela tu ne peux le changer.»

Cette technique est parfois inefficace avec les personnes particulièrement bêtes. Si elles ne comprennent pas, essayez la technique de la furie pour leur faire comprendre de force votre désapprobation.

Il y a des Écervelés qui sont si bornés que rien n'y fait. Quand une personne commet constamment la même erreur avec vous et qu'elle refuse de vous écouter, coupez-la de votre vie, pour protéger votre santé mentale.

Le Malade mental

La technique de l'expiration de la tension et celle de l'interrogation calme sont les plus efficaces dans le cas du Malade mental. Plus vous serez calme, moins vous l'agiterez et plus il vous sera facile de communiquer avec lui.

Un soir, j'ai senti une drôle d'odeur provenant de ma salle d'attente. Je suis allée voir ce qui se passait et j'ai été surprise d'y voir un homme qui avait l'air de ne pas avoir pris de bain depuis des années. Ses cheveux étaient sales et emmêlés, et ses vêtements en loques. Sa barbe et ses ongles étaient longs et répugnants.

L'air hagard, il a commencé à crier : «Où est le téléphone relié à la lune ? Il faut que j'appelle la lune !» D'une voix douce et apaisante, je lui ai demandé : «Quel téléphone ?» Agité, il continuait de hurler : «Oui, oui, le téléphone pour appeler la lune; il faut que j'appelle la lune !» Calmement, je lui ai dit : «Ah ! je vois. Oui. Le téléphone relié à la lune. Il est situé dehors. Je vais vous le montrer.» Je l'ai accompagné vers la porte de mon bureau, l'ai fait sortir, puis j'ai verrouillé la porte derrière lui. J'ai appelé le service de sécurité de l'immeuble pour qu'on le fasse sortir.

Si vous avez un Malade mental dans votre vie, il est probable que vous devrez couper les liens avec lui et l'oublier, car, s'il ne se fait pas soigner, son comportement pathologique ne changera jamais. Faites tout ce que vous pouvez pour l'aider à obtenir des soins professionnels; si cela ne marche pas, détachez-vous de cette personne.

Parfois, le cas du Malade mental est trop avancé pour que les soins professionnels suffisent. J'ai vu à la télévision un homme qui avait physiquement et émotionnellement maltraité ses 12 enfants depuis leur naissance. Aujourd'hui adultes, ses enfants n'avaient pas le choix : ils devaient couper de leur vie ce monstre dangereux qui continuait de les maltraiter.

Même si, horrifié, vous avez envie d'étrangler la personne qui vous maltraite, ne passez jamais à l'acte; ne faites jamais rien qui mette en danger votre avenir ou votre propre vie.

Je suis sûre que la dizaine de couples qu'une femme enceinte a dupés en leur vendant à chacun son futur bébé avaient envie de la battre. Même si cette jeune femme est de toute évidence très troublée sur le plan mental, il reste qu'elle a causé un tort émotionnel irréparable à 20 êtres humains; elle mérite d'être en prison, et d'y rester longtemps.

Quand vous êtes en contact avec un Malade mental dangereux, ne devenez pas justicier; recourez plutôt à l'appareil juridique. Puis, si pénible que cela soit, utilisez la technique de la coupure et celle du chasse-pensée pour vous aider à traverser la douleur infligée par le Malade mental.

Le Menteur

La technique de l'interrogation calme est celle qui convient le mieux au Menteur. Si, croyant qu'il ment, vous lui posez de plus en plus de questions, il finira par se laisser prendre au piège et par se révéler sous son vrai jour.

Utilisez ensuite la technique de l'affrontement pour lui montrer que vous êtes au fait de son petit jeu, comme Charlotte l'a fait. Au moyen de cette technique, elle est parvenue à faire dire à son amoureux qu'il était marié et celui-ci lui a répondu : «Si tu avais su que j'étais marié, tu n'aurais jamais voulu me fréquenter.» Il avait parfaitement raison ! Charlotte était non seulement blessée, mais furieuse, surtout quand il lui a proposé de poursuivre leur relation illicite. Elle lui a raccroché au nez et l'a rayé à tout jamais de sa vie.

Certains Menteurs cherchent surtout à vous impressionner. Dans ce cas, vous souhaiterez peut-être leur permettre de sauver la face, même quand vous savez qu'ils mentent. Recourez à la technique de l'expiration de la tension et laissez passer ou, s'ils essaient de vous impressionner par de petits mensonges inoffensifs, utilisez la technique de l'humour. Par votre petit sourire narquois, vous leur montrerez que vous n'êtes pas dupe, tout en leur évitant l'humiliation.

Ne croyez pas ce que le Menteur vous dit, car il n'est pas digne de confiance. S'il ment ou exagère avant que vous fassiez des affaires avec lui, il est probable qu'il mentira et exagérera aussi plus tard. Dans mon cabinet, je rencontre un grand nombre de clients qui ont été arnaqués par des Menteurs, dans leur vie professionnelle ou personnelle. Quand je leur demande si la personne mentait avant qu'ils traitent avec elle, neuf fois sur dix ils me répondent affirmativement. Les indices ne manquent pas. Tenez-en compte avant qu'il ne soit trop tard.

Le Touche-à-tout

Il faut dire clairement au Touche-à-tout que ses interventions sont importunes et inacceptables. Pour qu'il vous comprenne, utilisez d'abord la technique de la furie, puis celle de la coupure.

Gloria était victime des interventions indiscrètes de son voisin Jérôme parce qu'elle était trop gentille avec lui. Elle lui répondait : «Oh ! Jérôme, tu n'as pas à dire cela» ou elle ne disait rien. Ce faisant, elle accumulait de la colère contre lui, ce qu'il percevait, puisqu'il s'immiscait encore plus dans sa vie. Un jour, Gloria s'est fâchée et s'est mise à crier à Jérôme qu'elle allait le poursuivre pour harcèlement s'il ne la laissait pas tranquille. Cette approche a été efficace, puisque Jérôme a cessé depuis de l'ennuyer.

Il ne faut jamais être gentil ou poli avec le Touche-à-tout, parce qu'il ne saisira pas le message que vous lui transmettez. Il est trop manipulateur et dangereux pour vous. Une fois que vous l'aurez vertement admonesté, coupez-le de votre vie pour de bon.

Le Pingre

Le Pingre est un type pathétique de terreur toxique, parce qu'il a peu d'estime pour lui-même. La technique de l'interrogation calme vous aidera dans vos rapports avec lui. En lui posant de nombreuses questions, vous arriverez à lui faire prendre conscience de son avarice. Il sera sans doute embarrassé. Ses réponses vous permettront de mieux saisir ses peurs et, dès lors, de le comprendre et de le tolérer, même si son comportement vous déplaît.

En appliquant cette technique, l'une de mes clientes a découvert que, durant la crise économique, son amoureux avait été un enfant pauvre. Il ne possédait qu'une paire de chaussures et ne mangeait pas à sa faim tous les jours. Arrivé à l'âge adulte, il était tenaillé par le souvenir de sa pauvreté. Même millionnaire, il avait toujours l'impression de ne pas avoir assez d'argent. Une fois que ma cliente a compris cela, elle a essayé de l'aider à régler son problème logiquement et systématiquement.

Vous pouvez aussi utiliser la technique de l'affrontement. Au lieu de laisser tomber Joseph parce qu'il se défilait toujours au moment de payer la note au restaurant, ses collègues auraient dû affronter la situation en disant : «Hé ! Joseph, c'est à ton tour de payer.» Il est important que vous soyez ouvert et direct avec ces pingres, sinon vous risquez de nourrir des sentiments négatifs à leur endroit et de finir par les haïr. Il est terriblement difficile pour le Pingre de changer; mais, une fois conscient de son comportement, il sera souvent plus disposé à le modifier et à délier les cordons de sa bourse.

Pour traiter avec un Pingre, la compassion et la compréhension sont nécessaires, et il faut lui parler avec chaleur. La technique du désamorçage vous aidera à lui témoigner davantage de sympathie.

Le Fanatique

Un jour, à Londres, j'avais rendez-vous avec une amie qui jouait dans une pièce de théâtre. Après la représentation, je l'ai rencontrée dans les coulisses. À la porte de sa loge, un admirateur s'est approché d'elle et a commencé à lui poser toutes sortes de questions stupides, abusant indûment de son temps. Mon amie, polie et courtoise, se contentait de l'écouter. Au bout de 10 minutes, j'ai fini par lui dire : «Allons, partons !» et nous sommes parties. Mon amie avait toujours de la difficulté à se débarrasser des admirateurs importuns parce qu'elle se montrait trop gentille avec eux.

Bien entendu, vous voulez être agréable avec les personnes qui vous aiment et vous apprécient; vous ne souhaitez pas les offenser, surtout si vous êtes un personnage public. Cependant, quand les gens exagèrent et essaient de vous manipuler, vous devez fixer des limites. Utilisez la technique de l'affrontement; parlez fort pour être bien compris. Si ces gens ne réagissent pas, passez à la technique de la furie.

Trop souvent, le Fanatique ne saisit pas le message

que vous lui transmettez. S'il a initialement reçu des encouragements de votre part, il continuera à s'imposer dans votre vie.

Vous n'avez pas besoin d'être une vedette pour que des Fanatiques vous empoisonnent la vie. Les Fanatiques sont tenaces quand il s'agit de leurs désirs ou de leur système de croyances, comme Marguerite qui disait à Édith que celle-ci n'était pas une vraie chrétienne si elle ne fréquentait pas régulièrement l'église, si elle ne lisait pas la Bible deux fois par jour, voire si elle n'avait pas le don surnaturel de s'exprimer dans des langues inconnues. Ces discussions avaient duré des mois, jusqu'au moment où Édith avait finalement fait comprendre à Marguerite, grâce à la technique de la furie, qu'elle priait comme elle le voulait et que personne n'avait le droit de juger de l'intensité de sa ferveur. Marguerite a compris et a cessé de prêcher.

Dans certains cas, si vous n'arrivez pas à faire entendre raison au Fanatique, même après lui avoir passé un savon verbal, vous devez le couper de votre vie définitivement.

Si le Fanatique est aussi un Malade mental, comme c'est souvent le cas, protégez-vous en faisant appel à la loi. Prenez des mesures de sécurité à la maison et au bureau pour que cette personne ne puisse pas vous atteindre facilement.

Le Nombriliste

Le Nombriliste est incapable de parler de quoi que ce soit qui ne se rapporte pas à lui-même. La technique du désamorçage est donc la plus efficace pour communiquer avec lui, puisque son égotisme est dû à sa peur, à son insécurité et au fait qu'il n'est pas un être humain complètement développé.

En sachant cela, vous deviendrez plus sensible à ses besoins et il vous sera plus facile de traiter avec lui. Il n'est pas égoïste délibérément, mais parce qu'il ne s'estime pas assez lui-même. Il ne peut donner aux autres; comme il est vide, il n'a rien à donner.

Si son attitude met votre patience à l'épreuve, recourez à la technique de l'expiration de la tension pour dissiper votre frustration tout en poursuivant vos rapports avec lui.

Si l'égoïsme et l'insensibilité du Nombriliste commencent à vous blesser, réagissez au moyen de la technique de l'affrontement. Cependant, restez calme et maître de vous-même, faute de quoi le Nombriliste ne vous écoutera pas. Si vous avez l'air de l'accuser ou de vous lamenter, il se tiendra sur la défensive; soit qu'il vous attaquera, soit qu'il niera être égoïste. L'ego d'un Nombriliste est généralement aussi fragile qu'une coquille d'œuf.

Si vous constatez que le Nombriliste ne vous accorde de son temps que lorsque cela lui convient, qu'il ne tient pas compte de ce que vous lui dites et qu'il rapporte tout à sa petite personne, demandez-vous pourquoi vous entretenez des rapports avec lui. La plupart des gens qui sont en contact prolongé avec un Nombriliste finissent par le couper de leur vie, leur patience étant à bout. Une fois que le Nombriliste sera sorti de votre vie, vous pourrez utiliser la technique du chasse-pensée chaque fois qu'il vous reviendra à l'esprit, ainsi que la technique de l'humour en vous concentrant sur l'absurdité du nombrilisme.

Le Manipulateur

Même si le Manipulateur est une personne manifestement fausse, vous n'arrivez pas à le détester complètement parce que, au fond de vous-même, vous espérez que ce qu'il a dit de vous est au moins en partie vrai. Quand vous n'arriverez plus à supporter la flagornerie du Manipulateur, la technique de l'expiration de la tension vous aidera à éliminer les sentiments négatifs qui montent en vous. Si cette technique ne suffit pas à éliminer votre négativité, faites appel à celle de l'humour pour faire face aux remarques doucereuses du Manipulateur.

Souriez et, l'air enjoué, dites-lui : «Allons. Je ne peux pas être si extraordinaire que cela. Tu dois vouloir quelque chose de moi.» Cette combinaison d'humour et d'affrontement pourrait pousser le Manipulateur à nier vigoureusement qu'il est à la recherche de quelque faveur. Dans ce cas, poursuivez dans la veine de l'humour : «Si tu continues de me flatter ainsi, je vais attraper le diabète» ou «M'inondes-tu de miel pour que les abeilles viennent me piquer ?» ou encore «Mes bottes sont propres, tu peux cesser de les lécher». Faites-lui ainsi comprendre que vous n'êtes pas dupe de son petit jeu.

S'il a un peu de bon sens, le Manipulateur battra en retraite en riant, en proclamant qu'il n'est pas un lèche-cul, qu'il est sincère et que vous êtes vraiment extraordinaire.

Si vous ne pouvez plus tolérer le Manipulateur ou ses manigances, recourez à la technique du miroir. Répétez-lui exactement ce qu'il vous a dit, en empruntant le même ton mielleux. Généralement, il comprendra le message et cessera de vous flatter indûment.

Le Pharisien

Avec le Pharisien, utilisez d'abord la technique de l'interrogation calme pour lui montrer qu'il est imparfait et rigide.

Un jour, au cours d'une émission télévisée où l'on avait invité des prostituées, une Pharisienne dans l'assistance a averti ces femmes qu'elles brûleraient en enfer. Sur ce, un téléspectateur a téléphoné à l'émission : «Madame, en quelle sorte de Dieu croyez-vous ? Qui est votre Dieu ?» La Pharisienne lui a répondu : «Mon Dieu est le Dieu qui vit au Ciel.» Le téléspectateur lui a alors demandé brutalement : «Qui vous a nommée représentante de Dieu sur terre et vous permet de juger ces femmes ?» La Pharisienne est restée bouche bée. L'assistance, consciente de l'hypocrisie de la femme, a applaudi pour manifester son accord avec les propos du téléspectateur.

Quand un Pharisien vous attaque, vous devez l'attaquer en retour, au moyen de la technique du miroir et de celle de la furie.

L'une de mes clientes a recouru à un traitement de choc pour remettre une Pharisienne à sa place. Après avoir imité son comportement détestable, ce qui a presque donné une crise cardiaque à la Pharisienne, ma cliente lui est tombée dessus à bras raccourcis, lui disant de commencer par enlever la poutre de son œil avant de juger les autres.

Cette Pharisienne, habituée à juger et à critiquer les autres, était ébranlée quand ceux-ci lui rendaient la pareille. Ce traitement de choc lui a permis d'être plus tolérante avec autrui et de faire son auto-analyse. Pour la première fois de sa vie, elle s'est rendu compte de sa rigidité et de sa toxicité pour son entourage. Après l'affrontement avec ma cliente, elle a cessé de toujours juger les autres et de se prendre trop au sérieux.

Toutefois, si le Pharisien est en position d'autorité et que vous considérez comme trop dangereux d'utiliser la technique du miroir ou celle de la furie, recourez à celle du fantasme pour vous aider à traverser les moments que vous devez passer en sa compagnie.

Le Snob

Quand le Snob commence à vous montrer qu'il vous est supérieur, recourez à la technique de l'interrogation calme. Posez-lui des questions pour qu'il s'aperçoive qu'il est absurde de sa part de traiter les autres sans respect. Des questions comme : «Qu'est-ce qui te fait croire que tu vaux plus que les autres ?» ou «Pourquoi refuses-tu de parler à ce type de personnes ?» le désarçonneront, car il ignore absolument comment y répondre.

La technique de l'affrontement coupe généralement le sifflet au Snob. Dans le film Pretty Woman, Julia Roberts, habillée comme une princesse, retourne au magasin où les vendeuses l'avaient snobée et leur dit : «Vous rappelez-vous comment vous m'avez traitée quand je suis venue ici ?» Elle leur montre ensuite toutes les emplettes qu'elle vient de faire et ajoute : «Vous n'auriez pas dû.» Avec un sourire narquois, Julia sort du magasin; les vendeuses, qui gagnent leur vie grâce aux commissions sur les ventes qu'elles font, regrettent de s'être comportées en snobs et d'avoir perdu tout cet argent.

L'affrontement avec le Snob est presque jouissif, car il ne s'y attend jamais, et votre audace a l'effet d'un choc sur lui.

Si vous en avez assez des valeurs creuses du Snob et de leurs amis superficiels, coupez-les de votre vie. Les personnes qui se croient supérieures à vous et qui ne fréquentent que des gens qui renforcent leur estime de soi sont indignes de vous.

Le Compétiteur

À notre époque, il arrive souvent que les femmes réussissent mieux que les hommes; à cause de leur insécurité, beaucoup d'hommes n'acceptent pas de voir une femme réussir. Même s'ils sont nombreux à se croire évolués et progressistes, ce sont vraiment des dinosaures. Des enfants dans l'âme, ils croient encore que les garçons doivent être meilleurs, plus forts et plus intelligents que les filles.

L'une de mes clientes, une avocate, est un jour allée souper avec un chirurgien orthopédiste dont la carrière allait plus ou moins bien. Ils ont passé une soirée agréable et ont commencé à se fréquenter — jusqu'au soir où le chirurgien lui a téléphoné pour s'enquérir de sa journée. L'avocate lui a raconté sa journée de travail, puis a demandé au chirurgien si tout s'était bien passé dans la «chambre d'opération». «Dans la chambre d'opération ?» a-t-il répété en gloussant.

Interloquée, l'avocate lui a demandé ce qu'il y avait. «Tu as dis chambre d'opération au lieu de salle d'opération; je t'ai eue !» Toute l'attirance que ma cliente ressentait pour cet homme s'est soudain dissipée. De toute évidence, il essayait de rivaliser avec elle. Elle a alors compris qu'il essayait constamment de la surpasser d'une façon ou d'une autre.

Recourant à la technique de l'interrogation calme, elle lui a demandé : «Te sens-tu mieux maintenant que tu as la preuve que tu es plus fort que moi en vocabulaire ?» Cette remarque a remis le chirurgien à sa place, et ma cliente est sortie de sa vie.

La technique de l'affrontement peut aussi être utile pour faire savoir au Compétiteur que vous n'avez aucunement l'intention de rivaliser avec lui. S'il tente de vous surpasser, dites-lui : «Je suis content que tu te sentes si bien dans ta peau; mais tu n'as pas besoin d'essayer de m'impressionner et de me montrer que tu m'es supérieur. J'essaie simplement d'avoir une conversation agréable avec toi.» Souvent, cette technique désamorce la situation et permet à votre interlocuteur de se voir lui-même plus clairement.

Vous pourriez simultanément recourir à la technique du miroir et répondre de façon absurde au Compétiteur pour refléter sa stupidité. Si vous dites : «J'ai les muscles endoloris, parce que j'ai soulevé un haltère de 100 kilos» et que le Compétiteur vous répond : «Moi j'en ai soulevé un de 150 kilos et je n'ai pas mal du tout», vous pourriez rétorquer : «Voilà qui me surprend, car ce sont vraiment les 100 premiers kilos qui éreintent; j'aurais sans doute dû soulever un haltère de 200 kilos, comme cela je n'aurais pas les muscles si endoloris.» Souriez, en espérant que le Compétiteur aura compris votre message. Dans cet exemple, vous aurez combiné la technique du miroir et celle de l'humour.

L'esprit de compétition est un signe de jalousie. Comme nous l'avons vu, l'être qui est jaloux cherche à détruire tout et tout le monde. Il est impossible d'entretenir une relation valable avec quelqu'un qui est jaloux de vous. Mieux vaut couper de votre vie quiconque persiste à rivaliser avec vous.

Le Dominateur

Le Dominateur n'est pas content s'il ne dirige pas tout. Les enfants ont besoin d'être dirigés jusqu'à un certain point, mais les adultes — qui ont leurs propres idées et valeurs — trouvent insultant et humiliant d'être dominés par quelqu'un.

Vous devez fixer des limites au Dominateur. Dites-lui que cela ne vous regarde pas qu'il essaie de dominer son entourage, mais que cela vous regarde s'il essaie de vous dominer, vous. Au moindre signe de comportement dominateur, réagissez en utilisant la technique de l'affrontement. La technique du miroir peut aussi être efficace, car le Dominateur regimbera immédiatement si vous essayez de le dominer. Il ne supporte pas qu'on lui fasse ce qu'il fait aux autres. Sachez que si vous persistez à refléter son comportement, il est probable qu'il vous attaquera verbalement avec beaucoup de véhémence. Toutefois, quand il aura fait l'expérience d'être mené par le bout du nez, il cessera sans doute d'essayer de vous dominer.

José essayait de régenter la vie de Laurette. Non seulement il commandait pour elle dans les restaurants, mais il choisissait ses vêtements, sa coiffure et son maquillage. Un beau matin, ayant décidé de lui rendre la monnaie de sa pièce, Laurette a choisi dans la garde-robe de José les vêtements qu'il porterait ce jour-là, y compris les souliers et les chaussettes, et les a étalés sur le lit. Irrité, José s'est mis à crier : «Tu n'es pas ma mère; tu ne vas pas me dire quoi porter. Je ne veux pas porter ce complet aujourd'hui. Cesse d'essayer de me dominer.» Laurette l'a regardé droit dans les yeux et lui a dit : «C'est exactement ce que je ressens quand tu essaies de me dicter ce que je dois porter.»

José n'a plus jamais tenté de décider des vêtements de Laurette. Elle projette d'utiliser la technique du miroir la prochaine fois qu'il tentera de commander pour elle au restaurant.

Avec le Dominateur incorrigible, il faut recourir à la technique de la furie. Tenez-vous bien droit, bombez le torse et criez bien fort que vous refusez qu'on vous domine ou vous dise quoi faire, que vous êtes un adulte capable de prendre vos propres décisions. Incluez quelques jurons pour que le Dominateur comprenne bien que vous êtes furieux.

Si rien n'est efficace, que le Dominateur tente toujours de vous dominer et que vous en êtes irrité et frustré, coupez-le de votre vie, faute de quoi vous perdrez votre identité et votre capacité de penser par vous-même.

Le Critique

Du fait que le Critique éprouve un grand sentiment d'insécurité et qu'il cherche à tout prix à avoir raison, vous devez utiliser avec lui la technique du désamorçage, c'est-à-dire un ton chaleureux et des mots gentils.

Vous pouvez également neutraliser le Critique au moyen de la technique de l'interrogation calme:

Lui : C'est de ta faute si nous sommes en retard.

Elle : Chéri, comment en es-tu arrivé à cette conclusion ?

Lui : Tu mets toujours des heures à te maquiller.

Elle : Chéri, ne crois-tu pas que les trois coups de fil que tu as donnés juste avant notre départ ont quelque chose à voir avec notre retard ?

Lui : Tu as raison; je suppose que nous en sommes tous deux responsables.

En ajoutant à vos paroles des petits mots gentils (dans l'exemple, «chéri»), vous intégrez à la technique utilisée celle du désamorçage, ce qui réduit le risque d'un affrontement.

La technique du miroir est utile pour signaler au Critique

que sa conduite est inacceptable. Supposons que vous ayez commandé un bifteck et que le Critique vous dise que la viande rouge n'est pas bonne pour vous et que vous devriez vous sentir coupable d'avoir commandé un tel repas. Pour lui faire prendre conscience de son comportement, critiquez ce qu'il a commandé, en utilisant les mêmes mots, avec le même ton dégoûté.

La technique de l'affrontement convient aussi. Dites à votre compagnon de table que ses remarques sont offensantes et qu'il devrait vous laisser savourer votre repas en paix. Faites en sorte que le Critique ait à rendre compte de son comportement; ne le laissez pas s'en tirer facilement.

Si le Critique persiste, vous souhaiterez peut-être le couper de votre vie. Dans l'exemple ci-dessus, vous pourriez vous lever de table, jeter dramatiquement votre serviette et quitter le restaurant. Ainsi, vous serez certain que le Critique aura compris le message.

La technique de la coupure — vous vous éloignez du Critique qui n'a plus personne d'autre que lui-même à accuser et à critiquer — peut servir chaque fois que le Critique persiste à vous attaquer verbalement.

Le Je-sais-tout

Puisque le Je-sais-tout se sert de ses connaissances comme d'un mécanisme de défense pour surmonter son insécurité et pour se sentir accepté, intelligent et admiré, vous devez lui faire savoir que vous reconnaissez et appréciez son érudition. Recourez à la technique du chasse-pensée et du désamorçage pour neutraliser vos propres sentiments négatifs.

Chaque fois que les personnes de ce genre vous exaspèrent, utilisez la technique de l'expiration de la tension pour dissiper votre frustration. Rappelez-vous que, en faisant étalage de leurs connaissances, les Je-sais-tout essaient de se valoriser pour que vous les acceptiez et les aimiez. Par conséquent, plus vous leur témoignerez d'amour et de gentillesse, moins ils se sentiront obligés d'essayer de vous impressionner.

Si le Je-sais-tout n'est pas réceptif à votre point de vue, parce qu'il sait tout, vous devez utiliser la technique de l'affrontement et lui dire que, même si vous appréciez ses connaissances et sa perspicacité, vous aimeriez formuler votre point de vue. Insistez sur le fait que les personnes intelligentes aiment écouter ce que les autres ont à dire. Ainsi, non seulement vous le flattez en le complimentant, mais vous allégez son sentiment d'insécurité et vous ouvrez la porte au dialogue.

J'ai eu une cliente dont le frère était un Je-sais-tout des plus arrogants. Elle se disputait sans cesse avec lui. En réalité, il éprouvait beaucoup d'insécurité et était convaincu que leur mère lui avait toujours préféré sa sœur. Les efforts du frère pour impressionner les autres en faisant étalage de ses connaissances ne réussissaient qu'à causer des disputes et à lui aliéner l'amour de sa famille.

Quand ma cliente s'est plainte de son frère, je lui ai expliqué la cause du comportement de celui-ci et lui ai recommandé d'utiliser avec lui la technique du désamorçage. Je lui ai aussi recommandé d'appliquer la technique de l'expiration de la tension chaque fois qu'elle était exaspérée. Après avoir suivi mes conseils, elle a constaté qu'elle était plus détendue en présence de son frère et que leur relation s'était grandement améliorée. L'homme a fini par comprendre qu'il n'avait pas besoin de tout savoir et de toujours faire des sermons à sa sœur, et il a commencé à lui poser des questions. Aussitôt qu'il a été convaincu qu'elle l'acceptait, il a cessé de jouer les Je-sais-tout. Une fois qu'elle a cessé de le blâmer et de le rejeter, et qu'elle a commencé à le respecter et à apprécier l'étendue de ses connaissances, elle a vu leur relation s'améliorer. Aujourd'hui, ils sont plus que frère et sœur, ce sont de vrais amis.

Le Glaçon

Avec les Glaçons, la plupart du temps, c'est une cause perdue. Vous aimeriez qu'ils éprouvent quelque émotion, mais vos cris ne servent à rien; au contraire, les Glaçons s'éloigneront encore plus de vous. Les meilleures techniques dans ce cas, ce sont celle de l'expiration de la tension et celle du désamorçage. Ainsi, le Glaçon pourra modifier son comportement, car il se sentira plus en sécurité et mieux accepté. Souvent, le Glaçon n'a pas choisi d'être comme il est; il n'a pas eu le choix, parce qu'il n'a jamais appris à communiquer et à exprimer ses sentiments. Il a peur de se ridiculiser en manifestant ses émotions.

La technique de l'humour aussi peut être efficace. Vous n'arriverez sans doute pas à lui faire exprimer ses sentiments, mais si vous pouvez au moins rire ensemble, une certaine complicité aura été établie.

Certains Glaçons ne sont pas du tout refoulés sur le plan émotionnel; ils souffrent tout bonnement d'une expression verbale médiocre et ont tendance à parler de façon monocorde et inexpressive. La technique de l'interrogation calme vous aidera à découvrir ce qu'ils pensent et ressentent vraiment par rapport à telle situation ou à telle personne.

Le Paranoïaque

À Hollywood, j'ai rencontré un grand nombre de Paranoïaques, des personnes qui ont enduré des années et des années de déceptions. Ils ont tout vu, tout entendu. Certains craignent même de perdre leur emploi. Si leurs projets échouent ou s'ils prennent la mauvaise décision, ils risquent d'être immédiatement rejetés. Par conséquent, la paranoïa, la peur et le scepticisme s'installent en eux.

J'ai constaté que la technique de l'affrontement et celle de l'interrogation calme peuvent alléger les craintes du Paranoïaque, en lui permettant de conclure logiquement que ses décisions étaient les bonnes. Si vous le rassurez au moyen de ces techniques, il aura davantage confiance en vous et, surtout, en lui-même.

Du fait que le Paranoïaque est surtout motivé par la peur, vous devez faire tout en votre pouvoir pour gagner sa confiance, pour qu'il se sente en sécurité avec vous, pour qu'il sache que vous ne cherchez pas à lui faire du mal ou à l'exploiter.

Vous devrez faire preuve d'une patience exemplaire avec le Paranoïaque; la technique de l'expiration de la tension vous aidera dans ce sens. Si vous tenez bon et soutenez le Paranoïaque au moyen de la technique du désamorçage, vous pourriez le voir se transformer et peut-être même devenir votre ami ou votre allié.

Si, par contre, il vous tape trop sur les nerfs, coupez-le de votre vie, comme vous le feriez pour les autres personnes toxiques qui sapent votre énergie. Laissez les psychologues s'occuper de lui.

Le Fauteur de troubles

Il y a deux façons d'aborder le Fauteur de troubles. La technique de l'interrogation calme met généralement un terme à son comportement, car il se rend vite compte que vous n'êtes pas dupe de son petit jeu. S'il est interrogé, le Fauteur de troubles se tortille dans son fauteuil, est mal à l'aise et pourrait même dire : «Je ne faisais que plaisanter» ou «J'étais simplement curieux». Quand Simon, le coiffeur, essayait de provoquer des disputes en disant à sa cliente que sa fille avait probablement des relations sexuelles et prenait sans doute de la drogue, la mère aurait dû procéder à un petit interrogatoire :

Mère : Qu'est-ce qui vous fait croire que ma fille couche avec les garçons et prend de la drogue ?

Coiffeur : Je connais les jeunes de cet âge. J'entends beaucoup de choses au salon, vous savez.

Mère :	Avez-vous parlé à ma fille ?
Coiffeur :	Non.
Mère :	Êtes-vous lié d'amitié avec ma fille ?
Coiffeur :	Non.
Mère :	La suivez-vous partout où elle va pour ainsi savoir ce qu'elle fait ?
Coiffeur :	Non.
Mère :	Avez-vous des enfants ?
Coiffeur :	Non.
Mère :	Savez-vous ce qui se passe chez moi ou comment j'ai éduqué ma fille ?
Coiffeur :	Non. J'essayais simplement de vous mettre en garde afin que vous soyez préparée en cas de problème.
Mère :	Merci. Mais je crois que tout va bien et que je peux m'occuper moi-même de ma fille.

Grâce à la technique de l'interrogation calme, le coiffeur aurait compris que sa cliente n'acceptait pas qu'il joue ce petit jeu avec elle.

La technique de l'affrontement peut aussi servir à neutraliser le Fauteur de troubles, car vous lui faites ainsi comprendre que vous n'êtes pas dupe de son jeu. Par exemple :

Coiffeur :	Vous feriez mieux de surveiller votre fille. Je suis sûr qu'elle a des relations sexuelles et qu'elle prend de la drogue.
Mère :	Si vous passiez autant de temps à essayer de créer une dynamique positive dans votre établissement que vous en passez à créer une dynamique négative dans la vie de vos clients, votre salon serait beaucoup plus prospère.

La technique de l'humour est aussi efficace. Au Fauteur de troubles qui essaie de vous agacer, vous pourriez répondre avec humour : «Continue de parler; comme cela je sais que tu ne réfléchis pas.»

Lancez n'importe quelle repartie humoristique qui vous vient à l'esprit, pourvu que le Fauteur de troubles comprenne que vous voyez clairement son jeu et que vous ne prenez rien de ce qu'il dit au sérieux. Au contraire, vous prenez à la légère les observations provocantes qu'il vous fait. Il finira par comprendre votre message.

Sélection des techniques

Ma recherche et les commentaires de mes clients m'ont appris que les techniques spécifiques que je propose pour chacune des terreurs toxiques se sont révélées les plus efficaces. Cependant, rien ne vous oblige à vous y limiter.

Vous pouvez utiliser une seule technique, une combinaison de techniques ou les 10 techniques pour faire face à la terreur toxique qui est devant vous, selon vos préférences et selon que vous vous sentez plus à l'aise avec certaines qu'avec d'autres. Quelle que soit la technique choisie, ce qui compte c'est de dissiper efficacement votre colère et votre frustration, afin de ne pas souffrir de cancer, d'une maladie de cœur ou de toute autre maladie due au stress.

7

CHOISIR UNE TECHNIQUE EN FONCTION DU RÔLE DE LA PERSONNE TOXIQUE DANS VOTRE VIE

- Mère ou père toxique
- Frère ou sœur toxique
- Conjoint toxique
- Enfant toxique
- Ami toxique
- Amant ou maîtresse toxique
- Voisin toxique
- Personne toxique au travail
- Patron toxique
- Collègue toxique
- Subalterne toxique
- Symbole d'autorité toxique
- Professionnel toxique
- Personnel de service toxique
- Nous avons le choix

Le choix de la technique dépend du rôle que joue la personne toxique dans votre vie. Certaines techniques sont très efficaces avec les membres de la famille, tandis que d'autres le sont avec les collègues, avec les symboles d'autorité ou avec les subalternes.

Les gens modulent leur conduite en fonction des individus qu'ils rencontrent, de l'effet qu'ils ont sur leur vie, sur leur bien-être et sur leur gagne-pain.

Pensez à votre famille, par exemple. Oubliez les familles que vous avez vues dans les séries télévisées durant votre enfance : elles n'existent pas dans la réalité. Dans aucune famille on ne s'entend si bien tout le temps.

On nous a appris qu'il fallait aimer les membres de notre famille parce qu'ils sont notre famille. Malheureusement, il y a de la toxicité dans toutes les familles. Certaines familles ne sont pas dignes d'amour, et vous n'êtes pas obligé d'aimer le membre de votre famille qui vous traite mal.

Mère ou père toxique

Il est évident que certaines personnes n'auraient jamais dû avoir d'enfants : celles qui les maltraitent, qui les exploitent sexuellement ou qui les négligent et qui, ce faisant, leur causent des torts irréparables. Souvent, le harcèlement et les mauvais traitements physiques ou mentaux se poursuivent durant l'adolescence, voire à l'âge adulte. Je suis tout à fait d'accord avec les nombreux psychologues qui préconisent la technique de la coupure comme seul remède dans ce cas. La victime a intérêt à éviter tout contact avec ses parents si elle veut mener une vie plus heureuse et plus productive.

Bien entendu, la plupart des parents ne sont pas des êtres méchants, qui préméditent les mauvais traitements qu'ils infligeront à leurs enfants. Souvent, le mauvais parent n'est qu'un pauvre type qui ne s'aime pas lui-même et qui fait de son mieux avec ses enfants. Mais, à cause de son ignorance, de son estime de soi médiocre ou de ses propres antécédents familiaux, le parent est devenu toxique pour ses enfants. Dans ce cas, il faut recourir à une autre technique que celle de la coupure.

Certains parents inconsciemment toxiques pour leurs enfants découvrent parfois trop tard les conséquences de leur comportement. Par exemple, la mère de l'acteur Hervé

Villechaize a sûrement procédé à un examen de conscience après le suicide de son fils. Hervé, qui devait assumer son nanisme, a dit que son père et sa mère ne lui avaient pas facilité la vie. Son père, un médecin bien en vue, n'ayant jamais accepté la condition de son fils, le trimbalait d'un pays à l'autre, à la recherche d'une cure miracle. Cette vaine poursuite a causé beaucoup d'angoisse à Hervé. Adolescent, il a fini par refuser d'être traîné aux quatre coins du monde et a supplié son père de l'accepter tel qu'il était. Mais il semble que celui-ci en était incapable.

Sa mère ne l'aidait pas beaucoup non plus. Hervé m'a dit, comme il l'a dit aux nombreux journalistes qui l'ont interviewé, n'avoir jamais senti que sa mère l'aimait vraiment ou désirait l'avoir près d'elle; il n'arrivait jamais à la satisfaire. À ses noces, Hervé, tout excité, m'a présentée à sa mère : «Maman, je te présente mon orthophoniste. Elle m'aide à améliorer mon élocution.» Sans même un sourire, sa mère m'a regardée et a répondu froidement : «Eh bien ! je n'arrive pas encore à comprendre ce qu'il dit.» Je me souviens d'avoir pensé : pas étonnant que ce pauvre homme ait eu tant de problèmes dans sa vie. Sa propre mère ne le soutient pas dans les efforts qu'il fait pour s'améliorer. Après la mort d'Hervé, la revue People a rapporté un incident qui montrait à quel point sa mère le rejetait. Apparemment, Hervé, artiste de talent, avait peint un charmant portrait de sa mère qu'il lui avait montré. La mère avait réagi ainsi : «Cela ne me ressemble pas du tout.»

Malheureusement, il y a trop de mères toxiques de type Critique ou Dénigreur; celles-ci doivent être traitées au moyen de la technique de l'affrontement ou de l'interrogation calme. Il faut leur dire carrément que leurs paroles et leur comportement sont blessants.

Le comportement de certains parents — surtout ceux des types Malade mental, Pugiliste, Dominateur, Compétiteur et Tyran — non seulement blesse l'enfant mais le déconcerte aussi. L'enfant souhaite désespérément aimer le parent et le «réparer», mais cela ne marchera jamais si le parent n'agit pas pour se corriger. Dans ce cas, la technique de la coupure est celle qui convient le mieux.

La championne de tennis Mary Pierce a un père Dominateur qui la maltraitait. Après les matches, Jim Pierce pestait contre sa fille, la réprimandait devant tout le monde et allait même jusqu'à la frapper. Les autorités des tournois de tennis l'ont «coupé» de tous les matches. Mary a fait de même; elle a rompu avec lui et l'a coupé de sa vie personnelle et professionnelle. Par la suite, elle a remporté des championnats mondiaux.

Dans des cas comme celui-là, la victime n'a pas le choix : pour se protéger, elle doit couper de sa vie la personne toxique. On a vu dans les journaux des cas d'enfants qui ont légalement «divorcé» de leur mère toxique ou de leur père négligent ou violent.

D'autres parents sont gênants parce qu'ils sont du type Commère, Plaisantin, Écervelé ou Moulin à paroles. Même s'ils ne sont pas méchants, ils sont difficiles à vivre. L'acteur Sylvester Stallone a souvent parlé de sa mère durant des entrevues. Apparemment, Jackie Stallone recherche constamment le feu des projecteurs et dit des choses embarrassantes sur les ex-femmes et les compagnes de son fils. Dans ces moments-là, Sylvester a sans doute dû expirer beaucoup de tension pour arriver à supporter sa mère. Il semble l'aimer et accepter de bonne grâce son comportement en se disant qu'elle est faite comme cela; il plaisante même à ce sujet.

En plus de l'humour et de l'expiration de la tension, on peut recourir, face à ces parents toxiques, aux techniques de l'interrogation calme, de l'affrontement et du désamorçage. Pour que le parent rébarbatif comprenne votre irritation et commence à vous écouter, recourez à la technique de la furie et à celle du miroir.

Du fait qu'on ne peut jamais leur faire confiance, il est

terrifiant d'être en contact avec les parents qui appartiennent au type Fuyard, Indécis, Hypocrite, Menteur ou Bombe à retardement. Vous espériez beaucoup d'eux, mais ils vous ont donné très peu et vous ont causé chagrin, colère et déception. Dans ce cas, vous devez d'abord penser à votre propre protection.

Dans le cas de parents qui vous ont abandonné, la technique du chasse-pensée et même celle du fantasme peuvent vous aider à retrouver votre santé mentale et à guérir votre peine. Kenya More, une Miss U.S.A., semblait tout avoir. En réalité, elle avait beaucoup souffert : sa mère l'avait abandonnée très tôt dans la vie et, quand sa fille avait repris contact avec elle, celle-ci l'avait traitée comme si elle était invisible. À 12 ans, Kenya s'est juré de ne plus jamais laisser sa mère lui faire de mal, stratégie courante chez les enfants abandonnés par leurs parents. La technique du chasse-pensée et celle du fantasme pourraient aider Kenya à apaiser encore davantage le ressentiment qu'elle éprouve à l'endroit de sa mère.

Enfin, il y a des parents qui ne sont au fond que des enfants tristes et qui ont créé une relation dans laquelle ils ont changé de rôle avec vous. Dans cette catégorie, on retrouve l'Autodestructeur, le Malade mental, l'Indécis, la Victime et le Menteur. L'enfant finit par essayer de sauver ces êtres pathétiques et faibles. Je recommande alors la technique du désamorçage, à laquelle il faut souvent intégrer un peu d'amour sévère. Pour éviter la codépendance, vous devez les couper de votre vie, non parce que vous les détestez, mais bien parce que vous les aimez. Vous devez fixer des limites pour qu'ils ne vous entraînent pas dans leur douleur et dans leur maladie. Il arrive souvent que cette technique les force à prendre leurs responsabilités et à affronter leurs problèmes.

Il ne faut plus transmettre à nos enfants les comportements toxiques que nous avons appris de nos parents.

Grâce aux techniques proposées ici, nous pourrons enfin briser ce cercle vicieux.

Frère ou sœur toxique

Les frères et les sœurs peuvent se causer les uns aux autres plus de chagrin que quiconque au monde.

On rit souvent quand quelqu'un dit que ses parents lui ont toujours préféré un frère ou une sœur. Mais la jalousie et la rivalité entre frères et sœurs n'ont rien de drôle. Beaucoup d'enfants ont été blessés dans leur amour-propre par le sentiment que leur mère, leur père ou les deux leur préféraient tel frère ou telle sœur.

Parfois, quand un enfant réussit beaucoup mieux dans la vie que son frère ou sa sœur, l'enfant moins brillant jouera le rôle du mouton noir ou de la mauvaise semence. Résultat : ou bien l'enfant qui réussit et toute sa famille éprouvent du chagrin et de l'embarras, ou bien l'autre enfant se comporte de façon puérile et s'attend à ce que le premier joue pour lui le rôle d'un parent et le sorte du pétrin.

L'un de mes clients a recouru à la technique de la coupure avec son frère héroïnomane. Quand Martin, aujourd'hui un médecin réputé, faisait ses études, il lui arrivait souvent d'avoir de la difficulté à mener sa vie d'étudiant parce que son frère lui téléphonait au beau milieu de la nuit pour qu'il le sorte de prison ou le tire de quelque autre ennui relié à la drogue. Parce qu'ils étaient frères et que Martin se sentait coupable, il se croyait obligé de l'aider. Devenu médecin, Martin s'est finalement rendu compte que la moitié de ses revenus passait à faire vivre son frère et à le tirer de situations pénibles. Aucune technique — miroir, furie, humour ou désamorçage — n'était efficace avec son frère. Pour protéger sa santé mentale, financière et émotionnelle, Martin a coupé son frère de sa vie. Malheureusement, ce dernier est mort d'une surdose d'héroïne. Mais Martin se sent rarement coupable, parce qu'il a fait tout ce qu'il a pu pour lui. Quand il ressent un peu de culpabilité, il la surmonte grâce à la technique du chasse-pensée et à celle du fantasme. Dans son fantasme, il imagine que son frère accepte et apprécie son aide, cesse de se droguer et mène une vie heureuse et productive.

Vu la complexité de la dynamique familiale, la plupart des gens éprouvent culpabilité, honte, colère et déception relativement à un frère ou à une sœur, beaucoup plus que ce ne serait le cas pour un parent ou un enfant. Du fait que vous avez les mêmes parents qu'eux, vous pourriez vous croire obligé de penser, de sentir et de vous conduire comme le font vos frères et sœurs. Quand vous ne le faites pas, il arrive souvent que ces derniers se mettent en colère et se sentent trahis.

Dans vos rapports avec vos frères et sœurs, vous devez comprendre que, malgré les gènes communs, vous êtes complètement différent d'eux. Vous ne pouvez vous attendre à ce qu'ils soient comme vous le souhaiteriez. C'est là que la communication se révèle particulièrement importante. Les techniques de l'humour, de l'affrontement, du miroir, de l'interrogation calme et de la furie (très populaire entre frères et sœurs) peuvent améliorer radicalement votre relation avec eux.

Dans mon cabinet, j'ai rencontré des frères qui poursuivaient leurs frères en justice, des sœurs qui haïssaient leurs sœurs, des frères qui voulaient tuer leurs sœurs — pourquoi ? Parce qu'au fil des années vécues ensemble, ces enfants n'ont jamais appris à dialoguer.

Les techniques proposées ci-dessus vous donneront l'occasion de forger une relation solide avec vos frères et vos sœurs.

Conjoint toxique

J'ai écrit un livre intitulé He Says, She Says : Closing the Communication Gap Between the Sexes, j'ai donné des conférences sur le sujet un peu partout dans le monde, et j'ai lu toutes les lettres que m'ont envoyées les personnes que mes conférences et mes livres ont aidées; eh bien, je suis désormais convaincue que le taux de divorce est élevé parce que les gens ne savent pas communiquer entre eux. Nous ne donnons pas une seconde chance à l'autre; nous sommes prêts à le quitter après des années de vie commune seulement parce qu'il nous contrarie.

Au lieu de recourir à l'humour, à l'interrogation calme, à l'affrontement, voire à la furie (nécessaire dans tout mariage ou relation amoureuse), nous nous empressons de fuir.

Désormais, d'autres avenues s'ouvrent à vous. Même si vous êtes follement amoureux de quelqu'un, il y aura des moments où cette personne vous énervera, vous blessera et vous fera sortir de vos gonds. Dans ces moments difficiles, vous ne devez pas vous enfuir ni refouler vos sentiments jusqu'à ce qu'il soit impossible de vous en libérer. Vous devez plutôt faire face à la situation. Vous devez communiquer ! C'est le seul moyen qui vous permettra de rester avec votre conjoint.

Parfois, les partenaires se sont éloignés l'un de l'autre et se sont créé des styles de vie si différents qu'ils n'ont plus rien en commun. D'autres sont incapables de pardonner à la personne aimée qui les a trompés ou trahis et ont le sentiment qu'ils ne pourront jamais plus lui faire confiance. Ces personnes doivent recourir à la technique de la coupure, si difficile qu'elle soit. La technique du chasse-pensée et celle du fantasme peuvent vous aider à faire face à la colère que vous ressentez contre votre conjoint toxique. Servez-vous de votre colère pour vous extraire de la relation toxique, en sauvegardant votre dignité et votre amour-propre.

Pourquoi essayer de détruire votre ex-conjoint en cherchant à vous venger pendant le reste de vos jours? J'ai connu une femme qui, après 10 ans de mariage, un règlement de divorce qui lui avait rapporté des millions et un remariage qui aurait pu lui permettre un nouveau départ dans la vie, a continué à harceler et à intimider son ex-mari, l'empêchant de voir ses enfants, vandalisant sa voiture et insultant ses nouvelles compagnes.

Enfant toxique

Il y a quelques années est apparu un mouvement qui préconisait l'«amour sévère». Les parents d'enfants incorrigibles les inscrivaient à un programme disciplinaire où ils apprenaient à être responsables de leurs actes. Dans bien des cas, les enfants se sont corrigés et ont pu se débarrasser de leurs attitudes toxiques.

Aujourd'hui, il est facile de blâmer un parent pour le comportement ou la nature toxique de son enfant. Les critiques prétendent que l'enfant a reçu trop d'amour ou pas assez. Personnellement, je crois qu'il est impossible de donner trop d'amour à un enfant, et il semble que le fait que l'enfant devienne ou non toxique ait peu à voir avec la façon dont ses parents l'ont élevé. De nos jours, de nombreuses influences échappent au contrôle des parents : médias, pression des pairs, valorisation exacerbée de la réussite, drogues, gangs, violence dans les écoles, violence gratuite. Je connais beaucoup de parents modèles dont les enfants sont drogués, filles-mères ou membres de gangs.

Même si beaucoup de parents perdent espoir quand leurs enfants tournent mal, vous ne devriez jamais renoncer. Vous disposez de moyens. Commencez par la technique de l'affrontement : adressez-vous à vos enfants comme à des adultes, sans condescendance. Vu la grande influence des médias sur leur vie, ils sont plus évolués que vous le croyez; n'hésitez donc pas à leur parler d'adulte à adulte. Laissez-les monter à votre niveau au lieu de descendre au leur.

Recourez aux techniques du désamorçage, de l'interrogation calme et du miroir. Ne craignez pas d'utiliser la technique de la furie, mais pas trop souvent, pour qu'elle ne perde pas de son efficacité. Ne frappez jamais un enfant, même si vous croyez qu'il le mérite. Des études démontrent que la violence n'est pas un moyen efficace de dissuader votre enfant d'adopter des comportements négatifs. Elle ne fait qu'alimenter la haine et la colère envers la personne qui frappe. Elle risque même de causer des lésions émotionnelles permanentes.

Quand un enfant refuse de coopérer ou d'entendre raison, vous devez le laisser subir les conséquences de ses actes; c'est le principe de l'«amour sévère». Procédez à la coupure et fournissez-lui l'aide qui s'impose, même si cela signifie que vous devez le faire interner dans un hôpital psychiatrique ou l'envoyer dans un foyer pour jeunes.

Même si vous n'êtes pas entièrement responsable des actes de vos enfants pendant qu'ils grandissent, c'est à vous qu'il incombe de les faire partir du bon pied dans la vie, en leur inculquant des valeurs et des principes moraux solides.

Dès leur plus jeune âge, vous devez établir avec vos enfants une communication ouverte, afin qu'ils sachent que vous êtes toujours prêt à les écouter, si grave que soit leur situation. Apprenez à vos enfants à communiquer en prêchant par l'exemple.

Apprendre à vos enfants tôt dans la vie la technique de l'interrogation calme et celle de l'affrontement, c'est le plus beau cadeau que vous pouvez leur faire et vous faire à vous aussi, car votre relation avec eux sera ainsi basée sur la compréhension. Quand les enfants voient leurs parents dialoguer ouvertement et honnêtement, ils apprennent à faire de même.

Ami toxique

«Avec des amis comme ceux-là, qui a besoin d'ennemis ?» Rien n'est plus blessant et décevant que de se voir trahi par une personne que l'on aimait et à qui l'on faisait confiance. Parfois, nous tolérons certaines personnes et les considérons comme amies alors qu'elles ne le sont pas du tout : nous éprouvons de la pitié pour elles parce que la vie ne les a pas traitées aussi bien qu'elle nous a traités; nous avons grandi ou fréquenté l'école avec elles; nous restons attachés à elles parce qu'elles font partie de notre vie depuis très longtemps. Malgré ces rationalisations, ces êtres qui nous font du tort, qui nous blessent et qui nous déçoivent en ne nous respectant pas, en ne nous soutenant pas et en nous trahissant ne pourront jamais être des amis.

Un ami, ce n'est pas simplement quelqu'un que l'on connaît depuis longtemps. C'est quelqu'un qui nous soutient dans les périodes difficiles, quelqu'un qui se réjouit de nous voir heureux, quelqu'un qui n'est pas jaloux de nous. Un ami ne révèle jamais les secrets que vous lui confiez. Un ami se porte toujours à votre défense. Un ami n'essaie pas de rivaliser avec vous. Un ami se montre respectueux, généreux, sensible et accueillant avec vous.

Un véritable ami partage honnêtement ses pensées et ses sentiments avec vous; il ne vous juge jamais.

Quiconque ne répond pas à tous ces critères n'est pas votre ami. Bien sûr, personne n'est parfait; même un ami peut commettre une erreur. C'est là que la communication entre en jeu. La communication fondée sur les techniques de l'affrontement, de l'interrogation calme et du désamorçage vous permettra de préserver le lien intime qui vous unit à votre ami, pour que vous puissiez continuer de vous respecter et de vous apprécier l'un l'autre.

Amant ou maîtresse toxique

Évidemment, l'ami le plus intime, c'est l'amant. Si on peut être ouvert et nu avec quelqu'un dans sa chambre à coucher, si on peut s'engager dans des rapports intimes avec cette personne, pourquoi est-il parfois si difficile de communiquer avec elle ? Cela n'est peut-être pas étranger au sentiment que nous avons de notre propre valeur. Souvent, nous ne savons pas comment parler à un amant. Du fait que cette personne spéciale est capable de nous apporter un grand bien-être, il est difficile de savoir ce qu'il faut faire et dire quand elle nous déçoit ou nous blesse. Nous nous sentons alors vulnérables et sans défense. Par conséquent, nous risquons de réagir de façon excessive, sans mettre ses actes en perspective. Une relation intime devient vite toxique en l'absence de communication.

Vous devez traiter avec le plus grand respect la personne avec qui vous avez été intime. Parlez de façon positive et chaleureuse et réglez vos différends au moyen de la technique du désamorçage, premier moyen de ne pas devenir toxiques l'un pour l'autre. Les techniques de l'interrogation calme et de l'humour sont également essentielles pour panser les blessures et pour ouvrir la communication.

Antoinette et David, en lune de miel à la Barbade, n'ont pas exprimé les craintes et l'incertitude qui ont découlé de leur mariage. David s'est plutôt refermé, pour se transformer en Fuyard, et a passé des heures à se promener sans Antoinette. Quant à Antoinette, elle s'était transformée en un hybride de la Victime et du Tyran. À la fin de leur semaine de lune de miel, ils ne se parlaient presque plus. La situation étant devenue insupportable, ils ont éclaté et recouru à la technique de la furie. La tension qui régnait s'est dissipée; ils se sont mis à dialoguer et à exprimer ce qu'ils ressentaient. Même s'ils ont échangé des paroles dures et que leur lune de miel n'a pas été réussie, ils ont néanmoins appris à communiquer.

Voisin toxique

Vous pouvez choisir vos amis, votre conjoint et vos amants, mais pas vos voisins. Après avoir entendu les pires histoires sur des voisins toxiques, j'en suis venue à apprécier la chance qu'une personne a d'avoir des voisins chaleureux, amicaux et discrets qui se mêlent de leurs affaires, ne potinent pas et n'essaient pas de rivaliser avec elle. La vie dans un lieu clos, comme dans un immeuble par exemple, fait souvent ressortir les traits toxiques des gens.

Vos meilleurs moyens de défense résident dans les techniques de la furie, de l'expiration de la tension, du chasse-pensée et du fantasme.

L'humour, l'affrontement, l'interrogation calme et le désamorçage sont des techniques inefficaces quand vos voisins vous attaquent. Si vous utilisez dès le départ la technique de la furie, vos voisins vous laisseront sans doute tranquille. Comme l'aboiement d'un chien agressif, cette technique leur fera comprendre que vous êtes résolu à vous défendre et capable de le faire.

Si les voisins toxiques ne répondent pas à cette technique, recourez à celle de l'expiration de la tension. Si cela ne marche pas pour vous, passez à la technique du chasse-pensée, afin d'éviter les ulcères. Et pour dissiper encore mieux votre angoisse et votre colère, faites appel à la technique du fantasme : imaginez que leur maison brûle, que leur appartement est inondé ou, mieux encore, qu'ils déménagent.

Ne concrétisez jamais votre fantasme. Si vos problèmes avec vos voisins sont insolubles, laissez les tribunaux — pas vos poings — les régler. La violence ne fera qu'aggraver la situation et vous mettre dans le pétrin.

Si votre situation devient insupportable, reste la technique de la coupure : déménagez. Si ennuyeux que ce soit, cela peut vous sauver la vie. Dans le choix de votre nouvelle résidence, tenez compte des voisins !

Personne toxique dans le milieu de travail

Comme pour ce qui est des voisins, vous ne choisissez pas les gens avec qui vous avez des contacts dans votre milieu de travail, sauf, bien entendu, si c'est vous le patron. Toutefois, le climat économique actuel ne permet pas à la plupart des dirigeants d'entreprises de choisir leurs clients.

De nos jours, les employés doivent apprendre à s'entendre avec toutes sortes de personnes toxiques rien que pour conserver leur emploi. Au travail, apprendre à traiter avec les personnes toxiques est une question de survie. Les meilleures techniques ? L'expiration de la tension, le chasse-pensée et le fantasme.

Patron toxique

Le patron, c'est le patron. C'est lui qui mène. Que vous l'aimiez et le respectiez ou non ne change rien si vous souhaitez garder votre emploi et gagner votre vie. Ce qui compte, c'est d'apprendre à vous entendre le mieux possible avec lui et à apaiser du mieux que vous le pouvez toute colère que vous pourriez ressentir.

Les personnes toxiques qui sont en position de pouvoir appartiennent généralement à l'une ou l'autre des catégories suivantes, parfois à plusieurs à la fois : Tyran, Critique, Dominateur, Exploiteur, Compétiteur, Hypocrite, Je-sais-tout, Pingre.

Beaucoup de mes clients m'ont raconté ce qu'ils ont vécu à cause d'un patron toxique qui appartenait à l'une des catégories ci-dessus ou à plusieurs. Après avoir recouru aux techniques que je leur ai recommandées, ils ont souvent vu leur vie professionnelle s'améliorer, car ils n'étaient plus victimes de leur patron. Pour ceux qui souhaitent garder leur emploi et gravir les échelons de la hiérarchie, les techniques les plus efficaces sont celle de l'expiration de la tension — pratiquée toutes les 20 minutes pour relâcher les sentiments négatifs —, celle du chasse-pensée — surtout s'ils ressassent une remarque négative que leur a adressée leur patron —, celle du désamorçage — selon laquelle ils s'efforcent de parler gentiment à leur patron et de le traiter avec respect — et celle du fantasme — qui leur fait nourrir des pensées méchantes à l'endroit de leur patron toxique et imaginer ce qu'ils aimeraient lui faire.

Si vous tenez à votre emploi, les autres techniques pourraient être risquées. Il ne faut jamais faire en sorte que le patron se mette sur la défensive ni qu'il paraisse avoir tort, car c'est lui qui mène et vous ne pouvez rien y faire, si ce n'est dissiper votre colère autrement.

Si votre emploi ne vous tient pas à cœur, prenez des risques et recourez aux techniques de l'affrontement, de l'interrogation calme, du miroir ou de la furie. Si votre milieu de travail est toxique au point que votre santé est menacée par le stress et l'anxiété, quittez votre travail si vous le pouvez.

Nous ne sommes plus obligés d'être victimes. Nous avons la possibilité de nous défendre, de partir ou de recourir aux tribunaux pour régler le cas du patron injuste ou toxique. Le patron toxique qui ne se corrige pas risque de se faire poursuivre par ses employés.

Collègue toxique

Beaucoup de clients m'ont rapporté que certains de leurs collègues essayaient de saboter leur carrière. Ces tentatives malheureuses ont profondément blessé mes clients. Dans les cas où les efforts de sabotage du collègue toxique ont réussi, mes clients y ont non seulement laissé leur santé, mais aussi leur emploi.

Le collègue toxique peut prendre la forme d'un Compétiteur, d'un Dénigreur, d'un Hypocrite, d'une Commère, d'un Touche-à-tout ou d'un Fauteur de troubles.

Même si le milieu de travail est tout à fait différent du milieu familial, certaines personnes considèrent leur patron comme un parent ou un symbole d'autorité, et leurs collègues comme des frères et sœurs. Par conséquent, la dynamique familiale est souvent transposée dans le milieu de travail.

Les techniques les plus efficaces pour faire face aux collègues toxiques sont celles de l'expiration de la tension, de l'affrontement et de l'interrogation calme. Ne perdez jamais votre sang-froid au travail; ne recourez pas à la technique de la furie. Toute forme de violence verbale est inacceptable dans le lieu de travail. Quelle que soit votre description de tâches, vous devez vous comporter de façon civilisée et professionnelle. Si vous êtes convaincu qu'on sabote vos efforts, utilisez la technique de l'affrontement avec le collègue toxique, en présence du patron que vous mettrez ainsi au courant de la situation. Dites au collègue toxique que vous voyez son petit jeu, que vous vous y opposez et que vous demanderez l'aide de l'autorité — le patron — pour obtenir justice.

Subalterne toxique

Certains subalternes en veulent à leur supérieur ou sont jaloux de lui au point de jouer le rôle de la Commère, de la Bombe à retardement, du Fauteur de troubles, du Manipulateur, du Pharisien ou du Paranoïaque.

Le subalterne doit toujours traiter son patron avec respect vu la position que ce dernier occupe, comme le patron doit respecter ses subalternes tout en exerçant son autorité sur eux.

Le patron irrité par un subalterne doit rester calme et professionnel; il ne doit jamais se mettre en colère ni utiliser la technique de la furie.

Pour faire face au subalterne toxique, il est essentiel d'appliquer les techniques de l'affrontement et de l'interrogation calme. Si, après plusieurs entretiens, le subalterne n'a pas encore compris, le patron doit consigner les incidents reprochés en indiquant la date et l'heure auxquels ils ont eu lieu. Devant un tel registre, le subalterne hésitera à poursuivre son patron devant les tribunaux.

Il faut ensuite se débarrasser le plus tôt possible du subalterne toxique. Après avoir averti mon employé que les ragots et l'ingérence ne seraient pas tolérés, j'ai fini par le congédier, car son comportement toxique menaçait mon entreprise et ma réputation. Si l'employé toxique risque de nuire à votre entreprise, ne lui donnez même pas de préavis.

Quand vous réprimandez un subalterne ou que vous le congédiez, laissez-lui la possibilité de sauvegarder sa dignité. On ne sait jamais : le petit commis d'hier pourrait être votre patron demain. Débarrassez-vous en douceur des employés toxiques.

Symbole d'autorité toxique

De la même façon que votre patron exerce un certain contrôle sur votre vie et sur vos revenus, d'autres personnes ont une profonde influence sur votre vie et risquent même de vous détruire. Ce n'est pas parce qu'elles représentent l'autorité qu'elles ne peuvent être toxiques. Songez aux politiciens toxiques accusés de vol ou de relations illicites avec des personnes des deux sexes.

Ces individus toxiques — policiers, enseignants, voire membres du clergé — sont parfois dénués de tout pouvoir en dehors de leurs fonctions et se servent de leur autorité pour se sentir puissants. Généralement, ils entrent dans la catégorie du Dominateur, du Je-sais-tout, du Critique, du Pharisien, du Glaçon, du Dénigreur, du Pugiliste ou du Tyran.

S'ils tiennent votre vie entre leurs mains, ne les irritez pas. Quelle que soit votre rage, ne recourez pas à la technique de la furie, car ils ne vous écouteraient pas de toute façon. Ils ne feraient que se fâcher davantage et les conséquences seraient encore plus négatives pour vous. Essayez plutôt de respirer profondément; forcez-vous à appliquer la technique de l'expiration de la tension et celle du chasse-pensée. Recourez à la technique du fantasme pour dissiper votre rage, et imaginez que vous les torturez. Ne dites rien; respirez profondément.

Une fois que la situation sera redevenue normale, vous pourrez faire la vie dure aux symboles d'autorité toxiques, en exprimant votre rage par des recours juridiques. Refusez d'être leur victime et de refouler votre colère indéfiniment, sinon vous risquez d'être marqué à vie.

Professionnel toxique

À part les symboles d'autorité toxiques, il existe des professionnels toxiques : médecins, avocats, agents d'affaires, comptables, voire thérapeutes.

Le fait que ces personnes aient eu la capacité intellectuelle nécessaire pour réussir leurs études, qu'elles aient terminé leur résidence, qu'elles aient été reçues au Barreau ou qu'elles soient agréées par un quelconque ordre professionnel ne signifie pas qu'elles vous sont supérieures ou qu'elles ne sont pas toxiques.

Trop souvent, des professionnels qui sont des perdants sur le plan personnel se cachent derrière leurs diplômes pour se sentir plus puissants et plus importants. Trop souvent, ils présentent le comportement toxique du Tyran, du Pugiliste, du Compétiteur, de l'Hypocrite, du Dénigreur, du Nombriliste, du Snob, du Je-sais-tout, du Dominateur, du Critique ou du Paranoïaque.

Ils peuvent vous traiter avec condescendance, comme s'ils vous faisaient une faveur en vous parlant.

Ces professionnels toxiques doivent être remis à leur place; leur rôle est de vous aider et de vous soutenir. Peu importe que le médecin ou l'avocat soit célèbre ou que de nombreux articles aient été écrits à son sujet; d'abord et avant tout, il doit vous rendre service.

C'est vous qui avez sollicité les services de ces professionnels et c'est vous qui payez leurs honoraires; alors, ne vous sentez jamais intimidé par eux. Vous avez le droit de poser des questions et celui d'être traité avec respect. C'est la technique de l'interrogation calme qui convient le mieux dans les rapports avec les professionnels. Le mot clé : «calme». Les professionnels aussi sont des êtres humains sensibles qui risquent de s'offenser si vous leur posez des questions qui ressemblent à des attaques. Ils pourraient réagir défensivement et commencer à vous parler de haut ou à se montrer abrupts. Par conséquent, il est essentiel que vous soyez attentif au ton de votre voix quand vous parlez à des professionnels. Parlez d'un ton mesuré et respectueux, assez fort pour être entendu, mais sans paraître dur ni crier.

Si, après avoir posé vos questions de cette manière, vous constatez que le professionnel vous traite encore de façon irrespectueuse, recourez à la technique de l'affrontement; dites-lui d'un ton posé mais ferme que vous aimeriez être traité avec respect et sans condescendance.

C'est ce qu'a fait l'une de mes clientes qui avait affaire à un dermatologue particulièrement sexiste, qui ignorait ses questions et bavardait avec les autres médecins présents dans la salle comme si ma cliente était un simple objet. Immédiatement, elle a réagi et a dit calmement : «Docteur, je ne suis pas une enfant ni une imbécile. Alors, adressez-vous à moi directement, si vous voulez que je reste votre patiente.» Le dermatologue lui a présenté ses excuses et s'est comporté comme elle le lui avait demandé. Elle a fini par devenir l'une de ses patientes préférées.

Dans une situation où le médecin ignore la requête du patient et continue de le traiter sans égards, le patient doit rompre la relation et partir. Certains médecins sont excellents mais la manière dont ils communiquent avec leurs patients est exécrable. Il est donc essentiel que le patient s'exprime : manifestez votre mécontentement, puis rompez la relation si vous n'obtenez pas satisfaction. Il en va de même avec les avocats, les comptables et tous les autres professionnels dont la tâche et le devoir sont de vous aider.

Personnel de service toxique

Contrairement aux professionnels qui sont toxiques parce qu'ils se sentent supérieurs à vous, certains employés de service le sont parfois parce qu'ils sont jaloux de vous ou qu'ils éprouvent de l'insécurité en votre présence. Peut-être qu'ils détestent leur métier de vendeur, de rénovateur, de mécanicien ou de serveur. Mais vous ne devriez pas faire les frais de leur insatisfaction professionnelle.

Les employés de service toxiques apparaîtront comme des Snobs, des Pharisiens, des Exploiteurs, des Tyrans, des Moulins à paroles, des Compétiteurs, des Hypocrites ou des Manipulateurs.

Si tant de vendeurs sont impolis et peu serviables, c'est sans doute qu'ils vous envient de pouvoir acheter ce qu'eux n'ont pas les moyens de se payer. Ils préféreraient être dans votre position que dans la leur : acheter et non vendre.

Beaucoup de mécaniciens traitent leurs clientes comme si elles étaient stupides, rejetant abruptement leurs questions ou demandes. Peut-être qu'ils aimeraient conduire la Lexus ou la Jaguar au lieu de la réparer. Peut-être croient-ils encore puérilement que les femmes ne sont pas censées connaître les voitures ou qu'elles ne sont pas aussi intelligentes que les hommes.

Vous n'avez pas à être la victime de leur toxicité. Divers moyens s'offrent à vous pour faire face à la négativité de ces personnes.

Le cas de l'employé de service toxique peut généralement être réglé au moyen de la technique de l'affrontement. Si celle-ci se révèle inefficace, recourez à celle du miroir. Si cela ne marche pas, rebiffez-vous. Employez la technique de la furie et celle de la coupure : partez et ne payez pas pour les services non rendus. Par exemple, si un serveur s'est montré impoli et peu serviable, ne lui laissez pas de pourboire. Pourquoi récompenser quelqu'un qui vous a mal servi ou qui a été impoli avec vous ?

Un jour, l'une de mes clientes, une professionnelle très affable, a pris l'avion avec son chat, pour lequel elle avait acheté un billet. Au moment où elle a placé sous le siège avant le sac réglementaire contenant le chat, l'hôtesse s'est écriée : «Est-ce un animal ? Montrez-moi votre billet !» L'hôtesse a quasiment arraché le billet des mains de ma cliente, l'a examiné puis, en criant encore, a déclaré que la date n'était pas bonne. Elle est sortie de l'avion et est allée chercher un superviseur.

Ma cliente était humiliée. Tous les autres passagers la regardaient comme si elle était une criminelle. L'hôtesse est revenue accompagnée du billettiste, du superviseur et d'un préposé à la sécurité. D'un ton dur, elle a dit à ma cliente : «Ce n'est pas un sac réglementaire !» Ma cliente, recourant à la technique de l'affrontement, lui a calmement expliqué qu'il s'agissait d'un sac réglementaire. «Non, ce n'en est pas un !» de lui répondre l'hôtesse. Ma cliente est alors passée à la technique de la furie. Retirant le sac de sous le siège, elle a crié : «Oui, c'en est un et je viens d'acheter ce billet pour le 9, c'est-à-dire aujourd'hui !»

L'hôtesse a souri, l'air penaud, en disant doucement : «Excusez-moi, voici votre billet. Je croyais que nous étions le 8.» Avant que l'hôtesse et son entourage s'éloignent, ma cliente, encore furieuse, s'est écriée : «Ce n'est pas comme cela que l'on doit traiter les passagers. Vous m'avez humiliée devant tout le monde en m'accusant d'avoir fait quelque chose de mal. Ce n'est pas juste !»

Le pilote, qui s'était approché quelques minutes auparavant, flairant sans doute quelque poursuite coûteuse, a offert à ma cliente un siège de première classe, ce qu'elle a accepté avec joie. Durant tout le vol, elle a appliqué la technique de l'expiration de la tension et celle du chasse-pensée, pour ne pas imaginer ce qui se serait passé si on l'avait fait débarquer et qu'elle avait ainsi manqué l'importante réunion du lendemain matin. Puis, avec la technique du fantasme, elle a visualisé l'hôtesse toxique qui était éjectée de l'avion au moment où elle tirait la chasse d'eau des toilettes.

Une fois arrivée, ma cliente a repris la technique de l'affrontement pour écrire à la compagnie aérienne. Celle-ci lui a fait parvenir une lettre d'excuse et lui a offert plusieurs billets de première ainsi qu'un bon de voyage à vie pour son chat. Ce n'est qu'à ce moment, quand justice a été rendue, que ma cliente est passée à la technique de la coupure.

Nous avons le choix

Nous sommes constamment agressés par des personnes toxiques. Elles s'insinuent un peu partout dans notre vie quotidienne. Plus question de nous enfuir et d'aller nous cacher. Il nous faut plutôt recourir à des techniques précises pour faire face à ces personnes. Nous ne sommes plus obligés d'être les victimes des personnes toxiques.

7

FAIRE FACE À LA COLÈRE ET À LA PEINE CAUSÉES PAR UNE RELATION TOXIQUE

- Être douloureusement honnête avec soi-même
- Reconnaître le véritable objet de sa colère
- Accepter les émotions contradictoires
- Rompre par lettre
- Rompre par téléphone
- Rompre en personne
- Rompre par le biais d'un tiers
- Les séquelles de la colère
  Ne jamais recourir à la violence
  Se défouler physiquement
  Se défouler verbalement
  Tenir un registre écrit ou verbal
  Rituel de destruction des photos
  Bain purifiant
  Renvoi des cadeaux
- Le réconfort de savoir que l'on récolte ce que l'on a semé
- La réussite est la meilleure vengeance
- Pardonner, c'est laisser aller et passer à autre chose

Être douloureusement honnête avec soi-même

Même si je crois que, en général, les gens sont foncièrement bons et qu'ils peuvent changer s'ils le veulent, je sais que certaines personnes ne changeront jamais.

Ils croient que c'est dans leur nature de se comporter comme ils le font. Une parabole popularisée par le film *Le Cri des larmes* illustre bien cette réalité : un scorpion souhaitait se rendre de l'autre côté d'une rivière. Pour lui, la seule façon de la traverser consistait à monter sur le dos d'une tortue. La tortue lui a dit : «Je ne peux te laisser monter sur mon dos. Tu risques de me piquer et alors je me noierais.»

Le scorpion lui a répondu : «Pourquoi te piquerais-je ? Si tu te noyais, je me noierais aussi. Pourquoi ferais-je quelque chose de si stupide ?»

Devant le raisonnement logique du scorpion, la tortue l'a laissé monter sur son dos. Au beau milieu de la rivière, le scorpion a piqué la tortue au cou. En se noyant, la tortue lui a demandé : «Pourquoi m'as-tu piqué ? Tu causes notre perte à tous deux.»

Le scorpion lui a répondu : «C'est dans ma nature.»

Les gens font parfois des choses parce qu'ils sont convaincus de ne pouvoir s'en empêcher. Vous leur donnez alors une deuxième chance, une troisième et ainsi de suite, jusqu'à ce que vous soyez déçu d'eux pour de bon.

Patricia, l'une de mes clientes, a rompu à plusieurs reprises avec l'homme qu'elle fréquentait depuis deux ans et s'est chaque fois réconciliée avec lui. Chaque fois qu'elle retournait dans ses bras, je lui demandais : «Sais-tu vraiment ce que tu fais ?» Patricia répondait invariablement : «Je lui donne une chance de plus, mais c'est la dernière.» Bien entendu, son amoureux la décevait de nouveau. Bien entendu, elle rompait. Et, bien entendu, elle finissait par retourner vers lui.

L'amoureux de Patricia était comme le scorpion de la

parabole : il était incapable de cesser de courir les jupons. Les occasions de s'amender que Patricia lui avait fournies le confirmaient bien. Une telle relation ne peut être réparée. Quand vous avez fait tout ce que vous pouviez, vous devez être douloureusement honnête, non seulement avec l'autre, mais aussi avec vous-même.

Certaines relations ne marcheront jamais. Il y a des gens dont les caractéristiques sont si toxiques pour vous qu'il vous est absolument impossible de vivre en contact avec eux. Dans ce cas, vous n'avez pas le choix. Rompez, pour votre propre bien. Nul besoin de sauver ceci ou cela. Laissez tout derrière vous, sauf votre dignité.

Reconnaître le véritable objet de sa colère

Nombreux sont ceux qui, leur vie durant, se sentent en colère, déprimés, mal aimés ou vides. Souvent, nous sommes conscients que quelque chose ne va pas, mais nous sommes incapables de mettre le doigt sur le problème.

Ce n'est qu'en examinant notre vie, en fouillant dans nos cœurs et en passant au peigne fin notre passé et notre présent que nous pouvons voir à quel point nous avons intériorisé les réactions hostiles que nous avons eues à l'endroit de certaines personnes toxiques. Nous sommes peut-être fâchés contre notre mère qui ne se comportait pas comme nous le souhaitions; nous en voulons peut-être à tous les hommes parce que nous n'arrivons pas à trouver le compagnon idéal et allons de déception en déception.

Vous ne devez vous en prendre à nul autre qu'à celui qui est à la source de votre colère — surtout pas à vous-même, sinon c'est vous qui deviendrez une personne toxique pour les autres.

La prochaine fois que vous vous gaverez de dessert, que vous snifferez une ligne de cocaïne, que vous fumerez du crack, que vous boirez toute la bouteille de whisky ou que vous fumerez cigarette sur cigarette, demandez-vous à qui vous en voulez vraiment. Généralement, vous découvrirez que ce n'est pas contre vous-même que vous en avez et vous pourrez ainsi cesser de vous maltraiter.

Marianne a découvert que c'était à son mari Dominateur qu'elle en voulait. Elle a utilisé avec lui la technique de l'affrontement, puis celle de la coupure. Par la suite, elle est arrivée à perdre les 40 kilos qu'elle avait pris au cours des 10 années précédentes.

Marguerite n'a plus eu envie de recourir à d'autres chirurgies plastiques après avoir compris que, si elle essayait de changer son apparence, c'était qu'elle en voulait à ses parents qui lui avaient répété durant son enfance qu'elle avait l'air d'un clown. Marguerite, regrettant de ne pas être parfaite, avait dirigé sa colère contre elle-même. Quand elle a enfin rompu les liens avec ses parents, elle est devenue une femme heureuse pour la première fois de sa vie.

Aller au fond des choses pour trouver l'objet réel de votre colère peut transformer votre vie, car vous cesserez de diriger vos sentiments négatifs contre vous-même et commencerez à vous aimer. Oscar Wilde a dit : «S'aimer soi-même, c'est le début d'une idylle qui dure toute la vie.»

Accepter les émotions contradictoires

Après avoir découvert la personne qui est à la source de vos problèmes, rappelez-vous que prendre la décision de mettre fin à cette relation toxique est ce que vous avez de mieux à faire pour renforcer votre estime de soi. Si vous éprouvez quelque remords ou sentiment de culpabilité, pensez simplement à la façon terrible dont cette personne vous a traité. Rester en contact avec elle ne ferait que stimuler votre colère et affaiblir l'estime que vous avez pour vous-même.

Malgré la haine que vous ressentez et la joie d'être enfin libéré, vous risquez d'être triste de vous séparer d'un parent, d'un ami de longue date, d'un conjoint, d'un membre de votre famille ou de quelqu'un qui fait partie de votre vie depuis longtemps. L'absence de cette personne pourrait être traumatisante pour vous. Ces émotions sont tout à fait naturelles, car vous faites votre deuil d'une relation, si toxique qu'elle ait pu être. Il est normal que vous éprouviez remords et culpabilité, même si vous êtes convaincu d'avoir pris la bonne décision.

Ne vous étonnez pas de ressentir une myriade d'émotions au moment de la rupture. Vous pleurerez peut-être ou vous crierez, danserez, chanterez, ou encore vous resterez silencieux. Vos réactions sont imprévisibles. Ne vous inquiétez pas; laissez-vous porter par le courant. Éprouvez ce que vous éprouvez, car cela facilitera le processus de guérison et de libération.

Rompre par lettre

L'une des meilleures façons de mettre fin à une relation consiste à le faire par lettre, car vous avez le temps de réfléchir à ce que vous souhaitez dire, de le récrire, de le réviser.

Au début de la lettre, passez en revue les sentiments positifs que vous avez eus à l'endroit de la personne toxique. Décrivez ensuite les effets que son comportement toxique a eus sur vous; expliquez ce que vous avez ressenti. Quand vous expliquerez pourquoi il vous est nécessaire de rompre, rappelez en détail des incidents précis.

Exprimez tous vos sentiments, sans exception. C'est là un excellent moyen de relâcher votre colère. Beaucoup de psychologues vous conseilleront d'écrire une lettre exprimant toutes vos émotions, mais de ne pas l'envoyer. Cependant, si vous voulez rompre la relation toxique, je crois que la personne en question doit savoir ce que vous pensez franchement d'elle, si pénible que ce soit de le lui apprendre. Pour ma part, je vous suggère d'envoyer la lettre. Parfois, en découvrant à quel point il a été toxique, le destinataire comprendra que son comportement a des répercussions et que les autres ne l'endureront pas toujours quand il fait des siennes. Si cette personne souhaite vivre d'autres relations importantes, elle acceptera peut-être de réfléchir sur son comportement toxique.

Quand vous décidez de mettre fin à une relation toxique au moyen d'une lettre, n'oubliez pas que les écrits restent, et peuvent servir de preuve contre vous. De plus, une lettre n'est pas nécessairement un moyen de communication confidentiel. Elle pourrait donc avoir des conséquences négatives. Votre lettre pourrait être lue par d'autres; elle pourrait être ridiculisée; elle pourrait être rejetée.

Voici deux lettres que deux de mes clients ont écrites pour mettre fin à une relation toxique. La première est écrite par une fille à son père.

Papa,

Je t'écris cette lettre pour te dire que tu n'es plus le bienvenu dans ma vie. Quand j'étais enfant, tu m'as abandonnée. Maintenant que je suis adulte, c'est moi qui t'abandonne.
Je te défends de me téléphoner, de m'écrire ou de me parler.
Tu n'as jamais fait partie de ma vie et tu n'en feras jamais partie.
Je pourrais te faire la liste de toutes les blessures que tu m'as infligées, te dire toute la douleur que tu m'as causée, mais je ne le ferai pas. Tu sais très bien ce que tu as fait. Dieu seul peut te pardonner; moi, j'en suis incapable.
Pour te rafraîchir la mémoire, voici huit des raisons pour lesquelles je te trouve méprisable :

1. *Tu ne m'as jamais téléphoné à mon anniversaire ou à Noël.*
2. *Tu ne m'as pas avertie quand tu t'es remarié; je l'ai appris par d'autres.*

3. *Tu es un radin, un pingre qui regardait dans le réfrigérateur pour voir ce que j'avais mangé durant ma visite et qui me le faisait payer.*
4. *Un jour, tu m'as réveillée à deux heures du matin et tu m'as frappée sans raison.*
5. *Tu volais dans mon portefeuille l'argent que j'avais durement gagné, pour t'acheter de la drogue.*
6. *Tu criais et tu me frappais au lieu de me parler.*
7. *Tu ne m'as pas inscrite comme bénéficiaire de ta police d'assurance-vie; tu es entêté et mesquin.*
8. *Tu me traites comme si je valais moins que rien; tu déprécies tout ce que je dis.*

Je te déteste. À mes yeux, tu es mort. Alors, n'entre plus jamais en contact avec moi.

Tu es un perdant, un égoïste indifférent aux autres.

Continue de vivre ta vie comme tu le veux, mais cesse de contaminer la mienne avec ta voix laide et tes paroles abjectes. Si tu me téléphones, je te raccrocherai au nez. Si tu m'écris, je déchirerai ta lettre sans la lire.

Adieu.

Cette lettre indique clairement à quel point cet homme a été toxique pour sa fille et combien il l'a maltraitée. De toute évidence, elle lui a fermé toutes les portes, car elle a souhaité que la rupture soit totale et définitive.

La lettre suivante a été envoyée par un homme à son ex-amoureuse.

Diane,

Je t'écris pour te dire que je ne veux plus que tu fasses partie de ma vie. Au fil des ans, tu m'as toujours blessé; je ne veux plus te donner l'occasion de me faire du mal; tu es toxique pour moi. La dernière déception que tu m'as fait subir montre à quel point tu es une personne irresponsable à qui il ne faut absolument pas se fier.

J'en aurais long à dire, mais je ne le ferai pas. J'ai perdu tout respect pour toi et je veux que tu sortes de ma vie.
Je veux oublier tes agissements, tes paroles dures et toutes les occasions où tu m'as déprécié. Je te chasse de ma vie.
Je me respecte trop pour te supporter une minute de plus.
Ne me téléphone pas; ne m'écris pas; n'essaie pas d'entrer en contact avec moi de quelque façon que ce soit. Tes lettres seront refusées, de même que tes appels. Si jamais j'entends ta voix au téléphone, je raccrocherai. Je ne veux plus jamais me trouver en ta présence. Laisse-moi tranquille. Continue ta vie comme bon te semble; c'est ce que je ferai, sans toi.

George

La lettre de George est honnête. Elle va droit au but. Diane sait qu'elle n'est plus la bienvenue dans sa vie.

Ces deux lettres sont d'excellents modèles à utiliser si vous voulez chasser définitivement quelqu'un de votre vie.

Rompre par téléphone

Certains préfèrent rompre une relation toxique par téléphone, à cause de la distance mécanique et physique que cet appareil maintient entre les interlocuteurs. Du fait que vous ne voyez pas l'autre, vous pourriez être en mesure de mieux vous exprimer.

Rappelez-vous de parler sans crier, car le téléphone est un micro qui capte et amplifie votre voix. Parlez lentement et distinctement. Attendez-vous à ce que l'autre se mette à crier. Soyez prêt à vous faire raccrocher au nez ou à ce que votre interlocuteur, n'en croyant pas ses oreilles, vous rappelle plusieurs fois.

Ayez un calepin à portée de la main; dressez la liste des choses que vous voulez dire, afin que la personne toxique sache tout ce que vous avez sur le cœur.

Rompre en personne

Nombreux sont ceux qui croient que l'affrontement en personne est la meilleure façon de mettre fin à une relation toxique, si pénible que cela soit.

Si vous choisissez de rompre ainsi, attendez-vous à ce que cette personne pleure, hurle, se déchaîne.

Vous voudrez sans doute que cette scène se déroule chez l'autre ou dans un petit restaurant tranquille où vous aurez une certaine intimité.

Si difficile que cela soit, parlez calmement et distinctement; essayez de garder votre sang-froid.

Rompre par le biais d'un tiers

Cette façon de faire peut vous paraître lâche, mais, de nos jours, il est souvent avantageux de recourir aux services d'un avocat, surtout quand il s'agit d'une relation d'affaires toxique.

Dans le cas d'une relation personnelle, vous pourriez préférer rompre par le biais d'une personne que vous connaissez tous deux. Cependant, votre intermédiaire doit savoir que c'est souvent le messager qui fait les frais des mauvaises nouvelles.

Par contre, le recours à un tiers permettra souvent de désamorcer la situation, de neutraliser la haine en présentant un point de vue objectif et dénué d'émotivité.

Les séquelles de la colère

Ne jamais recourir à la violence

Même après avoir recouru à toutes les méthodes appropriées pour soulager la douleur causée par une personne toxique, vous risquez d'être encore en colère et de vouloir vous venger.

Quoi que vous fassiez, ne cherchez jamais à vous venger physiquement. Ne recourez jamais à la violence pour régler vos comptes.

Si, furieux, vous avez envie de vous servir de vos poings, faites plutôt appel à la technique du fantasme. Restez sur le plan de l'imaginaire.

Ne laissez pas votre colère vous aveugler au point où vous poseriez des gestes dont vous devriez rendre compte plus tard.

Se défouler physiquement

Quand vous laissez libre cours aux sentiments que vous éprouvez à l'endroit de la personne toxique, il se peut que votre colère soit telle que la technique du fantasme ne réussisse pas à l'assouvir. Dans ce cas, pour vous en libérer, placez un oreiller sur votre visage et criez à pleins poumons. Vous pouvez aussi frapper un oreiller ou un sac de sable à grands coups de poing, en imaginant que vous frappez la personne à qui vous en voulez. Pourquoi ne pas choisir de vous défouler par la danse aérobie ou par les poids et haltères ? Quel que soit le moyen choisi, vous devez faire face à votre colère.

Se défouler verbalement

La verbalisation est un excellent moyen de libérer sa colère. Souvent, mieux vaut s'y livrer avec un spécialiste. Si vous parlez sans discrimination, vous pourriez raviver vos sentiments hostiles et négatifs. Choisissez bien votre interlocuteur. Les personnes qui n'ont pas reçu de formation professionnelle ou celles qui manquent de bon sens pourraient vous donner de mauvais conseils.

Confiez vos pensées les plus intimes à des amis ou à des membres de votre famille qui vous comprennent bien, ou encore à un spécialiste qui vous soutiendra et vous renforcera dans votre démarche personnelle.

Tenir un registre écrit ou verbal

Si vous souhaitez exprimer vos sentiments mais que vous n'avez personne à qui parler, songez à consigner vos pensées. Certaines personnes aiment bien écrire un journal; d'autres préfèrent confier leurs émotions à un magnétophone.

Ces deux avenues vous aideront à vous exprimer et à relâcher votre douleur et votre colère. Vous pourrez plus tard vous relire ou vous réécouter pour revivre vos émotions ou pour voir si elles ont changé avec le temps.

Il est essentiel que le journal ou les bandes sonores soient gardés sous clé. Ils sont vôtres; vous seul devez y avoir accès, sauf si vous souhaitez partager vos pensées les plus intimes. Si vous voulez que votre conjoint ou que l'être aimé prenne conscience de ce que vous avez traversé ou de la situation dans laquelle vous vous trouvez, vous pouvez lui montrer ce que vous avez écrit ou lui faire entendre vos enregistrements.

Rituel de destruction des photos

Parfois, vous êtes tellement fâché contre quelqu'un que vous ne voulez plus jamais le revoir, pas même en photo. Dans ce cas, vous pourriez trouver satisfaisant de déchirer toutes les photos de cette personne, voire de les brûler. Faites ce qu'il faut pour la chasser de votre vie.

L'une de mes clientes s'est débarrassée d'un ancien amoureux en déchirant ses photos en deux, puis en les brûlant et en regardant son visage se déformer sous l'effet du feu. Cet homme lui avait fait tant de mal qu'elle a tiré beaucoup de plaisir à le voir réduit en cendres, par le biais de la technique du fantasme.

Bain purifiant

Vous plonger dans un bain de mousse illuminé par des bougies peut vous donner un sentiment d'élévation spirituelle en plus de vous laver symboliquement d'une relation terminée. Quand l'eau du bain s'écoulera, elle entraînera avec elle la pollution de vos souvenirs toxiques.

Renvoi des cadeaux

De la même façon que vous ne voulez plus voir la personne ou son image, vous ne voudrez sans doute pas garder d'objets qui vous la rappellent, comme des cadeaux ou des vêtements. Retournez-lui ces objets, donnez-les ou jetez-les à la poubelle.

Le réconfort de savoir que l'on récolte ce que l'on a semé

La pensée que l'on récolte ce que l'on a semé pourra vous être d'un certain réconfort. Justice finit toujours par être rendue, quoique pas nécessairement dans l'immédiat. Le même principe existe dans toutes les croyances du monde : le bien engendre le bien, le mal engendre le mal.

Si vous traitez les autres avec bonté, ils vous le rendront au centuple; si vous les traitez mal, ils vous le rendront aussi au centuple.

L'une de mes clientes a vite subi les répercussions de son mauvais «karma» dans ses tentatives de séduire un homme qu'elle croyait riche mais qui ne l'attirait pas du tout. La jeune femme venait à mon cabinet tirée à quatre épingles et se vantait du fait qu'un homme d'un certain âge s'était épris d'elle et l'inondait de cadeaux. Elle m'a même dit qu'elle n'avait pas besoin de coucher avec lui — elle le trouvait répugnant — et elle se moquait du pauvre type parce qu'il se pliait à tous ses caprices.

Elle a appris par la suite qu'il n'était pas un pauvre type. En fait, il était aussi manipulateur qu'elle. L'homme censément fou d'elle lui a offert un voyage à New York avec lui; il lui a demandé d'utiliser sa carte de crédit en lui promettant de la rembourser par chèque à la fin du voyage. À leur retour, il lui a fait un chèque, mais tiré sur un compte bancaire fermé depuis longtemps. Ma cliente doit maintenant payer des milliers de dollars pour les repas, les déplacements, les sorties au théâtre et les cadeaux que, au fond, elle s'est offerts à elle-même.

Cette jeune femme a appris que rien n'est jamais gratuit

et qu'il ne faut pas croire que l'on peut exploiter quelqu'un sans avoir plus tard à le payer cher.

La réussite est la meilleure vengeance

Le film français *Coup de tête* illustre bien le fait que la réussite est la meilleure vengeance. Dans l'équipe de football d'une petite ville, un joueur de second ordre est considéré comme un perdant tandis que la communauté célèbre la réussite du club. À cause d'un malentendu, l'homme est condamné pour un crime qu'il n'a pas commis et jeté en prison.

En se rendant à un match dans une ville voisine, son équipe a un accident d'autocar. La plupart des joueurs sont blessés, et il faut un joueur de relève pour occuper une position clé durant le match. Les dirigeants de l'équipe parviennent à faire libérer l'homme pour qu'il participe au match. Celui-ci marque point après point et devient le héros de la rencontre. Même s'il a hâte de rentrer en prison, où les gardiens et les autres prisonniers le respectent parce qu'il est un footballeur, les dirigeants insistent pour obtenir sa libération permanente. Ils l'installent dans le meilleur hôtel. Tout le monde veut être son ami. On lui offre toutes sortes de cadeaux. Les femmes lui font des avances. On l'amène dans les meilleurs restaurants et on satisfait tous ses caprices, ce qui le dégoûte.

Notre héros organise une réception sous prétexte de remercier tous les notables qui l'ont si bien traité. En fait, il a l'intention de leur montrer à quel point ils sont hypocrites et, devant tout le monde, il les met dans l'embarras l'un après l'autre. Recourant à diverses méthodes d'affrontement, il fait en sorte que chacun se détruise lui-même. En faisant éclater la vérité, il devient l'homme le plus respecté de sa ville et conserve sa dignité.

L'une de mes clientes a connu la vengeance qu'apporte la réussite quand, à une réunion des anciennes de son école,

20 ans après la fin de ses études, elle a été couronnée la plus belle. Durant toutes ses études secondaires, elle avait été traitée comme un paria et tourmentée par ses camarades parce qu'elle était grosse, qu'elle portait des lunettes épaisses et qu'elle souffrait d'acné. Pour elle, le clou de la soirée a été l'invitation à danser que lui a faite l'homme qui avait été le plus beau et le plus couru de sa classe, mais celui aussi qui l'avait fait le plus souffrir. Elle a eu le plaisir de l'envoyer paître.

N'oubliez jamais que la réussite est la meilleure vengeance contre ceux qui ont été toxiques pour vous.

Pardonner, c'est laisser aller et passer à autre chose

Que vous ayez été toxique pour quelqu'un ou que quelqu'un l'ait été pour vous, vous devez pardonner. Pardonner ne signifie pas oublier. Pardonner, c'est se délester du poids de ce que l'on vous a fait subir. Cela ne signifie pas qu'il ne faut plus jamais repenser au mal que l'on vous a fait, mais simplement que vous devez cesser de vous maltraiter vous-même ou vous libérer de votre douleur. Vous devez relâcher les sentiments négatifs et la haine, parce que la haine détruit celui qui hait.

Quand vous nourrissez votre haine, vous perpétuez les émotions négatives et le ressentiment, non seulement dans la vie des autres, mais aussi dans la vôtre. La haine marque votre visage et votre cœur de traits hargneux.

Si vous éprouvez le besoin de consulter un spécialiste pour vous aider à régler vos problèmes avec la personne qui a ruiné votre vie, faites-le sans tarder. Celui-ci vous aidera à vous débarrasser de la haine, de la culpabilité et de l'apitoiement sur vous-même. Libérez-vous-en. Le pardon est le premier pas vers une vie exempte de toxicité.

7

IMPORTANCE DE LA PRÉSENTATION DE SOI : INVENTAIRE DE L'IMAGE TOXIQUE

- Votre humeur peut avoir un effet toxique sur les autres
- Premières impressions toxiques
- Inventaire de l'image toxique
- Mise en application de l'inventaire de l'image toxique

Votre humeur peut avoir un effet toxique sur les autres

Si l'humeur des autres peut avoir un effet sur vous, l'inverse est également vrai. Il est aisé de blâmer les autres pour expliquer sa mauvaise humeur. N'hésitez pas à examiner votre propre comportement. Rappelez-vous que lorsque vous pointez le doigt vers quelqu'un, trois autres de vos doigts pointent dans votre direction.

Si vous êtes aigri, les autres réagiront à votre hostilité ou à votre mauvaise humeur. Si vous avez toujours l'air renfrogné (manifestation de votre tourmente intérieure), sachez que vous rebuterez ainsi la plupart des gens et que ceux-ci vous éviteront.

Le monde rit avec celui qui rit, mais celui qui pleure pleure seul, dit-on. C'est vrai. Cela ne signifie pas que vous ne devez jamais être de mauvaise humeur ou déprimé. Sachez toutefois que lorsque vous l'êtes en présence des autres, vous vous exposez à leurs réactions négatives ou hostiles.

Le malheur s'acharnait sur Marlène. Elle venait de perdre l'emploi qu'elle avait depuis sept ans; elle était en train de divorcer; elle apprenait que son fils cadet souffrait d'une difficulté d'apprentissage.

Marlène était déprimée, avec raison. Cependant, elle n'arrivait pas à se débarrasser de sa mauvaise humeur. Les mois ont passé, les années. La tristesse de Marlène continuait de marquer son visage. Après trois ans, peu de choses avaient changé dans sa vie. Elle n'avait pas encore de relation sentimentale. Elle ne s'était pas trouvé d'emploi. Elle avait inscrit son fils dans une classe spécialisée. Elle vivait avec ses parents pour éviter de payer un loyer.

Son frère, alors qu'il passait ses vacances universitaires à la maison, s'est résolu à avoir une conversation franche avec elle. «Écoute, Marlène, chaque fois que je reviens à la maison, je te vois la mine renfrognée. Franchement, j'en ai assez de ta mauvaise humeur. C'est vrai que Martin a une difficulté d'apprentissage, mais au moins il fréquente une école où l'on s'occupe de lui. Maman et papa ont la gentillesse de t'aider en t'offrant un toit. Si tu ne t'es pas trouvé d'emploi, c'est d'abord parce que tu n'en as pas cherché. De toute façon, qui voudrait t'embaucher avec ton attitude négative ? Bien sûr, tu peux tout mettre sur le dos du mari qui t'a quittée. Mais tu dois mettre cela derrière toi. Maquille-toi un peu. Porte des vêtements plus sexy. Sors avec tes amies. Tu finiras bien par rencontrer quelqu'un. Et pour l'amour du ciel, souris un peu. Personne ne voudra s'approcher de toi si tu as l'air revêche tout le temps, comme si tu en voulais au monde entier !»

Marlène était abasourdie. Personne ne lui avait jamais parlé de cette façon; tout le monde l'avait toujours prise en pitié et choyée. Son jeune frère avait été le premier à lui parler en toute franchise. Il lui avait dit la vérité : à cause de son attitude négative, rien de bon ne lui arrivait dans la vie. Elle savait qu'il avait raison. Après avoir ressassé les paroles de son frère toute la semaine, Marlène a décidé de suivre ses conseils et de sortir avec une amie. Elle s'est forcée à sourire, même si elle n'en avait pas envie. Marlène n'a pas rencontré d'homme. Toutefois, elle a rencontré une femme, assise à la table voisine, qui cherchait quelqu'un pour administrer le bureau de son entreprise. Cette femme, impressionnée par le sens de l'humour de Marlène, lui a demandé de passer la voir au bureau le lundi matin suivant. Marlène s'est finalement trouvé un emploi.

Chaque jour, elle s'efforçait d'être de meilleure humeur. En se rendant au travail, elle se rappelait de se montrer enthousiaste et optimiste, et de ne pas ressasser les événements négatifs du passé. Cette nouvelle attitude s'est répercutée sur sa façon de répondre aux appels téléphoniques des clients. Marlène a établi un rapport privilégié avec l'un de ceux-ci, Robert, qui lui disait aimer sa personnalité pétillante. Ce compliment encourageait Marlène à persister dans ses efforts. Chaque fois que Robert lui téléphonait, ils plaisantaient ensemble. Un jour, il l'a invitée à déjeuner. Dès leur première rencontre, ils se sont plu. Par la suite, ils se sont fiancés. Tout cela s'est produit parce que Marlène avait décidé de changer d'attitude et s'était efforcée d'être plus gaie.

J'ai constaté la même chose dans ma vie. Quand tout se bouscule dans ma vie ou que les choses ne vont pas comme je le souhaiterais, je m'efforce de ne pas m'en prendre aux autres. Je garde une attitude amicale et positive et, tout à coup, toutes sortes de bonnes choses commencent à m'arriver, parce que les autres deviennent plus positifs avec moi.

Même si vous ne vous en rendez pas compte, votre mauvaise humeur peut avoir un effet négatif sur les autres : elle risque de les mettre eux aussi de mauvaise humeur, ce qui vous rendra encore plus revêche. On pourrait dire qu'il s'agit d'une contagion circulaire.

L'auteur de *Words That Hurt and Words That Heal*, le rabbin Joseph Telushkin, un bon ami à moi, pose la question suivante durant ses conférences : «Combien d'entre vous pensent être de bonnes personnes ?» Généralement, tous les membres de l'assistance lèvent la main. Il leur dit ensuite que la plupart des gens se croient bons, mais changeraient d'idée s'ils demandaient à leurs ennemis ce qu'ils pensent d'eux.

Ce que Telushkin veut dire, c'est que vous êtes peut-être toxique pour les autres, de la même façon que les autres peuvent l'être pour vous. Certains de vos traits de caractère irritent peut-être votre entourage. Cela est normal : personne n'est parfait. Vous rendez peut-être les autres fous ou leur faites la vie dure sans vous en rendre compte, à cause de votre personnalité ou de votre attitude.

Tout le monde le sait, on ne peut plaire à tous tout le temps; on ne peut être aimé de tous. Pensez-y périodiquement; votre vie n'en sera que plus facile.

Premières impressions toxiques

La première impression que les autres se feront de vous marquera leur rapport avec vous. Souvent, les gens ne vous aiment pas pour des motifs qui ne sont pas valables : à cause de ce que vous êtes, par jalousie, parce que vous leur rappelez quelqu'un qu'ils détestent... Vous n'y pouvez rien. Cependant, vous avez le moyen d'agir pour changer certaines choses afin que les autres vous perçoivent d'un œil plus favorable : apparence générale, façon de vous adresser aux autres, attitudes corporelles et langage gestuel, expressions faciales, ton de la voix, choix des mots, façon de toucher quelqu'un, de lui serrer la main, de l'écouter.

Tout cela peut modifier la perception que les autres ont de vous, leur rapport avec vous et la façon dont ils vous traitent.

Rappelez-vous l'élève le plus détesté quand vous alliez à l'école. Souvent, son impopularité n'avait rien à voir avec sa personnalité, mais plutôt avec son apparence. Cet élève s'habillait peut-être bizarrement ou portait les vêtements démodés ou trop grands qu'il avait hérités de ses frères ou sœurs aînés. Peut-être qu'il sentait mauvais, que ses vêtements étaient sales, que son visage ou ses cheveux n'étaient pas propres.

Le pauvre enfant ne pouvait rien changer à cela; c'était la faute de ses parents. Malheureusement, certains parents sont plus coupables que d'autres à cet égard.

Ma cliente Lyne était l'enfant la plus pauvre de son école. Elle vivait dans une caravane et ne possédait que trois robes et une seule paire de souliers. Son père était toujours absent et sa mère, alcoolique, vivait de l'aide sociale. Lyne m'a dit que, à cause de la façon dont sa mère l'habillait pour l'envoyer à l'école, tous les enfants la détestaient et se moquaient cruellement d'elle.

Arrivée à l'école secondaire, Lyne s'est trouvé un petit travail qui lui a permis de mieux s'habiller et de soigner davantage son apparence. Mais les enfants n'avaient pas oublié sa réputation. Elle n'était pas acceptée par eux, malgré ses nouveaux vêtements et toute sa gentillesse. Diplôme en main, elle a quitté sa ville pour commencer une nouvelle vie et se libérer de son image toxique passée.

Même enfants, nous jugeons superficiellement les autres. Nous choisissons souvent nos amis en fonction de leur apparence et de leur façon de s'habiller.

Adultes, nous continuons de juger les autres à partir des mêmes critères, que nous le reconnaissions ou non. Les traits physiques et certains autres éléments extérieurs nous font percevoir comme toxique telle ou telle personne.

Des recherches démontrent qu'une personne de belle apparence qui s'exprime bien est perçue comme étant plus séduisante, plus intelligente, plus énergique, plus aimable, plus excitante, plus crédible et réussissant mieux dans la vie.

Les avocats sont très conscients de la force de l'image à la cour. C'est pourquoi ils précisent à leurs clients ou témoins ce qu'ils doivent porter et la façon dont ils doivent s'exprimer.

Ma propre recherche m'enseigne que les gens qui ne sont pas physiquement attrayants mais qui savent bien s'exprimer sont considérés comme plus attirants et plus intelligents, et que les autres recherchent leur compagnie.

Même des personnes «bien» peuvent se présenter d'une façon qui rebute les autres, sans savoir pourquoi.

Faites l'inventaire de l'image toxique pour identifier vos traits qui sont potentiellement toxiques.

Inventaire de l'image toxique

L'inventaire de l'image toxique vous aidera à déterminer ce qu'il y a de rebutant pour vous dans l'image de quelqu'un. Vous pouvez aussi vous en servir pour vous auto-analyser. Par exemple, vous n'avez peut-être jamais songé à ce que les autres perçoivent chez vous quand ils voient vos épaules voûtées. Vous ne prenez peut-être jamais soin de vos ongles, qui sont sales ou rongés. Que vous le vouliez ou non, ces éléments influencent la façon dont les autres vous perçoivent. Votre première réaction sera peut-être de dire : «Et alors ? Je me moque de la perception que les autres ont de moi.» Vous avez tort de penser ainsi si vous souhaitez rivaliser avec les autres et être gagnant sur le marché compétitif de l'emploi, dans le climat d'instabilité économique actuel.

Au moyen de cet inventaire, vous pouvez analyser chaque élément de votre image personnelle. Vous pouvez déterminer si vous, ou une autre personne, présentez une image toxique en ce qui a trait aux vêtements, aux cheveux, aux ongles, à la peau, à l'hygiène, à la bouche, au langage corporel, aux expressions faciales, à l'expression et à l'élocution, et à la communication.

Faites l'inventaire en répondant oui ou non aux questions suivantes.

Habillement toxique

1. Porte-t-il des vêtements mal adaptés aux circonstances ?
2. Au travail, porte-t-il des vêtements qui ne conviennent pas ?
3. Généralement, ses vêtements sont-ils sales ?
4. La plupart du temps, ses vêtements sont-ils froissés ?
5. Ses vêtements sentent-ils souvent la transpiration ou la fumée de tabac ?
6. Porte-t-il généralement du polyester ?
7. Ses vêtements manquent-ils d'élégance ou sont-ils démodés ?
8. Porte-t-il des vêtements trop serrés ?
9. Porte-t-il des vêtements trop larges ?
10. Porte-t-il des vêtements inconfortables ?
11. Est-elle trop maquillée ?
12. Son maquillage est-il démodé ?

Chevelure toxique

1. Au travail, son style de coiffure est-il approprié ?
2. Son style de coiffure lui convient-il, dans la vie de tous les jours ?
3. Ses cheveux sont-ils gras ?
4. Ses cheveux sont-ils souvent sales ?
5. Ses cheveux sont-ils secs, cassés ou emmêlés ?
6. Ses cheveux sont-ils rebelles et ébouriffés ?
7. Ses cheveux sont-ils rarement coupés, coiffés ou brossés ?

8. Ses cheveux sont-ils d'une couleur autre que blond, châtain, noir, gris, blanc, roux brun ou auburn ?
9. Ses cheveux sont-ils abîmés ?
10. Porte-t-il une perruque ou un postiche mal adapté ?
11. Sa perruque ou son postiche est-il d'une couleur autre que celle de sa chevelure naturelle ?
12. Est-il évident qu'il porte un postiche ou une perruque ?
13. Sa moustache ou sa barbe est-elle sale ?
14. Est-il mal rasé ?
15. A-t-elle de la moustache ?
16. A-t-elle des poils sur le visage ?
17. A-t-il de longs poils qui lui sortent du nez ?
18. A-t-il des poils sur le nez ?
19. A-t-il des poils sur ou dans les oreilles ?
20. Ses sourcils sont-ils en broussaille ?

Ongles toxiques

1. Ses ongles sont-ils sales ?
2. Ses ongles sont-ils trop longs ?
3. Ses ongles sont-ils rongés ?
4. Son vernis à ongles est-il écaillé ou mal appliqué ?
5. Ses ongles sont-ils jaunis ?
6. Ses ongles sont-ils difformes ?

Peau toxique

1. A-t-il de gros boutons ?
2. Son visage est-il grêlé ?
3. Sa peau est-elle squameuse ou trop sèche ? Pèle-t-elle ?
4. Sa peau est-elle grasse, huileuse ou trop luisante ?
5. Sa peau est-elle rouge et irritée ?
6. Sa peau est-elle marbrée ?
7. Son visage est-il couvert de comédons ?
8. A-t-il de l'acné ?
9. A-t-il des grains de beauté disgracieux ?
10. A-t-il un mélanome ?
11. A-t-il des verrues ?

12. A-t-il des éruptions ?
13. Sa peau est-elle décolorée ?
14. Sa peau est-elle trop pâle ?
15. Sa peau est-elle trop ridée ou trop flasque ?
16. Sa peau est-elle jaunâtre ?
17. Sa peau est-elle verdâtre ?
18. Sa peau est-elle terreuse ?

Hygiène toxique

1. Se lave-t-il moins d'une fois par jour ?
2. Son corps sent-il mauvais ?
3. Ses aisselles sentent-elles mauvais ?
4. Son appareil génital exhale-t-il une odeur désagréable ?
5. A-t-il mauvaise haleine ?
6. Porte-t-il trop d'eau de Cologne ou de parfum ?
7. A-t-il du cérumen visible dans les oreilles ?
8. Son visage est-il sale ?
9. A-t-il le cou sale ?
10. Transpire-t-il beaucoup ?

Bouche toxique

1. A-t-il des boutons sur les lèvres ?
2. A-t-il les lèvres sèches et qui pèlent ?
3. A-t-il souvent de l'écume au coin des lèvres ?
4. Est-ce qu'il bave quand il écoute, qu'il parle ou qu'il mange ?
5. A-t-il les dents sales ?
6. A-t-il les dents tachées ou jaunies ?
7. A-t-il des dents cassées ou ébréchées ?
8. A-t-il les dents irrégulières, mal formées, qui se chevauchent ?
9. Postillonne-t-il en parlant ?
10. Ses gencives sont-elles enflées et rouges ?
11. A-t-il des dents de lapin ?
12. Sa mâchoire inférieure est-elle proéminente ?
13. A-t-il de grosses mâchoires ?

Langage corporel toxique

1. Se tient-il trop près de son interlocuteur ?
2. Se tient-il trop loin de son interlocuteur ?
3. Se tient-il à côté de son interlocuteur plutôt que face à lui ?
4. Touche-t-il trop son interlocuteur ?
5. Se touche-t-il constamment ?
6. Se tient-il le dos voûté ?
7. Se tient-il trop raide, comme un robot ?
8. Son attitude est-elle avachie ?
9. Baisse-t-il la tête lorsqu'il parle ou écoute ?
10. Bat-il des bras quand il parle ?
11. A-t-il un mouvement de recul chaque fois qu'on le touche ?
12. Ses mains sont-elles moites ?
13. Sa poignée de main est-elle trop vigoureuse ?
14. Sa poignée de main est-elle trop molle ?
15. Serre-t-il la main trop longtemps (plus de trois secondes) ?
16. Se balance-t-il lorsqu'il parle ou écoute ?
17. Se balance-t-il dans son fauteuil lorsqu'il parle ?

Expressions faciales toxiques

1. Regarde-t-il de côté lorsqu'il parle à quelqu'un ?
2. Regarde-t-il un peu partout dans la pièce lorsqu'il parle à quelqu'un ?
3. Plisse-t-il les yeux ou le front, ou fronce-t-il les sourcils lorsqu'il parle ou écoute ?
4. Évite-t-il de regarder son interlocuteur ?
5. Examine-t-il de la tête aux pieds la personne qu'il rencontre pour la première fois ?
6. Projette-t-il la mâchoire, ce qui lui donne un air fâché ?
7. A-t-il généralement l'air renfrogné et triste ?
8. A-t-il les lèvres tendues ?
9. Son sourire est-il forcé et pincé ?
10. Arbore-t-il en permanence un sourire factice ?

11. Sa lèvre supérieure se retrousse-t-elle quand il sourit, ce qui indique qu'il n'est pas réellement heureux ?
12. Son regard est-il éteint lorsqu'il écoute quelqu'un ?
13. Son visage exprime-t-il généralement l'ennui ?
14. Hausse-t-il les sourcils ou écarquille-t-il les yeux quand il écoute, ce qui donne l'impression qu'il doute ou qu'il a peur ?
15. Dévisage-t-il les gens ?
16. Cligne-t-il trop des yeux ?
17. Plisse-t-il trop les yeux ?
18. Son expression faciale normale est-elle tendue ?
19. A-t-il la bouche ouverte quand il écoute ?
20. Son expression faciale normale est-elle hargneuse ?
21. Son expression faciale normale est-elle triste ?
22. Serre-t-il les mâchoires quand il parle, ou parle-t-il sans desserrer les dents ?

Langage et voix toxiques

1. Parle-t-il trop fort ?
2. Parle-t-il trop bas ?
3. Sa voix s'affaiblit-elle à la fin de ses phrases au point d'être inintelligible ?
4. Le fait-on souvent répéter ?
5. Répond-il souvent «je ne sais pas» quand on lui pose des questions ?
6. Reste-t-il silencieux durant les conversations, comme s'il ne savait pas quoi dire ?
7. Parle-t-il comme s'il s'ennuyait, d'un ton monocorde ?
8. Ennuie-t-il les gens lorsqu'il leur raconte une histoire ?
9. Sa voix est-elle trop aiguë ?
10. Sa voix est-elle grinçante ?
11. Sa voix craque-t-elle, surtout à la fin des phrases ?
12. Marmonne-t-il ?
13. Rit-il trop bruyamment ?
14. Parle-t-il trop vite ?
15. Sa voix est-elle souvent rauque ?

16. Emploie-t-il des mots mal appropriés au contexte ?
17. Sa syntaxe laisse-t-elle à désirer ?
18. Son élocution est-elle saccadée ?
19. Sa voix est-elle voilée ?
20. Halète-t-il en parlant, ce qui ferait paraître son élocution laborieuse ?
21. Expire-t-il complètement avant de parler, de sorte que sa voix est forcée ?
22. S'éclaircit-il la voix pendant qu'il parle ?
23. Se lèche-t-il les lèvres avant de parler ?
24. Sa voix est-elle râpeuse ?
25. Nasille-t-il ?
26. Prononce-t-il mal certains mots ?
27. Prononce-t-il mal certains sons ?
28. Parle-t-il si vite qu'on doit le faire répéter ?
29. Parle-t-il si lentement qu'il oublie le début de ses phrases ?
30. Se répète-t-il souvent ?
31. Raconte-t-il souvent la même histoire ?
32. Hésite-t-il souvent en parlant ?
33. Bégaie-t-il ou balbutie-t-il ?
34. Parle-t-il d'une voix geignarde ?
35. Est-ce qu'il zézaie ?
36. Abuse-t-il des mots d'argot ?
37. Dit-il souvent «euh», «vous savez» et autres tics verbaux du genre ?
38. A-t-il un accent ou parle-t-il un jargon qui le rendent difficile à comprendre ?

Communication toxique

1. Aime-t-il cancaner ?
2. Dénigre-t-il les gens ?
3. Mène-t-il les autres par le bout du nez ?
4. A-t-il l'habitude de vociférer ?
5. Est-il cordial avec les gens pour ensuite médire dans leur dos ?
6. Se querelle-t-il souvent ?

7. Se fait-il souvent l'avocat du diable rien que pour le plaisir d'ergoter ?
8. Est-il avare de compliments ?
9. Est-il flagorneur ?
10. Flatte-t-il les gens pour obtenir quelque chose d'eux ?
11. Quand il est fâché, se contient-il jusqu'à ce qu'il éclate ?
12. Plaisante-t-il beaucoup et prend-il tout à la légère ?
13. Aime-t-il déprécier les gens et se moquer d'eux ?
14. Se vante-t-il souvent de ses biens ou de ses réussites ?
15. Exagère-t-il souvent ?
16. Invente-t-il des histoires, souvent pour se mettre en valeur ?
17. Lui est-il difficile de garder un secret ?
18. En dit-il trop long ?
19. A-t-il de la difficulté à en venir au fait ?
20. Faut-il toujours qu'il soit le point de mire ?
21. Cherche-t-il à tout savoir sur les autres sans jamais rien révéler sur lui-même ?
22. Accapare-t-il généralement la conversation ?
23. Change-t-il de sujet au beau milieu de la conversation ?
24. Ignore-t-il les questions des autres pour continuer de parler de ce qu'il veut ?
25. Interrompt-il souvent les autres ?
26. Répond-il souvent aux questions qui ne s'adressent pas à lui ?
27. Croit-il que ce qu'il dit est plus important que ce que les autres disent ?
28. Lui est-il difficile d'écouter le point de vue des autres ?
29. Dans les moments tristes ou graves, est-ce qu'il rit inopportunément ?
30. Est-il tendu et nerveux quand il rencontre des gens ?
31. Parle-t-il comme un idiot ?
32. Émaille-t-il toujours sa conversation de noms de gens en vue ?
33. Ses propos sont-ils la plupart du temps négatifs ?

34. Se plaint-il beaucoup ?
35. Jure-t-il ou blasphème-t-il souvent ?
36. Parle-t-il comme un bébé pour vous attendrir ?
37. Emploie-t-il des mots recherchés pour impressionner les gens ?
38. Se perd-il souvent dans des digressions ?
39. Parle-t-il trop ?
40. Pose-t-il trop de questions ?
41. Pose-t-il des questions indiscrètes ?
42. Oublie-t-il d'écouter ceux qui parlent parce qu'il réfléchit déjà à ce qu'il va dire ?
43. Est-il distrait quand les autres parlent ?
44. Parle-t-il trop de lui-même ?
45. Donne-t-il l'impression de ne parler qu'à ceux dont il peut tirer quelque avantage ?
46. Essaie-t-il toujours de convaincre les autres de ce qu'il est et de ce qu'il fait ?
47. Est-il au courant de bien des choses et s'en vante-t-il, parfois aux dépens des autres ?
48. Sermonne-t-il les autres au point de monologuer au lieu de dialoguer ?
49. Est-il toujours en train de dénigrer quelqu'un ?
50. Fait-il trop de remarques sarcastiques sur ceci ou cela ?
51. Parle-t-il toujours comme s'il était fâché ?
52. Est-il désagréable de lui parler ?
53. Les histoires qu'il raconte sont-elles interminables ?
54. Lui est-il difficile de dire quelque chose de gentil aux autres ?
55. Faire un compliment le met-il mal à l'aise ?
56. Ricane-t-il nerveusement ?
57. Cherche-t-il toujours ses mots ?
58. Aime-t-il s'entendre parler ?
59. Donne-t-il parfois l'impression de manquer de logique ?
60. Lui est-il difficile de changer de point de vue même quand il sait qu'il a tort ?

61. Répugne-t-il à s'excuser quand il a fait quelque chose de mal ?
62. Lui arrive-t-il souvent de mettre les pieds dans le plat ?
63. Hausse-t-il le ton ou amorce-t-il une dispute à la moindre provocation ?
64. Quand il doit dire quelque chose de négatif, est-il brusque et peu diplomate ?
65. Est-il mal à l'aise quand on lui fait un compliment ?
66. Quand on parle en bien de lui, est-il mal à l'aise ?
67. Dit-il tout ce qui lui passe par la tête ?
68. Vocifère-t-il quand il est en colère ?
69. Sa conversation consiste-t-elle surtout en taquinerie et en flirt ?
70. Lui est-il difficile de demander de l'aide quand il en a besoin ?
71. Taquine-t-il les autres sur des sujets sur lesquels ils sont particulièrement sensibles ?
72. Lui est-il difficile de communiquer avec quelqu'un qui lui a présenté des excuses, parce qu'il lui en veut encore ?
73. Impose-t-il ses opinions aux autres ?
74. Se referme-t-il comme une huître aussitôt que quelque chose le dérange ?
75. S'attend-il à ce que ses amis intimes devinent ce qu'il pense ou ressent ?
76. Lui arrive-t-il souvent de pleurer quand il doit affronter une situation difficile ?
77. La plupart du temps, répond-il par un simple oui ou non au lieu d'élaborer une réponse ?
78. A-t-il tendance à accaparer la conversation et à ne pas donner aux autres la chance de parler ?

Application de l'inventaire

Savoir c'est pouvoir. Si vous avez reconnu quelqu'un dans cet inventaire ou si vous vous êtes reconnu vous-même, ne vous découragez pas : s'il s'agit de vous-même, vous avez le pouvoir de changer bon nombre de ces points. Faites davantage attention à votre hygiène ou à votre habillement, ou modifiez votre façon de parler ou de communiquer avec les autres, et vous améliorerez ainsi l'impression que vous donnez aux autres. Bien entendu, il y a des choses que vous ne pouvez changer, mais le simple fait d'être conscient de ces éléments négatifs vous aidera à présenter une image moins toxique.

Dites-vous que, si vous avez répondu oui à l'une ou plusieurs des questions, vous devez modifier certains éléments de votre personne ou de votre personnalité.

Bien souvent, la conscience de faire quelque chose de négatif sera le catalyseur qui vous permettra de vous corriger. En prêtant attention à vos comportements toxiques, vous arriverez à vous en débarrasser. Si vous éprouvez encore de la difficulté à enrayer ces comportements, pourquoi ne pas consulter un psychologue ? L'Ordre des psychologues de votre région vous en recommandera un.

Si vous avez utilisé l'inventaire pour étudier une personne toxique de votre entourage et avez maintenant découvert ce qui vous rebute en elle, le simple fait de le savoir suffit peut-être à dissiper vos sentiments négatifs, afin qu'ils ne s'accumulent pas en vous.

Par contre, maintenant que vous connaissez la nature du problème, il se peut que vous souhaitiez dire à cette personne toxique ce qui vous irrite chez elle. Vous trouverez au chapitre suivant des techniques qui vous permettront de le faire.

11

RECONSTRUIRE UNE RELATION TOXIQUE

- Les gens peuvent changer
- Savoir c'est pouvoir
- Entrer en contact
  Par lettre
  Par téléphone
  En personne
  S'attendre à une réaction
- Aimer, c'est aussi dire que l'on regrette d'avoir été toxique
- Faire amende honorable
- Reconstruire une relation toxique
- Repartir à zéro
- Demander l'aide de la personne pour qui on a été toxique
- Bien choisir ses mots
- Un peu de douceur
- Établir de nouvelles règles

Avant de décider de reconstruire ou non une relation toxique, posez-vous les questions suivantes :

1. Êtes-vous disposé à essayer de nouveau ?
2. Arriverez-vous à pardonner à cette personne ou celle-ci parviendra-t-elle à vous pardonner ?
3. Votre vie est-elle vide ou moins productive sans cette personne ?
4. Êtes-vous prêt à faire le premier pas ?
5. Êtes-vous disposé à passer l'éponge et à repartir à zéro ?

Si vous avez répondu oui à l'une ou à plusieurs de ces questions, vous avez des chances de renouveler votre relation.

Dans le présent chapitre, je vous montrerai comment le faire efficacement, que vous soyez la personne toxique ou sa victime. Vous trouverez sans doute la situation gênante, mais vous apprendrez vite à vous sentir à l'aise quand vous tendrez la main.

Les gens peuvent changer

Il ne faut jamais dire jamais. Ce n'est pas parce que vous trouvez quelqu'un toxique aujourd'hui que ce sera aussi le cas demain. Songez à ce qui se passe en politique internationale. Les ennemis deviennent amis. Juifs et Arabes s'assoient à la même table et négocient dans l'espoir de se réconcilier. Russes et Américains se rencontrent régulièrement. Le rideau de fer est tombé.

Qui aurait cru que tout cela allait se produire ? Si le mur de Berlin est tombé, pourquoi le mur érigé par les personnes toxiques ne le pourrait-il pas aussi ? «Chassez le naturel, il revient au galop», dit-on. Ce n'est pas toujours vrai.

Les êtres humains peuvent changer, surtout quand ils le veulent et, plus important encore, surtout s'ils deviennent plus conscients de leurs attitudes et comportements. La vaste majorité des gens veulent s'améliorer; ils ignorent tout simplement comment y arriver.

«Mieux vaut ne pas savoir», dit-on aussi. Cela, ce n'est pas vrai. Il faut savoir. En fait, savoir c'est pouvoir. C'est la connaissance qui donne le pouvoir de changer. On peut parfois «éduquer» les personnes les plus toxiques afin qu'elles modifient leur attitude face à la vie et qu'ainsi elles deviennent moins toxiques pour les autres et pour elles-mêmes.

Ce n'est qu'au moment où vous serez conscient des faits que vous détiendrez le pouvoir de changer. Si les êtres humains détestent ceux qui sont différents, c'est par ignorance. Cela est particulièrement évident en ce qui concerne les préjugés raciaux.

À mesure que les gens deviennent plus éduqués et plus conscients, ils se rendent compte qu'il est ridicule et futile de haïr ceux-ci ou ceux-là pour ce que leurs ancêtres ont fait il y a des siècles. L'un des exemples les plus frappants de cette conscience renouvelée, c'est peut-être le cas des luthériens qui, même s'ils souscrivent aux idées du réformateur Martin Luther, ont récemment répudié ses affronts aux Juifs et au judaïsme.

Il a fallu quatre siècles pour y arriver. Néanmoins, cette évolution renouvelle notre espoir de jeter des ponts entre les religions et les systèmes de croyance.

C'est en reconnaissant ce qui nous unit en tant qu'êtres humains que nous pourrons vaincre les préjugés que nous nourrissons contre les gens que nous croyons différents.

Savoir c'est pouvoir

Savoir comment traiter une personne toxique désamorcera votre animosité envers elle et, mieux encore, modifiera votre comportement avec elle et le sien avec vous. Les 10 techniques proposées au chapitre 6 vous permettront de réparer une relation toxique.

L'une de mes clientes, Marissa, qui ne s'était jamais entendue avec son père, a appris ces techniques. Elle a rendu visite à son père à l'occasion d'une fête familiale et, pour la première fois de sa vie, elle a pu avoir une conversation normale avec lui. En recourant aux techniques de l'affrontement, de l'expiration de la tension, de l'interrogation calme et du désamorçage, elle a appris sur lui des choses qu'elle ignorait et s'est rendu compte qu'il était «un brave homme». Elle l'avait toujours vu comme un machiste autoritaire. Ce jour-là, elle a constaté que, au fil des ans, il s'était transformé en un homme ouvert, compréhensif et libéral. Marissa a appris que la communication par l'intermédiaire des techniques proposées peut révéler sous un nouveau jour une personne naguère toxique.

Savoir c'est pouvoir, surtout quand cette connaissance vous ouvre de nouvelles avenues et vous donne des outils grâce auxquels vous pouvez modifier des situations du tout au tout. En comprenant les motifs profonds qui poussent les gens à agir comme ils le font, vous ferez preuve de plus de compassion et parviendrez ainsi à leur pardonner.

Kelly avait également une relation tumultueuse avec son père. Selon elle, le comportement violent qu'il avait eu avec elle lui avait fait beaucoup de tort. Sur le point de se marier et de commencer une nouvelle vie, la jeune femme a décidé de mettre les choses au clair avec son père.

En discutant avec lui, elle a appris qu'il avait beaucoup souffert au Viêt-nam durant sa captivité. Ces souffrances l'avaient brisé sur le plan psychologique. Incapable de faire confiance à personne, il était devenu paranoïaque. Malheureusement, ce problème se manifestait par des emportements contre sa fille. Quand Kelly a appris toutes les souffrances que son père avait endurées, elle a mieux compris son attitude et elle a décidé de donner une seconde chance à sa relation avec lui. Aujourd'hui, ils sont très proches l'un de l'autre et s'entendent merveilleusement.

Vous ne saurez jamais pourquoi une personne est toxique pour vous si vous vous défilez, si vous ne lui posez pas de questions et si vous refusez de communiquer avec elle. Vous serez sans doute étonné par ce que vous découvrirez.

Vous verrez un côté de cette personne que vous n'aviez jamais soupçonné. Cette connaissance vous libérera de la douleur intérieure qui vous ronge depuis des années; vous comprendrez alors que les gens peuvent changer.

Je pourrais citer d'innombrables exemples de personnes brouillées qui ont été réunies après avoir accepté de dialoguer et d'essayer de se comprendre mutuellement. Du fait qu'elles ont voulu voir la situation d'un autre point de vue que le leur, elles ont pu faire preuve de plus de compassion et de tolérance.

Quand nous arrivons à nous ouvrir l'esprit et à comprendre la personne qui nous semblait toxique, nous finissons par ouvrir notre cœur aussi.

Durant leur enfance, Charles et son frère Brad étaient très proches. Charles était le grand frère, l'athlète macho, tandis que Brad était petit et délicat. Plus tard, Charles a commencé à soupçonner que Brad était homosexuel, mais il ne lui en a pas parlé. Même si Brad a imité son grand frère en s'enrôlant dans l'armée, en se mariant et en ayant des enfants, il n'a pas effacé la réalité de son orientation sexuelle. Quand il a finalement accepté cette réalité, c'est à Charles qu'il s'est confié. Mais ce dernier a réagi en lui donnant un coup de poing au visage qui lui a cassé deux dents.

Les deux frères se sont éloignés : Charles détestait Brad et ne voulait plus lui parler. Un jour que Charles regardait à la télévision un documentaire sur un couple homosexuel atteint du sida, il s'est mis à sangloter, car il a compris à quel point il aimait son frère. Il a compris que, quand la vie de quelqu'un est en danger, tous les préjugés se dissipent. Il a immédiatement téléphoné à Brad. Les deux frères se sont retrouvés. Malgré leurs différences, ils ont fait revivre leur relation jadis si intime. Bien que Charles n'approuve pas le style de vie de Brad, il aime son frère et l'accepte totalement.

Entrer en contact

Si vous voulez reconstruire ou faire renaître une relation devenue toxique, plusieurs avenues s'ouvrent à vous. Vous pouvez entrer en contact avec la personne en question par lettre, par téléphone ou par une rencontre face à face. Quelle que soit la méthode choisie, prenez garde de ne pas insulter ou accuser cette personne. Votre intention n'est pas de lui prouver qu'elle a tort. Vous souhaitez plutôt exprimer vos sentiments, afin de mieux comprendre son comportement.

Par lettre

La meilleure façon d'amorcer le contact avec cette personne est sans doute de lui écrire. N'oubliez pas que vous essayez d'ouvrir la communication avec elle, pas de la fermer. Par conséquent, ne l'attaquez pas. Faites en sorte que le destinataire se sente assez en confiance pour faire le pas suivant et répondre à votre lettre. Voici une lettre que l'un de mes clients a envoyée à son père avec qui il était brouillé.

Cher papa,
Je t'écris cette lettre que j'aurais dû t'écrire depuis longtemps parce que j'ai besoin de régler certaines questions qui me troublent depuis toujours. Je souffre de problèmes émotionnels qui nuisent à ma vie personnelle et à ma vie professionnelle.
Mon intention n'est pas de te faire sentir coupable ni de déterminer qui a raison et qui a tort. Je veux simplement comprendre les motifs de ton comportement, afin de pouvoir passer à autre chose.
Tu te demandes sans doute pourquoi je pense à ces choses-là, moi qui ai 46 ans. C'est parce que je me suis rendu compte que beaucoup de mes problèmes (ma peur de parler en public, par exemple, mon bégaiement quand je suis stressé, l'importance exagérée que j'accorde à l'opinion que les autres

se font de moi, surtout s'ils sont en position d'autorité) sont directement reliés à la relation que j'ai eue avec toi.

Tout enfant a besoin et souhaite que son père le soutienne et l'admire. Tout enfant respecte son père et se trouve valorisé quand son père l'aime et croit en lui. Quand j'étais jeune, j'avais une admiration sans borne pour toi. Mais j'avais toujours l'impression que mes efforts étaient insuffisants. Je n'ai jamais senti que tu m'acceptais, que tu étais là pour moi sur le plan affectif. Tu ne m'as jamais encouragé ou félicité quand je réussissais à l'école ou dans les sports. Tu n'as jamais assisté aux activités scolaires auxquelles je participais. J'en ai déduit que tu ne t'intéressais pas à moi. Tu me mettais toujours mal à l'aise et me rendais nerveux. Quand tu me posais des questions, tu le faisais avec un tel ton que j'en avais l'estomac serré. Un jour, tu m'as même frappé parce que je ne te répondais pas assez vite. Chaque fois que j'essayais de parler avec toi, tu me dépréciais, me contredisais et m'insultais. Même si j'ai tout fait pour oublier, ces souvenirs me hantent. Je n'arrive pas à soulager la peine que tu m'as faite. Je sais aujourd'hui que l'alcoolisme explique en partie ton comportement d'alors, mais j'ai besoin de savoir ce qui se passait dans ta vie qui suscitait un tel comportement de ta part. Parfois, je trouve que je te ressemble un peu, et cela m'effraie.

Je sais que tu t'es souvent demandé pourquoi je ne te téléphone jamais. C'est parce que nous n'avons jamais résolu nos problèmes. Nous essayons plutôt de les oublier. Mais moi, je n'en suis plus capable.

J'ai donc dû prendre le risque que cette lettre envenime la situation. J'espère sincèrement que ce ne sera pas le cas. J'ai besoin de te comprendre, comme j'ai besoin de me comprendre moi-même. J'espère que nous pourrons bientôt en discuter et chasser les démons de notre vie.

Je t'aime et j'aimerais me rapprocher de toi.

Ton fils Thomas

Comme vous le voyez, Thomas n'a pas attaqué son père et ne l'a pas insulté. Il a plutôt parlé de son propre chagrin et a demandé à son père les raisons de son comportement. Il a ouvert la porte à un contact ultérieur.

Au début, la surprise du père était telle qu'il n'a pas pu répondre à son fils.

Plusieurs mois plus tard, le père de Thomas lui a téléphoné pour lui dire d'une voix penaude qu'il avait bien reçu sa lettre.

Thomas est resté calme. Ils ont convenu de se rencontrer chez le père. Après les cris et les larmes de chacun, Thomas a pris conscience des raisons qui avaient poussé son père à se comporter comme il l'avait fait. Ils ont fini par se réconcilier. Aujourd'hui ils sont bons amis et vont souvent à la pêche ensemble.

Avant le premier contact, ni l'un ni l'autre n'aurait cru cela possible.

Par téléphone

Si vous procédez à un affrontement au téléphone, attendez-vous à ce que votre interlocuteur reste silencieux ou se mette en colère. Dans un cas comme dans l'autre, il est essentiel que vous ne réagissiez pas, mais que vous agissiez, en gardant votre sang-froid. Recourez à la technique de l'expiration de la tension pour mieux rester maître de votre voix. Votre attitude calme réussira généralement à calmer votre interlocuteur, qui écoutera alors ce que vous avez à lui dire.

Dressez la liste des points importants que vous souhaitez aborder. Gardez cette liste à portée de la main, pour mieux structurer votre pensée et votre approche.

Rappelez-vous encore ceci : pas d'accusations, pas d'insultes ! Laissez votre interlocuteur dire ce qu'il a sur le cœur. Dites-lui clairement que vous avez fait le premier pas parce que vous voulez résoudre vos différends avec lui.

En personne

Un face à face risque parfois de raviver vos sentiments

toxiques. Le langage corporel ou verbal de votre interlocuteur pourrait vous rebuter ou vous hérisser.

N'y faites pas attention, car ce n'est peut-être qu'un moyen de défense de sa part. Il vous incombe de faire le premier pas; alors, prenez la situation en main. Si vous voulez changer l'atmosphère et rendre la situation plus agréable, rompez la glace au moyen d'un sourire, d'une poignée de main, d'une étreinte chaleureuse, dans cet ordre.

Le contact physique a un pouvoir étonnant, tel que les anthropologues l'ont découvert. Toucher doucement quelqu'un lui fait comprendre que vous voulez entrer en contact avec lui et faire la paix.

S'attendre à une réaction

Quel que soit le moyen choisi pour le contact, attendez-vous à une réaction de la part de votre interlocuteur. Celui-ci pourrait être sur la défensive, vous accuser, se montrer hostile ou refuser de communiquer. Il pourrait aussi être ouvert, s'excuser, faire preuve de compassion et se montrer disposé à renouer la relation.

Quelle que soit l'issue du contact, un fait essentiel demeure : vous avez fait le premier pas et vous avez essayé de rétablir la communication.

Vous ne pouvez contrôler la réaction des autres, mais vous avez le contrôle de vos gestes. Si vous vous comportez avec ouverture, avec honnêteté, avec bonne foi et avec sincérité, vous aurez fait votre possible; vous ne pouvez faire davantage. Que vos efforts réussissent ou non, soyez fier de vous car, pour faire le premier pas, il faut de la grandeur d'âme, de même qu'un esprit et un cœur ouverts.

Aimer, c'est aussi dire que l'on regrette d'avoir été toxique

De la même façon qu'il faut de la grandeur d'âme pour faire le premier pas, il en faut aussi pour reconnaître ses erreurs et les regretter.

Une des attitudes en vogue durant les années 1970, issue du film *Love Story* — aimer c'est ne jamais avoir à dire que l'on regrette —, est démodée. Aujourd'hui, aimer c'est dire que l'on regrette.

Combien de fois n'ai-je pas entendu mes clients dire «Si seulement il s'excusait, je pourrais passer à autre chose et continuer ma vie» ?

Si vous avez fait du tort à quelqu'un, vous lui devez et vous vous devez à vous-même de purifier votre âme, en lui disant que vous regrettez votre comportement et en essayant de vous racheter.

C'est là votre seul moyen de changer et de vous pardonner à vous-même vos gestes toxiques du passé. Beaucoup de programmes en 12 étapes recourent à la technique de la réparation des torts pour aider les gens à se rétablir.

L'un de mes clients, qui avait eu une relation difficile avec sa mère alcoolique, est venu me voir les larmes aux yeux pour me raconter le plus beau jour de sa vie. La veille, il avait eu avec sa mère une conversation franche au cours de laquelle il lui avait dit comment il avait trouvé horrible d'être son fils, de vivre dans l'insécurité permanente, de ne jamais savoir quel homme elle ramènerait à la maison, de se demander s'il y aurait à manger le lendemain et, en partant pour l'école, d'avoir peur de ne plus avoir de foyer le soir.

Les yeux de sa mère s'étaient alors remplis de larmes. Elle avait regardé son fils en face en lui disant : «Écoute, Jean. J'étais alors une véritable loque humaine. Je n'avais pas le droit de te faire vivre cet enfer. J'ai eu tort. Il n'y a pas eu un jour de ma vie où je ne l'ai pas regretté. J'espère que tu pourras me pardonner.» Jean lui a pardonné, car c'étaient là les paroles mêmes qu'il avait souhaité entendre depuis plus de 30 ans. Il a été en mesure de resserrer les liens avec sa mère, et de ressentir plus de paix et moins de colère dans son cœur.

Faire amende honorable

Une fois que vous avez fait le premier pas et dit à quelqu'un que vous reconnaissez avoir été toxique, vous devez vous attendre à une réaction de sa part. Il se peut que cette personne vous pardonne, qu'elle refuse vos excuses, qu'elle se fâche ou que, tout simplement, elle vous ignore. Sa réaction n'est pas importante. Ce qui est important, c'est que vous ayez fait le premier pas, que vous ayez été assez fort et honnête pour essayer de corriger la situation et pour réparer vos torts.

L'une de mes clientes, Connie, a fini par comprendre qu'elle avait dû faire beaucoup de tort à sa fille, Sylvie, en plaçant la barre trop haut pour elle, et elle lui a demandé pardon pour avoir eu un comportement toxique avec elle. Sylvie était si heureuse que sa mère reconnaisse ses torts qu'elle lui a volontiers pardonné. Toute sa vie, Sylvie avait voulu entendre de sa mère la même chose que Jean avait attendu de la sienne : qu'elle regrettait son comportement. Le simple fait d'entendre sa mère lui dire qu'elle avait eu tort et qu'elle était fière que sa fille ait bien réussi sa vie a tout changé pour Sylvie. Aujourd'hui, Connie et Sylvie sont devenues de vraies amies, elles dialoguent ouvertement et leur relation est très enrichissante. Il arrive parfois que Connie retombe dans son ancienne attitude négative, mais elle se reprend vite, de crainte de s'aliéner de nouveau sa fille.

Par contre, j'ai eu une autre cliente, Georgette, qui avait été très toxique pour son ex-amoureux. Elle était jalouse et vindicative, et elle colportait des ragots sur son compte. Avec le temps, Georgette s'est aperçue qu'elle avait mal agi. Elle a retrouvé son ex-amoureux pour essayer de faire amende honorable. Sa tentative a échoué : il l'a rabrouée au téléphone, en lui disant qu'elle avait gâché sa vie. Puis il lui a raccroché au nez.

Même si cette scène lui a été pénible, Georgette a senti

qu'elle la méritait bien et elle s'est enfin délestée du poids qui pesait sur son cœur depuis si longtemps.

Si vous prenez le temps de faire amende honorable, cela signifie que vous êtes disposé à vous regarder d'un œil honnête et objectif, et à vous servir de votre expérience malheureuse pour vous améliorer.

Reconstruire une relation toxique

Une fois la relation renouée, que faites-vous ? Comment vous comporter ? Que dire ?

Il faut comprendre qu'une relation ne se reconstruit pas du jour au lendemain. Il a sans doute fallu beaucoup de temps pour la démolir; il en faudra autant pour la restaurer.

La restauration exigera une bonne dose de patience. Les techniques de l'expiration de la tension et du chasse-pensée vous seront d'un grand secours. Elles vous empêcheront de vous torturer et vous aideront à faire face à toute réaction négative de la part de l'autre.

Allez-y progressivement. Au début, il suffira peut-être de passer quelques minutes au téléphone avec cette personne, seulement pour reprendre le contact. Ces appels brefs mais réguliers vous permettront de vous réintroduire dans sa vie. Allongez graduellement ces conversations. Par la suite, vous pourriez déjeuner avec elle ou l'inviter à prendre le café chez vous. Faites en sorte que cette première rencontre ne dure pas plus d'une heure.

Plus tard, vous voudrez peut-être rester plus longtemps en compagnie l'un de l'autre. Pourquoi ne pas déjeuner ensemble d'abord, puis dîner un autre jour et, une autre fois, passer la soirée ensemble ?

Il est essentiel de prendre son temps lorsque l'on veut reconstruire une relation. Plus vous y mettrez de temps, plus vous aurez de chances de cimenter la relation et de la rendre permanente.

Repartir à zéro

Vous ne pouvez reprendre la relation au point où vous l'avez laissée, en reprenant aussi vos vieilles habitudes, sinon vous réactiverez la situation négative et vous vous aliénerez de nouveau la personne concernée. Vous devez plutôt établir les règles d'une nouvelle façon de communiquer ensemble. Il faut que la relation soit neuve et que vous n'agissiez plus comme avant. Puisque quelque chose clochait auparavant, à vous de modifier votre style toxique de communication.

La première chose à faire, c'est de vous débarrasser de votre culpabilité ou de votre ressentiment. Vous avez déjà exprimé vos remords sincères; votre âme est donc purifiée. Cessez de vous torturer. Il est essentiel que vous amorciez cette relation réinventée sur une nouvelle base mentale, émotionnelle et physique.

Si vous constatez que vous vous autodétruisez en ressassant vos gestes négatifs, recourez à la technique du chasse-pensée. Efforcez-vous de sourire davantage, et d'être plus animé et dynamique.

Si vous ne voulez pas faire de critique ou dire de choses négatives, inspirez profondément, retenez votre souffle et criez mentalement : «Chasse cette pensée !» Ce faisant, mordez-vous la langue pour vous garder de dire quelque chose que vous regretteriez plus tard. Bien entendu, ne serrez pas les dents au point de faire saigner votre langue ! Serrez-les juste assez pour l'immobiliser et ainsi retenir des paroles susceptibles de nuire à votre relation naissante si fragile.

Demander l'aide de la personne pour qui on a été toxique

Vous n'avez pas bien traité telle ou telle personne et vous ne savez pas ce que vous devriez faire ou dire, ni comment vous comporter avec elle.

Disons que vous avez suivi un programme en 12 étapes, que vous avez corrigé votre comportement et que vous vous rendez compte que la vie sans cette personne vous est pénible. Pourquoi ne pas lui demander son aide ?

Pour amorcer la communication, dites : «Si j'ai fait ou dit quelque chose qui t'a blessé, dis-le-moi immédiatement. Aide-moi à prendre conscience de mes actes afin que je ne me comporte plus comme je l'ai fait. Dis-le-moi immédiatement pour que nous ne nourrissions plus de sentiments négatifs l'un pour l'autre.»

Si cette personne vous écoute et commence à vous expliquer comment vous l'avez blessée, de grâce ne vous défendez pas ! Laissez-la dire ce qu'elle a sur le cœur ! Taisez-vous et écoutez !

Par ailleurs, vous sentirez peut-être le besoin d'obtenir l'aide d'un spécialiste. Si vous avez un problème qui contribue à votre toxicité, celui-ci vous apprendra des techniques comportementales ou psychologiques que vous pourrez utiliser pour modifier vos habitudes toxiques.

Bien choisir ses mots

Prenez garde de ne pas utiliser les amorces toxiques dont nous avons parlé au chapitre 2. Les «tu devrais», «il faut que tu» et autres ordres du genre doivent être remplacés par des suggestions ou propositions : «Pourquoi ne pas essayer...», «Peut-être serait-il plus efficace de...» ou «Accepterais-tu de...».

Il peut être extrêmement difficile pour un parent qui reconstruit une relation avec un enfant adulte de ne pas utiliser les amorces toxiques. Quand vous sentez ces paroles vous monter aux lèvres, ressaisissez-vous. Faites appel à la technique du chasse-pensée et mordez-vous la langue.

Si la personne avec qui vous avez été toxique vous met en colère, vous irrite ou vous exaspère, recourez à la technique de l'expiration de la tension pour enrayer votre réaction négative. Vous trouverez utile de ne pas prendre tout ce qu'elle dit trop au sérieux, et surtout de ne pas vous sentir constamment visé. Laissez vos pensées négatives s'échapper en expirant lentement.

Durant vos efforts de reconstruction de la relation, vous comprendrez peut-être pourquoi vous avez été si toxique pour l'autre. Si, ce faisant, vous vous rendiez compte que la relation est inévitablement néfaste, il serait alors dans votre intérêt d'y renoncer.

Soyez honnête avec vous-même. Acceptez le fait que vous et cette personne êtes incompatibles. Vous pourrez ainsi passer à la technique de la coupure et vous détacher d'elle dans l'amour plutôt que dans la haine.

Un peu de douceur

Parfois, quand une personne toxique vous irrite, vous y êtes pour quelque chose. Peut-être que votre seuil de tolérance est trop bas et que vous êtes incapable d'accepter son comportement. Par conséquent, quand vous avez envie de lui dire quelque chose de négatif, pourquoi ne pas vous retenir et lui dire plutôt quelque chose de positif ?

Vous n'aimez peut-être pas ce que fait cette personne, mais au lieu de hausser le ton, posez-lui calmement une question.

Concentrez votre attention sur son apport dans votre vie, sur ce qui fait que vous l'aimez ou la respectez. Exercez-vous à lui dire des choses gentilles.

Quand vous faites amende honorable, le ton de votre voix est d'une importance capitale. Ce n'est pas avec un ton geignard, un débit saccadé ou des ronchonnements que vous obtiendrez ce que vous recherchez. Adoptez un ton doux et un débit uniforme qui reflètent votre attitude positive et chaleureuse.

Établir de nouvelles règles

Pour reconstruire une relation anciennement toxique, vous devez établir de nouvelles règles. Impossible de conserver les vieilles habitudes. La communication doit permettre à chacun de sauver la face et de préserver votre dignité. Voici 10 règles essentielles à l'établissement d'une communication ouverte dans une relation anciennement toxique.

Ne le blâmez pas

Ne blâmez pas l'autre. Ne cherchez pas à savoir qui avait tort et qui avait raison. Après tout, vous essayez tous deux de reconstruire votre relation. Ne vous blâmez pas pour ce qui est arrivé, mais ne blâmez pas l'autre non plus.

Présentez-lui vos excuses si vous êtes en tort

S'il y a eu une mauvaise communication ou un malentendu, il faut en discuter sans tarder. C'est ainsi que des excuses pourront être présentées — et acceptées — le plus rapidement possible. C'est la seule façon d'amorcer une communication ouverte et honnête.

Ne passez rien sous silence

Si certaines relations deviennent toxiques, c'est souvent parce que les personnes concernées ne se disent pas ce qu'elles ont sur le cœur. Elles se retiennent pour ne pas blesser l'autre ou pour ne pas faire de vagues. Si vous voulez reconstruire votre relation, vous ne devez rien taire. Épanchez franchement votre cœur. Même sans blâmer l'autre ni l'accuser, vous pouvez lui faire comprendre comment ses gestes vous ont blessé. Par exemple, dites : «Quand tu me parles comme cela, tu me blesses profondément.» Ainsi, vous donnez l'occasion à cette personne de sauver la face tout en lui faisant savoir ce que vous ressentez. En jouant cartes sur table vous en viendrez à une interaction plus honnête et plus ouverte.

Ne l'attaquez pas

N'attaquez pas l'autre verbalement. Point final.Ne le menacez pas

Ne dites jamais : «Si tu ne fais pas ceci ou cela, je te quitte» ou «Si tu me redis cela, je te quitte». Vous mettriez l'autre au pied du mur et le forceriez à réagir de façon défensive. Cette manière d'agir ne peut que bloquer la communication.

Pas de coups bas !

Frapper quelqu'un là où il est le plus vulnérable peut être dévastateur. Reconstruire une relation, ce n'est pas punir l'autre. Les gens commettent souvent l'erreur de ramener sur le tapis quelque chose qui blesse l'autre. Cela ne fait que ralentir le processus de guérison. Une fois sur la défensive, l'autre résistera à vos efforts de réconciliation.

Pas de sarcasmes ni de dénigrement !

Pour faire valoir votre point de vue, évitez de recourir aux sarcasmes ou de dénigrer l'autre. Les gens perçoivent le sarcasme au ton de votre voix. Si quelque chose vous dérange, dites-le franchement. Évitez de faire une remarque méchante pour ensuite la tempérer en disant : «Je plaisantais.» Soyez franc et direct.

Tenez-vous-en aux faits actuels

Il arrive souvent que les gens qui essaient de reconstruire une relation rappellent des événements du passé et les ressassent. Cela ne règle rien et ne fait que réveiller l'animosité. Ne dites pas : «C'est exactement ce que tu as fait il y a quatre ans. C'est pourquoi je ne voulais plus te revoir.» Dites plutôt : «Tu sais, cette situation m'irrite vraiment. J'aimerais bien que tu ne fasses pas cela.» N'évoquez aucun incident du passé.

Attention au ton de votre voix !

Ne criez pas. Parlez calmement, sans vous énerver. Si vous haussez le ton, l'autre fera de même et une dispute éclatera.

Faites preuve de compassion

Efforcez-vous de voir la situation du point de vue de l'autre. Même s'il vous est difficile de comprendre son attitude, le fait de vous mettre à sa place pourrait vous ouvrir l'esprit et le cœur. Rappelez-vous que vous ne pouvez juger les autres.

12

POURSUIVRE SON CHEMIN

- S'aimer soi-même
- Un peu de solitude
- Dorloter son corps
- Dorloter son esprit
- Dorloter son âme
- Faire l'inventaire de soi
- Sortir de son cocon
- Se refaire une beauté
- Se donner une mission dans la vie
- Faire de nouvelles connaissances
- Se complimenter
- Être fidèle à soi-même

S'aimer soi-même

Si toutes les tentatives de réconciliation ont échoué ou si vous avez décidé qu'il serait trop néfaste pour vous de reconstruire une relation toxique, il est temps d'amorcer un processus de guérison. Puisque vous êtes fragile sur le plan émotionnel, efforcez-vous d'être bon avec vous-même, de vous traiter avec le respect et la dignité que vous méritez.

Ce n'est pas parce que vous n'avez jamais été bien traité dans le passé que vous ne pouvez l'être désormais. Commencez par bien vous traiter vous-même, par vous dire et par dire aux autres des choses gentilles sur vous-même.

Si vous ne vous traitez pas vous-même avec respect, personne d'autre ne le fera.

Si je viens chez vous, que je constate que vous vivez dans une véritable porcherie et que toutes sortes de déchets jonchent le sol de votre salon, qu'est-ce qui m'empêche de chiffonner une feuille de papier et de la jeter par terre ? Après tout, si vous ne respectez pas assez votre propre maison pour la garder propre, pourquoi les autres la respecteraient-ils ?

Par contre, si votre demeure est en ordre et propre, personne n'osera jeter des papiers par terre. Il en va de même pour votre âme et pour votre être. Si vous vous traitez sans respect et que vous êtes malveillant envers vous-même, qu'est-ce qui empêche les autres de vous traiter de la même façon ?

Si vous avez été toxique à votre égard, la première chose à faire est de cesser de vous en prendre à vous-même. Cessez de vous faire du mal ! Il est malheureusement trop facile de se faire du tort quand on se méprise soi-même : on mange trop, on boit trop, on néglige de faire de l'exercice, on s'apitoie sur son sort. On se dit alors : «Pauvre moi ! Je ne suis bon à rien. Personne ne m'aime, tout le monde me déteste.» L'apitoiement sur soi-même va à l'encontre du but recherché et ne fait que miner davantage l'estime de soi.

Chaque fois que vous êtes enclin à vous faire du mal, débarrassez-vous de vos pensées négatives au moyen de la technique du chasse-pensée. Si vous avez envie de vous empiffrer, demandez-vous pourquoi. Si c'est parce que vous êtes fâché, esseulé, frustré ou déprimé, traitez-vous comme si vous étiez votre meilleur ami et posez-vous des questions directes : «Est-ce que je dévore ce gâteau parce que j'ai mal et que je souhaite me sentir mieux immédiatement ? Est-ce que je ne vais pas me sentir encore plus mal dans une heure parce que j'aurai mangé ce gâteau ? Comment pourrais-je exprimer autrement ma colère ?» Tous les spécialistes nous conseillent d'être notre meilleur ami et de nous aimer nous-mêmes. Ils ont bien raison, parce que, si vous ne vous aimez pas, personne d'autre ne vous aimera non plus.

Un peu de solitude

Nous avons parfois envie d'être seuls. Cela est tout à fait sain, pourvu que ce sentiment ne soit pas permanent, comme il l'était pour la Norma Desmond du film Sunset Boulevard. En s'éloignant occasionnellement des autres et en se fermant à tous les stimuli, on peut se régénérer.

Après la mort de son mari, l'une de mes clientes avait envie d'être seule. Beaucoup de membres de son entourage se sont sentis exclus. Mais c'était ce dont elle avait besoin pour guérir. Elle a passé des mois seule, à pleurer. Mais quand elle est sortie de son cocon, elle était devenue une femme plus solide et plus vibrante qu'avant. Elle a écrit une petite lettre charmante à tous ceux qu'elle avait repoussés durant son deuil pour leur expliquer pourquoi elle avait agi ainsi et comment cette solitude l'avait aidée à faire face à la perte de son mari.

Si vous avez subi la colère d'une personne toxique ou vécu une situation toxique douloureuse, vous isoler du monde est l'un des meilleurs moyens d'assurer votre guérison, car vous vous donnez ainsi la chance de récupérer.

Parfois, vous arriverez à trouver la solitude en vous enfermant dans votre chambre pendant quelques heures. Ou encore, en prenant un long bain, loin du monde et de ses stimuli, du téléphone, de la télévision...

Vous pourriez avoir besoin de vous régénérer pendant plusieurs mois, voire plusieurs années. Dans bien des cas, un voyage de quelques jours suffira à vous retaper. Vous n'avez pas besoin de dépenser une fortune pour arriver à vos fins. Même une excursion au parc ou une visite à la bibliothèque pourrait se révéler efficace. Faites tout ce que vous pouvez pour trouver la solitude et réfléchir sur vous-même, afin de devenir une personne plus forte et plus heureuse.

Dorloter son corps

De nombreux ouvrages vous conseillent de dorloter votre corps; en effet, ce dont vous avez surtout besoin, c'est de prendre soin de vous. Faites de l'exercice. Je n'insisterai jamais assez sur ce point. Des recherches prouvent que l'exercice élève le taux d'endorphines, dans l'organisme, ce qui procure une sensation de bien-être physique et met de meilleure humeur. Soyez actif, fût-ce 10 ou 20 minutes par jour. Vous vous sentirez mieux. Votre apparence y gagnera. Faites ce que vous n'avez jamais fait auparavant : par exemple, offrez-vous une séance de manucure ou de massage. Dorlotez votre corps pour vous rétablir plus vite.

Dorloter son esprit

Stimulez votre esprit par la nouveauté. Lisez des livres ou des revues. Trouvez de nouveaux centres d'intérêt. Par exemple, si vous n'avez jamais aimé les sports, imposez-vous de regarder un match à la télévision. Vous aurez peut-être la surprise de découvrir que vous aimez cela. Inscrivez-vous à un cours pour apprendre quelque chose de nouveau. Soyez ouvert à de nouvelles idées. Efforcez-vous de voir les choses d'un autre point de vue.

Dorloter son âme

Je ne vous dirai certainement pas à quelle religion adhérer ou comment aborder le sujet de Dieu. Je vous dirai seulement ceci : une personne qui a le sens de la spiritualité et le sentiment d'appartenir à l'univers se sent plus en sécurité dans la vie.

Le moyen d'y parvenir dépend de vous, mais vous devez trouvez du réconfort dans votre système de croyance, lequel vous guidera vers la guérison. Si vous ne savez pas comment procéder ou si vous cherchez une autre dimension à votre vie, rendez-vous dans une librairie spécialisée en spiritualité et bouquinez un peu.

Faire l'inventaire de soi

Maintenant que vous vous êtes réservé un peu de temps de solitude, il importe que vous fassiez l'inventaire de votre être, sur les plans mental, émotionnel, physique et spirituel.

Le meilleur moyen de comprendre où vous en êtes dans votre vie consiste sans doute à dresser un auto-inventaire. Sur une feuille, notez dans la marge de gauche cinq dimensions de votre vie : Vie sociale, Vie au travail, Carrière, Vie familiale, Apparence physique. Au haut de la feuille, intitulez trois colonnes : Situation actuelle, Situation idéale, Étapes menant à la situation idéale.

Par exemple, dans la première colonne, Situation actuelle, en regard de la dimension Vie sociale, indiquez si vous avez assez d'amis, si vous participez à suffisamment d'activités sociales, si vous faites souvent de nouvelles connaissances, et ainsi de suite. Soyez honnête avec vous-même.

En regard de la rubrique Vie au travail, indiquez où vous en êtes dans votre emploi actuel. Est-ce bien le type d'emploi qui vous plaît ? Votre salaire est-il suffisant ? Pour ce qui est de la troisième dimension, évaluez la situation actuelle de votre carrière. Atteignez-vous vos objectifs ? Pour la quatrième dimension, Vie familiale, réfléchissez à la relation que vous entretenez avec vos proches : enfants, parents, frères et sœurs, amoureux ou conjoint.

Pour la dernière dimension, Apparence physique, passez votre apparence en revue de la tête aux pieds : cheveux, visage, élocution, vêtements, corps, poids, etc. L'examen doit être honnête et la description objective.

Dans la deuxième colonne, Situation idéale, notez ce que seraient idéalement votre vie sociale, votre vie au travail, votre carrière, votre vie familiale et votre apparence physique. Faites comme si une fée pouvait réaliser tous vos souhaits.

Dans la troisième colonne, dressez la liste des étapes à franchir pour concrétiser vos rêves notés dans la deuxième colonne.

Supposons que vous soyez une femme dont la Situation actuelle de la Vie sociale est dominée par le fait que vous avez très peu d'amis. Vous vous sentez seule, rejetée, vide. Sous la rubrique Situation idéale vous avez peut-être écrit que vous aimeriez rencontrer l'homme de vos rêves, quelqu'un qui vous parle doucement, qui vous traite avec respect, qui se montre généreux avec vous, qui vous regarde avec des yeux remplis d'amour.

Dans ce cas, voici les étapes à franchir pour réaliser votre rêve : dites à tous vos amis que vous êtes libre et disponible; inscrivez-vous à un service de rencontres ou à un club de célibataires; organisez des soirées où vos amies invitent des hommes; sortez plus souvent; inscrivez-vous à des cours ou participez à des sports organisés. Demandez l'aide de votre ministre du culte; montrez-vous plus ouverte et plus amicale avec les gens que vous rencontrez; affirmez-vous, souriez et saluez les gens.

Cette technique de l'auto-inventaire est particulièrement efficace. Je l'ai fait connaître à mes lecteurs dans un ouvrage intitulé Say It Right : How to Talk in Any Social or Business Situation. La vie de beaucoup de mes clients a été transformée après l'avoir utilisée.

Sortir de son cocon

Une fois que vous vous êtes régénéré, il vous faut sortir de votre cocon. Mais pas nécessairement d'un seul coup. En réalité, mieux vaut que vous le fassiez graduellement. Le simple fait que vous sortiez de chez vous en dit long sur les progrès de votre guérison. Le premier pas est parfois difficile. Si vous vous sentez paralysé, forcez-vous à agir !

Réagissez ! Même si vous avez peur, faites ce que vous n'avez jamais fait auparavant. Partir en voyage seul, ou aller au cinéma ou au restaurant seul, vous donnera plus d'assurance. Créez-vous de nouvelles aventures et adonnez-vous à des activités qui ne vous sont pas habituelles. Ainsi, votre vie sera plus excitante et vous éviterez de vous apitoyer sur vous-même.

Quand vous prendrez des risques, ne craignez pas d'être rejeté, de vous sentir stupide ou d'être gêné. Osez ! Qui ne risque rien n'a rien.

Je connais une femme qui avait un excellent emploi mais qui l'a quitté parce que son patron était un Tyran. Celui-ci lui avait dit qu'elle n'obtiendrait jamais de bonnes références de sa part et qu'il veillerait à ce qu'elle n'obtienne jamais d'emploi dans son domaine de compétence. Il lui avait aussi dit qu'elle ne ferait jamais rien de bon, qu'elle avait besoin de lui et qu'elle reviendrait le supplier à genoux de la réembaucher. Malheureusement, il avait raison. Cette femme n'a pas pu se trouver un autre emploi. Mais, refusant la défaite, elle s'est recyclée et a appris tout ce qu'elle pouvait sur la graphologie. Devenue experte en la matière, elle a commencé à analyser l'écriture des amis qui le lui demandaient et à leur parler de leur personnalité. Bientôt, on s'est mis à l'engager pour qu'elle divertisse les invités dans des soirées. Le week-end, elle avait un kiosque dans un marché en plein air. De fil en aiguille, elle a transformé son passe-temps en une entreprise fort lucrative. Elle compte même un service de police parmi ses clients. Elle travaille pour des agences de détectives; elle est même invitée à des émissions de télévision pour parler de graphologie.

Elle a réussi à prouver que son patron toxique avait tort. En réorientant sa vie et en refusant d'endurer le comportement de celui-ci, elle a fini par gagner plus d'argent que jamais il n'en gagnera. Elle a pris le risque et refusé de se laisser détruire par une personne toxique.

Se refaire une beauté

Le moment est peut-être venu pour vous de faire ce que vous avez toujours eu envie de faire pour changer votre image, par exemple vous couper les cheveux ou vous laisser pousser la barbe. Vous voulez peut-être vous transformer du tout au tout. Si vous décidez de modifier votre image, cela signifie que vous êtes enfin libéré de l'emprise d'une personne toxique. Un changement physique peut aussi vous remonter le moral.

Claire, l'une de mes clientes, a rompu avec Marc, l'homme qu'elle aimait profondément mais qui était extrêmement toxique pour elle. Il ne cessait de la déprécier. Elle ne se sentait jamais à l'aise en sa compagnie. Un jour, elle a eu le bon sens de rompre avec lui pour de bon. Du coup, elle a décidé de se transformer physiquement. Elle a dépensé toutes ses économies en chirurgie plastique : lifting, liposuccion, reconstruction du nez, gonflement des seins, raffermissement des fesses et du ventre. Elle s'est teinte en blonde, s'est acheté des verres de contact bleus, a entrepris un programme d'exercice pour perdre 10 kilos et se donner un corps de déesse. Elle s'est fait refaire la dentition et poser des ongles en acrylique. Claire s'est même acheté un ensemble Thierry Mugler coûtant plus de 2000 dollars, qui lui va à ravir. Elle ne s'est jamais sentie si bien dans sa peau.

Se donner une mission dans la vie

Pour devenir meilleur, vous devez d'abord donner un sens à votre vie. Vous pouvez le faire de bien des façons. Pourquoi ne pas commencer par trouver un réconfort spirituel dans votre religion ou par vous adonner à des activités que vous aimez et qui vous font du bien ? Pourquoi ne pas chercher un sens à votre vie ? Si vous êtes sur cette terre, c'est peut-être pour faire du bien, pour rendre le monde meilleur ou pour apporter votre contribution à l'humanité. Cherchez quelle est votre mission et engagez-vous à l'accomplir. Peut-être découvrirez-vous que vous avez un rôle particulier à jouer.

Vous pourriez ainsi vous rendre compte que certaines dimensions de votre vie sont plus importantes que vous ne le croyiez. Mathilde, l'une de mes clientes, a compris que c'étaient les enfants qui comptaient le plus pour elle. Elle est retournée aux études, a obtenu un diplôme et est devenue enseignante en éducation spécialisée. Malgré les difficultés, elle adore son travail; elle est persuadée d'avoir trouvé sa mission dans la vie.

Si vous êtes malheureux, si vous vous apitoyez sur votre sort, si vous vous demandez ce qui cloche dans votre vie, relevez la tête et regardez autour de vous. Il y a sans doute une personne plus malheureuse que vous.

Pensez à l'homme qui pleurait parce qu'il n'avait pas de souliers et qui a vu un homme qui n'avait pas de pieds. Parfois, il faut nous estimer chanceux d'avoir ce que nous avons. Je vois trop de mes clients réduits à l'état de victimes à cause d'un emploi toxique ou de personnes qui empoisonnent leur vie. Ils haïssent leur famille toxique, leurs parents ou leur conjoint. Ils ont l'impression que la vie leur joue de mauvais tours, que personne ne peut les aider, qu'ils sont perdus à jamais. Ce sont des gens qui répondent toujours «oui, mais». Ils ont perdu espoir. Mais si on parvenait à les convaincre de regarder autour d'eux, leur vie prendrait un nouveau sens.

Faites quelque chose et faites-le pour vous-même ! C'est là le sens véritable du don. Vivez Noël chaque jour, au lieu de faire preuve de charité et de bonté une seule fois l'an.

Allez dans un hôpital; prenez dans vos bras un bébé né avec une dépendance au crack. Rendez visite à une victime du sida. Faites du bénévolat. Adoptez un animal abandonné. C'est cela donner; ce n'est pas envoyer de l'argent à une organisation caritative afin d'obtenir une réduction d'impôt. En vous donnant généreusement aux autres, vous

vous sentirez beaucoup mieux dans votre peau. Le bien que vous ferez vous sera rendu au centuple.

J'ai eu pour cliente une actrice en chômage. Elle ne parlait que des rôles qu'elle n'avait pas eus. Centrée sur elle-même, elle ne voyait pas que les autres aussi ont une vie. Je l'ai incitée à travailler bénévolement pour l'Institut des aveugles. Elle a suivi mon conseil et s'y est rendue régulièrement. Elle a aussi travaillé avec des enfants aveugles qui ont vraiment enrichi sa vie. Ce bénévolat l'a transformée du tout au tout. Elle a cessé de limiter son attention à sa personne. Aujourd'hui, quand elle est convoquée à des auditions, elle peut parler d'autres choses que d'elle-même : de son travail auprès des aveugles, par exemple, qui impressionne beaucoup de gens, dont les directeurs de distribution. Depuis qu'elle fait du bénévolat, sa carrière a repris de la vigueur.

Faire de nouvelles connaissances

Vous devez passer du temps avec les autres. Nous avons tous besoin les uns des autres. Mais comment rencontrer des gens ? Vous pouvez faire des rencontres n'importe où : à l'épicerie, au centre commercial, à la station-service. Il vous suffit de sourire. Allez de l'avant, affirmez-vous, saluez les gens. Parfois, on ne répondra pas à votre ouverture. Les gens sont pressés ou timides. Soyons francs, peut-être que vous ne les intéressez pas. Tant pis ! Continuez de sourire et de dire bonjour. Vous finirez bien par obtenir des résulats.

Affirmez-vous. Faites le premier pas. N'attendez pas qu'on vienne à vous. Nombreux sont ceux qui commettent l'erreur d'attendre que les autres viennent à eux; quand ceux-ci ne viennent pas, ils se sentent encore plus malheureux qu'avant.

Se complimenter

Pour guérir la douleur causée par une interaction toxique, vous devez vous dire des choses gentilles. Cessez de vous trouver stupide ou incompétent, sinon vous perpétuerez l'image de vous-même que la personne toxique vous a projetée. Si vous vous répétez ces remarques toxiques, vous finirez par y croire. Chaque fois que vous êtes sur le point de vous insulter vous-même, recourez plutôt à la technique du chasse-pensée et faites-vous un compliment. L'image que vous projetez détermine l'image que les autres ont de vous. Assumez-vous; censurez vos pensées négatives à votre sujet.

Tout comme vous dire des choses négatives peut vous attirer des réactions toxiques de la part des autres, vous dire des choses positives peut influencer l'idée que les autres se font de vous. Faites-vous le cadeau du monologue intérieur positif.

J'ai eu un client assez étonnant : un millionnaire texan qui désirait être plus raffiné quand il parlait en public. Il m'a raconté que, en se levant le matin, il se regardait dans le miroir et se disait avec le plus d'enthousiasme possible : «Bonjour, toi. Je suis heureux de te voir. Tu vas passer une journée extraordinaire, remplie de bonnes surprises. Tu vas t'amuser, gagner beaucoup d'argent et te faire de nombreux amis.»

Grâce à ce petit laïus d'encouragement quotidien, il a empêché les paroles et pensées toxiques — et, bien entendu, les personnes toxiques — de venir lui empoisonner la vie, ce qui lui a permis de devenir millionnaire. Il ne se permet pas de dire des choses négatives sur les autres et il ne permet pas aux autres de lui en dire.

L'exemple donné par cet homme illustre bien le pouvoir de la parole, pouvoir que possède chacun de nous. Si vous vous traitez bien et vous dites des choses positives, les autres vous emboîteront le pas et vous traiteront avec le même respect que celui que vous vous témoignez.

Être fidèle à soi-même

Il arrive souvent que l'on se haïsse faute d'être honnête avec soi-même.

Pensez à Noël : vous vous sentez obligé de fréquenter des personnes toxiques que vous ne supportez pas.

Sachez que vous avez le droit de ne pas assister à ces fêtes. Pourquoi subir une soirée de torture ? Si vous répondez que c'est une obligation familiale ou que c'est ce que vous avez toujours fait, je vous dis ceci : « Vous êtes toujours malade après la fête. Vous avez mal à la tête parce que vous êtes irrité et que vous devez maîtriser votre colère. La frustration vous pousse toujours à trop manger et à trop boire. Vous vous sentez mal dans votre peau après avoir été en contact avec ces personnes toxiques. »

Si vous ne pouvez vous décider à utiliser les techniques que j'ai décrites, vous devez être fidèle à vous-même et refuser d'assister à ces fêtes. Ne soyez pas hypocrite. N'y allez pas par obligation ou culpabilité. Vous n'êtes pas condamné à être une victime. Soyez fidèle à vous-même.

Ce principe ne s'applique pas qu'aux prétendues obligations familiales. En étant fidèle à vous-même, vous n'avez jamais à fréquenter des gens rien que pour ce qu'ils peuvent faire pour vous.

Vous constaterez que les personnes les plus toxiques pour vous sont celles que vous fréquentez uniquement parce qu'elles peuvent vous apporter quelque avantage personnel, social ou professionnel. Vous vous accrochez peut-être à un amoureux en vous disant « je ne peux en trouver un autre » ou « mieux vaut lui que rien ». Vous léchez peut-être les bottes de votre patron toxique parce que vous craignez d'être congédié ou que vous espérez obtenir de l'avancement.

Tout cela ne vaut pas la peine que vous soyez infidèle à vous-même : il se peut que votre patron vous congédie de toute façon; votre amoureux pourrait vous causer tant de chagrin que vous seriez mieux en étant seule qu'en entretenant une relation avec un homme que vous ne respectez pas. Les gens ne sont pas dupes. Ils perçoivent des signes dans le ton de votre voix ou dans votre langage corporel. Ils savent si vous les aimez ou si vous les détestez. Par conséquent, pourquoi perdre votre temps et votre énergie en amabilités factices ? Soyez vous-même dans vos rapports avec ces personnes.

L'un de mes clients ne pouvait supporter une femme d'affaires qu'il connaissait. Mais il l'a séduite, pensant que, s'il couchait avec elle, elle lui donnerait quelques commandes. Inutile de dire qu'elle a continué de donner ses commandes à quelqu'un d'autre.

Les meilleures réussites commerciales sont toujours le fait d'associés qui s'estiment et se respectent sincèrement. Par conséquent, ne vous associez qu'à des personnes avec qui vous pouvez vous épanouir, des personnes que vous respectez et admirez. Si vous ne choisissez vos associés que par intérêt personnel, ils pourront certes vous ouvrir des portes, mais ils les refermeront vite quand ils comprendront pourquoi vous étiez si gentil avec eux.

Les gens ne sont pas des objets que l'on utilise pour ensuite les rejeter comme de vieilles chaussettes.

On doit estimer les gens, les apprécier, les traiter avec respect et dignité. Se montrer gentil avec eux pour ensuite les dénigrer dans leur dos vous fera à la longue plus de tort que de bien.

Si vous voulez mener une vie non toxique, soyez fidèle à vous-même dans tout ce que vous dites et faites.

SOYONS DES GAGNANTS

Nous vivons dans un monde où tout le monde a peur de tout le monde, et avec raison.

Le monde a changé, mais pas en mieux. Autrefois, vous n'aviez pas besoin de fermer votre porte à clé parce que les gens étaient dignes de confiance. À cette époque-là, on ne risquait rien à porter secours aux autres. On n'avait pas à s'inquiéter d'éventuelles poursuites légales. Quand quelqu'un tombait, on l'aidait à se relever.

Aujourd'hui, nous avons peur de dire, par inadvertance, quoi que ce soit qui risque d'offenser ou de blesser quelqu'un; nous avons également peur de venir en aide aux autres, de crainte que l'épée de la loi ne s'abatte sur nous.

Aujourd'hui, l'insensibilité règne comme jamais. Il n'y a plus rien de sacré, tous les coups sont permis. On nous montre n'importe quoi et n'importe qui à la télévision : des violeurs, des travestis, des mères qui ont tué leur enfant, des masturbateurs invétérés... À force de voir ces victimes défiler sur le petit écran, nous sommes immunisés. Chacun y va de son triste témoignage dans l'espoir de surpasser le témoignage précédent. Combien d'entre nous n'ont-ils pas commencé à se sentir victimes, à être désespérés, à éprouver colère et haine ? Tout un chacun parle, mais personne n'écoute.

Cessons d'être des victimes.
Cessons de nous haïr les uns les autres.
Cessons de nous haïr nous-mêmes.
Cessons de nous entretuer.
Cessons de nous adresser les uns aux autres des remarques si toxiques qu'elles ne veulent plus rien dire.

Tout au long du présent ouvrage, j'ai insisté sur le fait que savoir, c'est pouvoir. C'est seulement lorsque nous serons conscients — que nous comprendrons ce qui se passe, que nous saurons ce que nous devons faire et ce que seront les résultats de nos actions —, que nous pourrons transformer notre vie pour la rendre meilleure.

Quelque chose doit changer et ce, immédiatement. Il nous faut non seulement projeter plus d'amour dans la vie des autres, mais aussi apprendre à faire face aux forces toxiques qui s'exercent sur notre propre vie.

Nul n'est à l'abri des personnes toxiques. En fait, même les gens les plus riches et les plus célèbres, ceux qui ont le mieux réussi dans la vie, ont dû affronter des personnes toxiques.

La chanteuse Madonna s'est fait dire qu'elle n'avait aucun talent et qu'elle ne réussirait jamais. Inutile de dire qu'elle a prouvé que ses détracteurs avaient tort en devenant l'une des artistes les plus riches du monde.

Lauren Hutton s'est fait dire qu'elle ne serait jamais mannequin à cause de son nez de travers et de ses dents imparfaites. Faisant fi de ces remarques toxiques, elle est devenue l'un des mannequins les plus courus du monde.

Un agent croyait qu'Oprah Winfrey était dénuée de talent et qu'elle n'avait pas l'apparence qu'il fallait pour réussir dans le milieu. Comme il a eu tort !

Pendant longtemps, Sylvester Stallone n'a pas pu trouver de rôles à Hollywood. Aujourd'hui, il semble être l'un des rares acteurs à ne jamais chômer.

Melanie Griffith est venue me voir après avoir été congédiée à cause de sa voix suraiguë. On lui avait dit qu'elle ne travaillerait jamais à Hollywood parce qu'elle parlait comme une petite fille. Malgré cela, elle a été mise en nomination pour un Oscar !

De même, le célèbre Dustin Hoffman parle ouvertement des réactions toxiques de sa famille au moment où il a annoncé qu'il deviendrait acteur. Quelqu'un de sa parenté lui a même dit qu'il n'était pas assez beau. Cette opinion était partagée par plusieurs directeurs de distribution. Malgré son physique, il a réussi. Tous s'entendent à dire qu'il est l'un des plus grands acteurs de l'histoire du cinéma.

Les flèches décochées par des personnes toxiques n'ont pas empêché ces gens qui ont réussi, et bien d'autres, d'atteindre leur but.

Ils ont refusé d'être des victimes. Ils ont refusé de se laisser paralyser par le poison des autres. Ils ont refusé de laisser la colère et la haine les consumer. Comme beaucoup d'autres gagnants, ils se sont défendus contre les personnes qui leur empoisonnaient la vie.

Nous devons nous inspirer non pas de la procession interminable des victimes qui défilent quotidiennement à la télévision, mais plutôt des gens qui ont réussi dans la vie. Rebiffons-nous et crions haut et fort : «Je refuse d'être une victime !»

Cet ouvrage offre au lecteur les outils qui lui permettront de lutter et de devenir lui aussi un gagnant.

Cessons d'observer les victimes et commençons à nous intéresser aux gagnants, qui nous inspireront. Au lieu de nous attarder sur la douleur et la souffrance, attardons-nous sur la guérison.

Songez à ce qui est arrivé en Californie durant les grands feux de Malibu et durant le tremblement de terre. Des hommes et des femmes se sont portés au secours de purs étrangers. Cela a aussi été le cas à Miami, après un ouragan terrible. Songez aux êtres généreux et bons qui se sont entraidés durant les inondations du Midwest américain. Nombreux sont ceux qui ont nourri et abrité des étrangers, et qui les ont aidés à protéger leur maison avec des sacs de sable.

Des communautés entières se sont serré les coudes quand tel enfant a été enlevé ou quand tel autre a disparu. Combien de gens sont prêts à faire un don de moelle épinière pour sauver la vie de quelqu'un qu'ils ne connaissent même pas ! On peut entendre des nouvelles édifiantes dans les médias mais, malheureusement, nous concentrons trop souvent notre attention sur les mauvaises nouvelles sensationnalistes centrées sur le mal et les personnes toxiques.

Ce sont les auteurs de gestes bons et généreux qui devraient être le point de mire des journaux télévisés, afin qu'ils inspirent les autres. J'ai entendu parler d'un enseignant qui a demandé à ses étudiants de faire une bonne action. Leur vie en a été transformée. En faisant preuve de générosité envers les autres, ils se sont sentis beaucoup mieux dans leur peau.

Les hommes peuvent être bons — comme ce vétérinaire qui donne des soins gratuits aux animaux de compagnie des clochards. Comme la personne qui se rend à l'hôpital tous les jours pour faire de petits cadeaux aux enfants cancéreux. Les cartes qui accompagnent ces cadeaux sont signées par «un ange». Cette personne cache son identité aux enfants qui sont en phase terminale. Elle leur donne généreusement pour qu'ils sourient au moins une fois chaque jour et qu'ils aient hâte au lendemain.

Il y a des êtres bons et généreux dans tous les quartiers, et leurs gestes ne passent pas inaperçus.

Un jour que j'achetais des muffins dans un petit magasin, un clochard est entré. Ma première réaction a été de lui acheter quelques muffins, mais les propriétaires m'en ont empêchée en me disant : «Vous n'avez pas besoin de faire cela. Nous lui donnons gratuitement du café et des muffins chaque matin.» Les larmes me sont montées aux yeux; j'ai été touchée par la gentillesse de ces gens.

Il existe des êtres bons comme cet homme qui donne un spectacle de magie et de comédie dans une maison de repos pour personnes âgées, qui rend visite chaque semaine aux pensionnaires et qui leur envoie des fleurs à leur anniversaire — rien que pour qu'ils sachent que quelqu'un pense à eux.

Ce sont eux qui devraient être nos héros, nos modèles —

pas quelque vulgaire chanteur qui se drogue, quelque athlète qui couche à gauche et à droite, quelque personnage célèbre qui bat sa femme ni quelque acteur héroïnomane.

Chacun de nous doit devenir le héros de quelqu'un d'autre, en faisant le bien sans compter, en agissant envers les autres avec respect et dignité.

C'est l'attitude de ces héros que nous devons imiter. Leur travail incessant, leur compassion et leur main tendue aident les autres à traverser les pires situations.

Vous n'avez plus à être une victime

Vous avez désormais le choix. Vous ne serez plus jamais obligé de vous sentir désespéré. Vous n'avez plus à vous laisser détruire par les personnes toxiques. Nietzsche a dit : «Ce qui ne vous détruit pas vous rend plus fort.»

Comme il avait raison ! Quand vous êtes capable d'affronter les personnes qui vous empoisonnent la vie, vous devenez un être plus fort et plus sûr de vous. Cette force intérieure vous aidera à prendre des risques dans votre vie professionnelle ou sociale. Ainsi, votre existence sera plus riche et plus excitante, remplie d'événements positifs.

Rien n'illustre sans doute mieux ce fait que cette vieille histoire : un jour, un vieil enseignant a demandé à ses élèves comment ils pouvaient dire que la nuit était finie et le jour levé. Un élève lui a répondu : «C'est quand on voit un animal au loin et qu'on peut dire s'il s'agit d'un chien ou d'un chat.» L'enseignant a dit que ce n'était pas la bonne réponse. Un autre élève a proposé ceci : «C'est quand on voit un arbre au loin et qu'on peut dire s'il s'agit d'un pommier ou d'un poirier.» L'enseignant a dit que ce n'était pas la bonne réponse. Les élèves lui ont alors demandé de leur donner la réponse. Le vieil homme a alors dit : «C'est quand vous regardez le visage d'un homme, d'une femme ou d'un enfant et que vous reconnaissez qu'il s'agit de votre frère ou de votre sœur. Tant que vous ne voyez pas cela, c'est la nuit.»

Même si c'est encore la nuit pour bien des gens, le jour viendra peut-être où nous pourrons voir et reconnaître comme notre frère tout être humain, quelle que soit la couleur de sa peau ou sa religion. Peut-être que, en suivant les conseils prodigués dans cet ouvrage, certains d'entre nous verront enfin que le jour est levé.

Ceux-là verront clairement que chaque homme est notre frère et chaque femme notre sœur, que nous sommes égaux. Nous voulons tous la même chose de la vie. Nous voulons manger à notre faim, avoir un emploi qui nous permette de vivre et de faire vivre notre famille. Nous voulons habiter dans un endroit sûr. Nous voulons nous respecter nous-mêmes et être respectés par les autres.

Les dirigeants sud-africains Nelson Mandela et F. W. de Klerk illustrent bien le fait que nous sommes égaux. Malgré la couleur différente de leur peau, ils se ressemblent de bien des façons. Tous deux sont aimés par bien des gens. Tous deux ont une famille qu'ils adorent. Tous deux sont des hommes brillants et intègres, de grands leaders. Tous deux rêvaient de paix, tant et si bien qu'ils ont mérité conjointement le prix Nobel de la paix.

Quand vous observez ces deux hommes et leur rêve commun de paix pour l'Afrique du Sud, vous ne voyez pas de couleur, pas de supériorité, pas d'infériorité; vous ne voyez que l'égalité de deux hommes qui ont concrétisé leur rêve de paix, qui ont travaillé ensemble d'égal à égal.

Ces deux grands hommes symbolisent le fait que personne n'est supérieur ou inférieur aux autres, quelles que soient ses origines ou son apparence.

Il y aura toujours des gens que nous trouverons toxiques, mais nous pouvons nous prémunir contre leur influence. Mettons fin à la haine, aux préjugés, à la jalousie et à l'injustice; commençons à travailler ensemble, comme un seul peuple, comme une seule nation, comme un seul monde.

Table des matières

IMPRIMÉ EN ALLEMAGNE PAR GGP MEDIA GMBH

pour le compte des
Nouvelles Éditions Marabout
D.L. octobre 2009
ISBN : 978-2-501-05300-6
40.8882.9/03

Lili Chartrand

Après des études de design graphique, Lili Chartrand a travaillé pendant plusieurs années dans le domaine du cinéma d'animation. Aujourd'hui, elle écrit des romans pour les jeunes. Avec succès, puisque *Rouge-Babine, vampire détective* a été sélectionné sur la liste White Ravens et qu'il a été finaliste au prix Hackmatack. Lili est une grande passionnée de lecture, et elle aime tout ce qui est magique et farfelu. *Rouge-Babine et l'Opération Jade* est le troisième roman qu'elle publie à la courte échelle dans la collection Mon Roman. Elle a aussi deux séries dans la collection Première Lecture: la série *Balthazar* et la série *Cerise*.

Marie-Pierre Oddoux

Dessiner est l'activité préférée de Marie-Pierre Oddoux. C'est pourquoi elle en a fait son métier. On peut voir ses illustrations dans de nombreux albums, romans, bandes dessinées et magazines, publiés en France chez différents éditeurs. *Rouge-Babine et l'Opération Jade* est le troisième roman qu'elle publie à la courte échelle dans la collection Mon Roman.

De la même auteure, à la courte échelle

Collection Mon Roman

Série Rouge-Babine
Rouge-Babine, vampire détective
Mission royale pour Rouge-Babine

Collection Première Lecture

Série Balthazar
Le chevalier triple crème
Les jujubes-robots

Série Cerise
Le mystère du rouge cabriole
Le mystère des bonbons sopranos

Visitez le www.lilichartrand.com

Consultez les fiches séries et les fiches d'accompagnement au www.courteechelle.com

Lili Chartrand

Rouge-Babine et l'Opération Jade

Illustrations
de Marie-Pierre Oddoux

la courte échelle

Au Maître, encore…
L. C.

Pour Oscar et Malo
M.-P. O.

1

Une nouvelle choc

— Où est mon collier de perles noires ? s'affole Marie-Blodie.

— Sur ta commode, dis-je en soupirant.

La chambre de mon amie est l'endroit idéal pour exercer mon sens de l'observation. On dirait qu'un tsunami a déferlé dans la pièce ! Des vêtements et des chaussures sont éparpillés sur le sol, le lit et le fauteuil. Des magazines de mode et des revues à potins s'empilent contre la cloison qui sépare notre wagon. Puisque nous sommes les seules vampires mineures de Brumenoire, nous avons le

privilège de partager une voiture de chemin de fer. Les autres vampires, majeurs et vaccinés, n'occupent que des couchettes de wagons-lits. À leur âge, avoir sa propre chambre n'est plus une préoccupation !

Quant aux autres voitures du convoi qui s'est écrasé au fond de l'immense ravin où nous vivons, elles ont été transformées, entre autres, en bibliothèque, en cinéma et en bar.

Pendant que Marie-Blodie orne son cou du fameux collier, elle me supplie de la maquiller. Quelle corvée ! Mais les vampires ne voient pas leur reflet dans une glace, c'est bien connu. Je lui noircis donc les yeux et lui rougis les lèvres.

D'habitude, elle a l'apparence d'une fille de quatorze ans. Mais ainsi fardée et vêtue d'une longue robe noire à volants, elle donne l'impression d'en avoir dix-huit. J'ai l'air de sa petite sœur, alors que je ne suis sa cadette que d'un an. Je me bouche le nez quand elle s'asperge de *Blodior*, un parfum à la mandragore. Enfin, elle est prête.

Ce soir, Marie-Blodie accompagne Jimmy au Sépulkra, un vieux théâtre transformé en music-hall, dans la petite ville de Padovnie. Acacia Mortis, la vedette de l'heure, y donne un spectacle. Les jeunes, vampires comme humains, adulent cette chanteuse au visage couvert d'un masque de porcelaine. Marie-Blodie ne fait pas exception à la règle. Les murs de sa chambre sont tapissés d'affiches de la diva. Moi, elle me laisse de marbre. Mon idole, c'est Sherlock Holmes.

Soudain, la tête de Jimmy apparaît dans l'embrasure de la porte. Les cheveux hérissés et luisants de gel – beurk ! –, il se pense irrésistible. Pour l'occasion, il a noué un foulard de soie à son cou et orné ses doigts de bagues à tête de mort.

Il siffle Marie-Blodie, qui rougit. Qu'est-ce qu'elle lui trouve ? Âgé de dix-huit ans, Jimmy est égocentrique, se croit tout permis et adore attirer l'attention. En plus, il est aussi intelligent qu'un poisson rouge.

— Allez, beauté, on y va ! lance-t-il en lui tendant la main.

Je regarde ma montre. Il n'est que vingt heures. Étonnée, je demande :

— Vous partez déjà ?

— Il y a une nouvelle boutique de Nemrod Blod à Padovnie, m'explique Marie-Blodie, les yeux brillants. Tu sais que c'est mon couturier préféré, alors nous y ferons un saut avant le spectacle.

Je lève les yeux au ciel. La passion de Marie-Blodie pour la mode me dépasse. Ils descendent les marches du wagon quand Argus, le chef de Brumenoire, les apostrophe :

— Où allez-vous ainsi ?

— À Padovnie, assister au spectacle d'Acacia Mortis, répond Marie-Blodie.

Argus prend aussitôt Jimmy à part. Je tends l'oreille.

— Promets-moi de veiller sur Marie-Blodie, ordonne-t-il, le sourcil froncé.

— C'est une grande fille, non ?

— Promets-le-moi, répète le chef en fixant le jeune homme de ses prunelles grises.

Jimmy baisse vite les yeux pour éviter le regard hypnotique d'Argus.

— Je vous le jure.

Tout de même, la réaction du chef me surprend. Le chasseur de vampires qui terrorisait notre communauté n'est pourtant plus en état de nuire. À moins qu'il y ait un nouveau traqueur ? Ayant déjà deux enquêtes à mon actif, un troisième mystère à résoudre me comblerait de joie ! Je tente toujours d'appliquer les méthodes de Sherlock Holmes, et jusqu'à maintenant, elles ont porté fruit.

Je reviens sur Terre quand Marie-Blodie et Jimmy se transforment en chauves-souris, puis disparaissent dans le brouillard qui enveloppe Brumenoire.

Je me tourne vers Argus pour l'interroger, mais il se dirige à grands pas vers la voiture transformée en bibliothèque. Je préfère ne pas le déranger, même si son attitude me laisse perplexe.

Je vais plutôt relire de courtes aventures de Sherlock Holmes pour passer la nuit, qui s'annonce assez tranquille merci. Les vampires tuent le temps à siroter leur sang préféré dans la voiture-bar Le Sangria. Quant à Belladona, l'unique sorcière de Brumenoire, que j'aime beaucoup, elle s'est claquemurée dans son wagon depuis la fin de ma deuxième enquête. Je crois qu'elle a encore honte de la façon dont elle a agi. Bah ! Ça finira par lui passer ! Tiens, voilà Plakett qui revient de la chasse.

— Alors, mon beau chien, tu t'es régalé ?

— Ce lièvre était délicieux ! grogne-t-il en se léchant les babines.

Je ne souffre pas d'hallucinations auditives. Comme je suis allergique au sang humain, Belladona m'a concocté une mixture que j'ingurgite chaque jour depuis un siècle et des poussières. Pour cette raison, mes pouvoirs de vampire se sont presque tous envolés. Toutefois, il y a cent ans jour pour jour, d'autres facultés sont apparues. Par exemple, je peux sortir en plein jour si le soleil ne brille pas dans le ciel, je supporte l'ail, j'entrevois mon reflet dans les miroirs et je me transforme en colibri plutôt qu'en chauve-souris. De plus, j'ai un nouveau pouvoir qui m'enchante : je comprends le langage animalier. C'est génial, puisque mon cher Plakett m'assiste au cours de mes enquêtes.

J'y pense, je n'ai pas encore bu ma potion de sang-dragon. Il ne faut surtout pas que je saute une dose, ni que je révèle mon secret à quiconque, sinon je pourrais perdre mes pouvoirs particuliers. Et ça, il n'en est pas question ! Belladona m'a aussi prévenue que d'autres facultés s'ajouteront avec le temps.

Au bar Le Sangria, je m'empare d'une éprouvette dans le frigo, puis retourne à ma voiture, avec Plakett sur les talons. Je prends le temps de relire avec bonheur un recueil de six aventures de mon détective favori. Je savoure entre autres *La ligue des rouquins*, une enquête des plus originales.

Le temps passe vite en bonne compagnie : il est déjà cinq heures du matin ! J'y pense, Padovnie est située à une centaine de kilomètres de Lasvegrad. Ça nécessite donc trois heures de vol pour s'y rendre. Le spectacle avait lieu à minuit. Jimmy et Marie-Blodie devraient être de retour bientôt.

Mes yeux se ferment tout seuls. Je m'assoupis, puis sursaute quand Plakett me lèche le menton. Ma montre indique six heures. Marie-Blodie et Jimmy ne sont pas encore rentrés. Qu'est-ce qu'ils fabriquent ?

Je sors de la voiture et scrute le brouillard qui enveloppe Brumenoire. Tout est silencieux. Seul un rai de lumière filtre toujours sous la porte du wagon-bibliothèque. Tout à coup, une chauve-souris perce le ciel embrumé. Jimmy apparaît, seul. Inquiète, je m'écrie aussitôt :

— Où est Marie-Blodie ?

— Euh… je ne sais pas, marmonne-t-il d'un air penaud.

Exaspérée, je hausse le ton :

— Comment ça, tu ne sais pas ?

— Elle a disparu.

Sous le choc, je reste muette. Après quelques secondes, je me ressaisis et lui lance :

— C'est une autre de tes blagues idiotes ?

dis-je en cherchant mon amie entre les voitures.

— Puisque je te dis qu'elle a disparu ! s'emporte-t-il.

— Qu'est-ce qui se passe ici ? s'enquiert alors Argus en sortant du wagon-bibliothèque. Je vous prie de baisser le ton, les vampires dorment. Où est Marie-Blodie ? demande-t-il à son tour.

— Elle a disparu, répète Jimmy, mal à l'aise. Je ne m'en suis pourtant éloigné qu'une seule fois, pour aller discuter avec une jeune fille qui me faisait les yeux doux et…

Il s'interrompt devant l'air furieux d'Argus. Le chef le somme de lui donner tous les détails.

— Quand je suis revenu au bar, Marie-Blodie s'était volatilisée. Personne ne l'a vue quitter les lieux. J'ai fait le tour du théâtre quatre fois pour la retrouver, je vous le jure ! assure-t-il en voyant les prunelles d'Argus changer de couleur. Elle est peut-être partie avec un garçon, ajoute alors Jimmy d'un air entendu.

Quelle remarque stupide ! D'un ton cassant, je réplique :

— Marie-Blodie est une grande romantique, mais elle ne partirait jamais avec un inconnu !

Jimmy ricane, puis s'arrête net quand Argus le chasse d'un geste brusque de la main.

— Allez, hors de ma vue ! ordonne-t-il.

Jimmy file, content de s'en tirer à si bon compte.

Le chef de Brumenoire constate que je tremble comme une feuille. Il me ramène à ma voiture, car le jour commence à se lever. Avant de me quitter, il murmure :

— Dès le coucher du soleil, viens me rejoindre à la bibliothèque.

J'opine de la tête sans dire un mot.

Avant de m'endormir, je fais la promesse de retrouver ma seule amie vampire…

2

Entretien avec un vampire

Au crépuscule, je me réveille et tends l'oreille. Peut-être que Marie-Blodie est revenue au bercail. Je me lève, puis vais cogner à sa porte. En entrant, j'ai la surprise d'y découvrir Argus, assis dans un fauteuil, qui feuillette un magazine de mode. Il a la tête d'un vampire qui n'a pas dormi de la journée.

— Je savais que tu viendrais d'abord jeter un œil à la chambre de Marie-Blodie, déclare-t-il. Moi aussi, j'espérais l'y trouver. À bien y penser, je préfère que notre entretien ait lieu ici plutôt qu'à la bibliothèque, où il pourrait

MODE FASHION

y avoir des oreilles indiscrètes. Ce que j'ai à t'annoncer est top secret.

J'enlève quelques vêtements qui encombrent le lit et m'assois, tout ouïe.

— Je crois que Marie-Blodie a été kidnappée.

Les bras m'en tombent. Argus poursuit :

— C'est la cinquième vampire qui disparaît en moins de cinq mois.

Revenue de ma surprise, je m'informe :

— Qu'est-ce qui vous amène à conclure qu'il s'agit d'enlèvements ?

— Le mode opératoire. *Primo*, une adolescente par mois. *Secundo*, chaque disparition a eu lieu à Padovnie, et *tertio*, toujours à la pleine lune. Sauf cette fois-ci : l'astre de la nuit ne sera entier que dans deux semaines. Si j'avais su, je n'aurais jamais laissé Marie-Blodie sortir de Brumenoire.

Une pensée soudaine me glace le sang.

— Peut-être que ce sont… des meurtres !

— Peu probable. Pas un corps n'a été retrouvé, ni aucun tas de cendre. Puisque nulle rançon n'a été exigée de la part du ravisseur, nous supposons qu'il exploite ces jeunes filles dans un but précis.

— Pourquoi gardez-vous ces disparitions secrètes ?

— Le Conseil de la reine en a décidé ainsi. Nous voulons éviter une émeute. Les mineurs, peu nombreux dans la communauté des vampires, sont précieux pour nous. S'ils étaient au courant, ils verraient rouge, crois-moi, affirme Argus. Et des vampires en colère, c'est plus dévastateur qu'un tremblement de terre !

— Surtout si le ravisseur est un humain...

— Ça nous étonnerait beaucoup. Maîtriser cinq jeunes vampires n'est pas à la portée du commun des mortels ! Par contre, un vampire hypnotiseur...

Je le regarde d'un air accusateur. Argus est lui-même le maître incontesté de l'hypnose. Il devine mes pensées.

— Tu me soupçonnes, alors que notre communauté me tient tant à cœur ?

Je rougis. Argus a ses défauts, mais il est intègre. Il l'a prouvé au cours de ma première enquête. C'est alors qu'une loi me revient soudain à la mémoire.

— L’enlèvement est illégal entre les créatures de la nuit, non ?

— Oui, mais tu sais comme moi que certains vampires détestent suivre les règles, soupire Argus.

— Qui enquête sur ces kidnappings ?

— C’est Roland D’Encresang, le journaliste d’enquête du *Vampyr Express*. Cependant, il manque à l’appel depuis deux semaines, précise le chef. Ce n’est pas dans ses habitudes. Nous croyons que sa disparition a un lien avec ses recherches.

Tout excitée, je m’écrie :

— Vous me confiez cette affaire ?

— Tu as ça dans le sang, non ? rétorque-t-il. Quand j’ai appris le rapt de Marie-Blodie, j’ai aussitôt prévenu la reine. Elle est d’accord pour que tu mènes l’enquête à ton tour. Tu l’as beaucoup impressionnée lors de ton passage à son château. Et puis la disparition de Marie-Blodie la bouleverse. C’est vrai que la reine a eu un coup de cœur pour mon amie. Sans plus attendre, j’ouvre la porte pour filer, mais Argus m’arrête, une enveloppe à la main.

— Tu y trouveras les photos ainsi que

les descriptions des victimes notées par D'Encresang. Les seuls points communs qu'on a pu établir entre les filles sont les suivants : ces adolescentes viennent de différentes parties du monde et sont sans famille. La preuve, personne n'a réclamé de recherches.

— Avez-vous une photo du journaliste ?

— Non, dit Argus. De toute façon, il est toujours déguisé, de peur de se faire reconnaître. Il prend son métier très à cœur. Il est aussi très discret sur ses enquêtes. J'ai trouvé la liste des victimes sous son bureau, collée avec du ruban adhésif ! Au verso, il a griffonné « Opération Jade ». Personne au Conseil n'en a jamais entendu parler. Des recherches dans Internet n'ont donné aucun résultat. Nous pensons qu'il s'agit d'un code. Je tenais à t'en informer.

— Merci. Puis-je enfin aller préparer mes bagages ?

— Ton enthousiasme fait plaisir à voir, dit Argus en souriant. Cependant, tu ne partiras pas seule.

— Bien sûr que non ! Mon fidèle Plakett m'accompagne.

— Jimmy sera aussi du voyage, déclare le

chef. C'est sans appel, ajoute-t-il malgré mes cris de protestation. Il n'est pas question que tu disparaisses à ton tour.

Je m'effondre sur le lit, vaincue. Bon sang ! Avoir Jimmy dans les pattes, ce ne sera pas de la tarte ! Argus me rassure :

— Il ne te suivra pas comme ton ombre, mais il ne sera jamais loin. Malgré ta débrouillardise, la reine a exigé la présence d'un vampire majeur à tes côtés. Aurais-tu préféré un vieux vampire radoteur et encombrant ?

Je sursaute. Vu sous cet angle... Je trouverai bien un moyen de me débarrasser de Jimmy. J'ai déjà ma petite idée. Argus poursuit :

— Un des copains de Jimmy, Frankie, habite un caveau dans le cimetière de Padovnie. Tu auras donc un pied-à-terre sécuritaire pour mener ton enquête.

Tu parles d'une veine ! Dormir dans un cercueil, en présence de deux garçons en plus ! Mais bon, Sherlock Holmes n'enquêtait pas toujours dans le confort et la joie.

— Maintenant, file te préparer, conclut Argus.

Ça ne tombe pas dans l'oreille d'une sourde !

Pendant que le chef rejoint Jimmy pour lui annoncer son nouvel emploi du temps, je réintègre ma chambre. Dans mon sac à dos, je range mon attirail de détective : une loupe, une lampe stylo, un nouvel ensemble d'outils pour crocheter les serrures, une petite paire de jumelles très puissantes, de la poudre à empreintes, une pincette et des sachets à indices. Je garde toujours calepin et crayon dans ma poche.

Je n'oublie pas le précieux cadeau que Marie-Blodie m'a donné : un peigne ayant appartenu à la reine du crime, Agatha Christie. Pour réfléchir, Sherlock Holmes joue du violon ou fume la pipe. Moi, je me lisse les cheveux. Je ne me préoccupe pas de mes vêtements, mes sempiternels pantalon et col roulé rouges me conviennent tout à fait.

Par contre, je change de bottes pour étrenner le présent que la reine m'a offert pour mes loyaux services. Ce sont des chaussures rouge framboise de Mata Hari, la célèbre espionne de la Première Guerre mondiale.

Les talons carrés sont creux. J'y glisse deux bombes puantes miniatures de mon invention. Elles sont composées de fientes d'oiseaux, d'ail moisi et de boue verdâtre tirée de l'étang où vit Lison, la créature des marais. Ces projectiles devraient être efficaces pour éloigner un ennemi éventuel.

Il ne me reste qu'à aller chercher mes éprouvettes au bar Le Sangria. Je prends tout, car j'ignore combien de temps durera mon absence. Je retourne à ma voiture, où Argus et Jimmy m'attendent.

— Tu es prête ? marmonne ce dernier d'un air bougon.

Je grimace. Il porte en bandoulière son satané violon qui me casse les oreilles ! Argus me tend alors deux billets pour le concert d'Acacia Mortis prévu pour samedi, le jour de l'Halloween.

— Ça tombe bien, vous passerez inaperçus, déclare-t-il.

Il a raison. J'avais oublié que Padovnie est surtout habitée par des humains.

Le chef se tourne ensuite vers Jimmy.

— Si Rouge-Babine a besoin de ton aide,

tu devras toujours être à sa disposition.

Jimmy pâlit et serre les poings.

— Si jamais elle disparaît, tu sais ce qui t'attend ?

— Ça va, j'ai compris.

— Cette enquête doit rester secrète, insiste Argus. Pas un mot à qui que ce soit. C'est clair ?

— Je ne suis pas idiot ! grogne Jimmy.

Je préfère ne pas commenter cette remarque. Nous quittons le wagon par-derrière, à l'abri des regards. Je confie mon sac à dos à Plakett et lui ordonne de nous rejoindre au cimetière de Padovnie.

— Une chance que j'ai dévoré une marmotte, je déborde d'énergie ! aboie-t-il en me léchant la main. À plus tard !

Plakett file à tombeau ouvert, aussi rapide qu'un guépard. Soudain, l'horloge de Brumenoire sonne neuf coups. Il est temps de partir.

3

Le fantôme du Sépulkra

Le trajet jusqu'à Padovnie se déroule dans le silence. Mécontent de sa mission de garde du corps, Jimmy boude. De mon côté, je jubile. En colibri, je le devance d'une centaine de mètres. Il doit être furieux !

Trois heures plus tard, nous survolons Lasvegrad avec ses nombreux casinos garnis de néons qui colorent le ciel. Nous ne sommes plus très loin de Padovnie, une ville que je n'ai jamais visitée. En fait, Padovnie n'était qu'un patelin sans intérêt avant l'arrivée d'Acacia Mortis. L'artiste a acheté le théâtre Sépulkra, où ses concerts sont toujours à guichets fermés. Sa venue a redonné vie et originalité au commerce local. De nombreuses boutiques gothiques, inspirées du style d'Acacia Mortis, ont poussé comme des pissenlits. Il va sans dire que les jeunes vampires de partout dans le monde ont un faible pour Padovnie.

J'aperçois enfin la petite ville. Je pique droit vers le cimetière quand Jimmy pousse un cri aigu et change de direction. Je le rejoins et nous atterrissons plutôt derrière un gros arbre, dans une rue tranquille. Dès que nous retrouvons notre apparence normale, Jimmy s'explique :

— J'ai oublié que mon copain Frankie travaillait au Sépulkra ce soir. C'est le barman de l'endroit. À pied, nous y serons dans quelques minutes.

Une petite marche pour me dérouiller les jambes n'est pas pour me déplaire. À cette heure tardive, il n'y a pas âme qui vive.

— Un humain serait fou de se promener dans le coin en pleine nuit, avec des vampires dans les parages ! ricane Jimmy en se léchant les babines.

— Tu es sérieux ? dis-je avec un frisson.

— Je rigole. À Padovnie, les vampires se tiennent tranquilles. Ce n'est pas évident, mais c'est trop chouette de vivre parmi les humains sans semer la panique.

Je comprends. Les vampires mènent souvent une vie solitaire d'un ennui mortel.

Nous arrivons enfin devant l'impressionnant théâtre entouré d'une haute grille. Le bâtiment ne manque pas de cachet. La façade est agrémentée d'une rangée de colonnes ouvragées et flanquées de gargouilles éclairées par des spots rouges. Orné de fenêtres en ogive, l'étage est couvert d'une toiture où trône une immense sculpture de chauve-souris.

À l'entrée du théâtre, un corpulent portier noir salue Jimmy.

— Kouchtar, je te présente ma petite sœur, déclare mon garde du corps en me serrant l'épaule. J'aimerais la présenter à Frankie.

L'armoire à glace nous fait signe d'entrer. Je fulmine.

— Ta petite sœur ! Et puis quoi encore ?

— Tu dois adopter un profil bas, non ? réplique Jimmy avec un sourire goguenard. Suis-moi. J'ai besoin d'un bon verre de sang frais !

SÉPULKRA

Au bar, je reconnais sans peine Frankie. On dirait un clone de Jimmy. Beau garçon, habillé de cuir noir, il me fait un clin d'œil.

Je grimace un sourire. Il verse à Jimmy un verre de sang conservé dans une bouteille de jus de tomate. C'est plus discret que des poches d'hémoglobine !

J'examine les clients. Vampires ou humains, ils ont tous une allure gothique. La seule chose qui nous différencie des mortels, c'est l'aura phosphorescente qui émane de nous dès la nuit tombée. Verte pour les adultes, jaune pour les mineurs. Seules les créatures de la nuit peuvent les distinguer. J'y pense, ce serait donc possible que le kidnappeur soit un loup-garou, une sorcière ou tout autre être nocturne…

Pendant que Jimmy demande l'hospitalité à Frankie, j'observe les lieux. Mon regard est d'abord attiré par le plafond cathédrale garni d'un lustre gigantesque. Les murs tendus de soie rouge vin donnent à la salle une atmosphère des plus chaleureuses. Les balcons sont enjolivés de moulures dorées. L'avant-scène est flanquée de deux colonnes tapissées d'affiches du prochain spectacle d'Acacia Mortis.

Je me rends soudain compte que Jimmy a délaissé Frankie pour embobiner une vampire charmée par son violon. Jimmy se sert de son instrument pour attirer les filles… Quel culot ! J'en profite pour interroger Frankie.

— Est-ce que Marie-Blodie est revenue ce soir ?

— Non, je l'aurais remarquée. Cette fille est tellement belle !

Je lui demande s'il serait possible de parler à Acacia Mortis. Qui sait, de la scène elle a peut-être vu le kidnapping de Marie-Blodie…

— Tu veux rire ? s'étonne Frankie. Elle n'accorde que des entrevues téléphoniques, et pas à n'importe qui. Elle est plutôt sauvage. Quant à ses musiciens, ils sont muets comme des tombes, sinon ils perdent leur boulot.

Elle est bien énigmatique, cette Acacia Mortis. Marie-Blodie m'a appris qu'elle n'enlève jamais son masque. Il paraît qu'il cache une atroce brûlure. Je suppose que ça fait partie de son personnage de laisser flotter autour d'elle une aura de mystère. Ça nourrit l'imaginaire de ses fans.

Je décide d'explorer le théâtre. Frankie me signale que l'étage n'est pas accessible; c'est le logement d'Acacia Mortis. Je me promène entre les rangées de sièges, à la recherche d'éventuels indices, mais tout est propre. Les balcons sont aussi impeccables, ainsi que les toilettes. La femme de ménage fait du sacré bon travail !

Je redescends et jette un œil à Jimmy, toujours en tête à tête avec la vampire. Je me glisse aussitôt derrière les lourds rideaux de velours noir de la scène. L'endroit est vide. Où sont tous les décors ?

Une grande trappe dans le plancher attire alors mon attention. Je m'en approche lorsqu'un courant d'air glacé m'effleure la nuque. Une voix chuchote :

— N'avance pas davantage.

Vive comme l'éclair, je me retourne. Mes yeux s'arrondissent. À un mètre du sol flotte un garçon, un balai à la main. Je m'écrie bêtement :

— Un fantôme !

— Sapristi ! s'exclame-t-il, ahuri. En cent ans, tu es la première vampire à me distinguer.

C'est peut-être à cause de ton aura différente…

C'est vrai que mon aura a tourné à l'orange depuis que j'ingère ma mixture de sang-dragon. Curieuse, je lui demande :

— Dans ce cas, comment as-tu deviné que je suis une vampire ?

— Facile, tu n'as pas d'ombre.

Ce fantôme est très observateur. Je remarque alors que sa tête ne cesse de tomber sur le côté. Il la ramène chaque fois d'un coup.

— Ce n'est pas douloureux, affirme-t-il devant mon air inquiet. Je lavais ce plancher quand je me suis cassé le cou en tombant par cette trappe ouverte. Depuis, elle est fermée à clé. Comment t'appelles-tu ? ajoute-t-il en me fixant de son regard lumineux.

Je le trouve sympathique, ce fantôme de mon âge. Ses vêtements d'une autre époque confirment qu'il est décédé depuis belle lurette. Qui sait, il pourra peut-être m'aider dans mon enquête ? Je me présente et lui demande ensuite son nom.

— Je m'appelle Anatole.

— Dis-moi, Anatole, qu'y a-t-il sous cette trappe ?

Il devient encore plus transparent et bafouille :

— Une… une immense cave. Elle contient des décors, des tonnes de costumes et d'accessoires, ainsi que des éléments du spectacle de Mlle Acacia. Il m'est impossible de franchir ce plancher, car j'ai trop peur de revoir l'endroit où je suis mort, souffle-t-il.

— Que fais-tu avec ce balai ?

— Je hante le théâtre à ma façon, en le gardant bien propre. J'ai découvert que je pouvais manipuler et déplacer les objets à ma guise, alors comme c'est tout ce que je sais faire…

Je le félicite de son excellent travail. Il rosit de plaisir. Je m'informe :

— C'était plein à craquer hier, non ?

Il opine du bonnet, ce qui l'oblige à tenir son cou pour éviter que sa tête ne tombe. Trop tard. Pendant qu'il la remet en place, j'entrouvre le rideau et lui indique Jimmy du doigt.

— Vois-tu le jeune homme au bar avec les cheveux luisants ? Hier soir, il accompagnait une jeune fille blonde très belle. Les aurais-tu aperçus par hasard ?

— Il y avait beaucoup de jolies filles, s'empourpre Anatole. Portait-elle un parfum ? Je suis très sensible aux odeurs.

— Oui, à la mandragore.

— Je l'ai senti, assure-t-il. Même que j'ai tournoyé plusieurs fois autour de cette demoiselle à la fragrance grisante. Qui est-ce ?

— Mon unique amie vampire. Elle a disparu et je suis très inquiète. Il faut que je la retrouve.

Anatole réfléchit, puis déclare :

— Elle est sortie du théâtre accompagnée d'un homme de taille moyenne très élégant dans son costume noir. Avec ses cheveux d'ébène et sa barbiche en pointe, il m'a fait penser au diable. Voilà pourquoi je m'en souviens si bien ! Ah oui, il portait une bague ornée d'un serpent.

Je sors aussitôt mon calepin de ma poche et note ces précieux indices.

— Était-ce un vampire ?

— Oui, car il avait une aura verte. Tu es détective ?

Je n'hésite qu'un instant. Au diable le profil bas ! À qui Anatole pourrait-il bien divulguer cette information ? J'approuve de la tête et ajoute :

— As-tu remarqué ce « diable » à d'autres occasions ? Car en plus de mon amie, quatre autres jeunes filles ont disparu.

— Non, mais je vais ouvrir grand mes yeux et mes oreilles.

Tout à coup, je pense à la mystérieuse Acacia Mortis. Anatole doit connaître son vrai visage. J'imagine qu'elle enlève son masque dans l'intimité !

— Dis-moi, Anatole, tu as sans doute déjà visité le logement d'Acacia Mortis, non ?

— Impossible, je suis coincé ici, affirme-t-il. Cet étage a été ajouté après ma mort.

— Tu dois quand même surveiller les coulisses lors de ses spectacles ?

— Oh non ! Elle change souvent de costume, tu comprends… rougit-il.

Je n'insiste pas. Je jette un œil au bar et observe que Jimmy me cherche.

— Je dois y aller, dis-je à mon nouvel ami. Je te remercie, Anatole.

— On se reverra bientôt, dis ? s'enquiert-il, la voix remplie d'espoir.

Émue, je hoche la tête, puis lui envoie la main avant de quitter la scène.

4

La liste rouge

Jimmy m'annonce que le bar ferme ses portes. Ce n'est pas le moment d'examiner les alentours du théâtre à la loupe, surtout avec Frankie dans les jambes. Je me promets de revenir dès que possible.

Après notre long vol, la fatigue se fait sentir. J'ai hâte de me reposer et de retrouver mon cher Plakett ! Nous marchons donc vers le cimetière où habite Frankie, et qui est situé à une quinzaine de minutes du Sépulkra. Je lui demande où je peux me procurer un plan de la ville.

— Il y en a un à deux pas du cimetière, à l'arrêt d'autobus. Tu devrais te plaire ici, ajoute-t-il, railleur. Jimmy m'a dit que tu adorais magasiner, comme toutes les filles, bien sûr ! Ça te fera patienter en attendant le spectacle d'Acacia Mortis.

Je jette un regard noir à Jimmy. J'ai horreur du lèche-vitrine ! Cependant, cette raison n'est pas si bête, puisque Frankie l'a gobée sans sourciller.

J'aperçois le cimetière. Le croissant de lune baigne l'endroit d'une lumière blafarde. Ce champ des morts est entouré d'un haut mur de pierre. Tiens, la grille de l'entrée n'est pas fermée à clé. Devant mon air surpris, Frankie dit :

— Depuis l'arrivée d'Acacia Mortis, le cimetière est toujours ouvert, car c'est un lieu gothique. Dans la soirée, il n'est pas rare d'y voir des visiteurs.

Tout à coup, j'entends une respiration saccadée. Plakett ! Je l'accueille à bras ouverts, heureuse de le revoir.

Je récupère mon sac à dos, puis Frankie nous entraîne vers les profondeurs du cimetière. Nous croisons un corbillard noir stationné sous un arbre aux longues branches crochues. Curieuse, je m'informe à propos de la présence

RIP

du véhicule en ces lieux.

— Je ne fais pas attention aux corbillards, répond Frankie en haussant les épaules. Ils sont fréquents ici. Dès qu'Acacia Mortis s'est installée à Padovnie avec le sien, plusieurs personnes s'en sont procuré. Il y en a de toutes les couleurs, c'est fou !

Frankie s'arrête enfin devant une dalle surmontée d'une vieille stèle ornée d'étoiles sculptées et à l'épitaphe illisible. En appuyant sur l'un des motifs, Frankie déclenche l'ouverture de la dalle qui pivote et dévoile une volée de marches. Nous disparaissons dans une entrée aussi noire que l'âme d'un ange déchu.

***

La dalle se referme dès que Frankie actionne du pied un levier sur le sol du caveau. Il allume ensuite les bougies d'un candélabre. Quatre cercueils vides reposent dans la pièce étroite. On se croirait dans un film d'horreur… Et qu'est-ce qu'il fait froid et humide !

Frankie me montre mon long cercueil, appuyé contre le mur du fond. Garni d'un oreiller et d'un drap de satin, il semble plutôt confortable. Il y a même un petit chandelier à la tête de mon « lit ».

J'y grimpe aussitôt, vite rejointe par Plakett, qui s'étend à mes pieds. Frankie sort alors de son cercueil une bouteille de Clos Caillot.

— Qui veut boire un verre ?

Je décline l'offre, mais Jimmy ne se fait pas prier. Ils trinquent comme si je n'étais pas là, ce qui fait bien mon affaire. J'en profite pour récupérer dans mon sac à dos l'enveloppe que m'a confiée Argus.

J'y trouve les photos des quatre victimes numérotées par ordre de disparition. Sur une feuille, leurs descriptions sont écrites en rouge par Roland D'Encresang :

Victime n° 1 : Kitty Blodekin. 14 ans. Américaine. 1,60 m. 50 kilos. Yeux verts. Cheveux roux bouclés. Vue pour la dernière fois à la librairie Nekros.

Victime n° 2 : Li Sang Su. 13 ans. Chinoise. 1,50 m. 45 kilos. Yeux noirs. Cheveux noirs mi-longs. Vue pour la dernière fois au cinéma Nosferatu.

Victime n° 3 : Nikita Tombovitch. 15 ans. Russe. 1,75 m. 60 kilos. Yeux bruns. Cheveux châtains courts. Vue pour la dernière fois à la boutique de musique Frénésie.

Victime n° 4 : Nora Mordillo. 13 ans. Marocaine. 1,60 m. 52 kilos. Yeux pers. Cheveux rouges en brosse. Vue pour la dernière fois à la boutique de chaussures La bottine sanglante.

Sur la feuille, j'ajoute :

Victime n° 5 : Marie-Blodie. 14 ans. Française. 1,60 m. 50 kilos. Yeux bleus. Cheveux blonds longs. Vue pour la dernière fois au spectacle d'Acacia Mortis. Le soir de sa disparition, a visité la boutique Blodgoth de Nemrod Blod.

C'est vrai que Roland D'Encresang prend son métier à cœur ! Ce petit dossier contient des informations détaillées. Je relis avec attention chaque description, cherchant des similitudes entre les victimes. Du côté physique, Nikita Tombovitch est beaucoup plus grande et athlétique que les autres filles, alors que Li Sang Su est très petite. Elles n'ont ni les yeux ni les cheveux semblables. Âgées de treize à quinze ans, elles sont toutes minces et paraissent en excellente forme.

Pourquoi le kidnappeur a-t-il recherché des vampires venant des quatre coins de la planète ? Quelle que soit la raison, choisir Padovnie pour ses enlèvements était idéal, car cette ville est fréquentée par des vampires du monde entier. Quel est son mobile ? En faire un gang notoire ? Les vampires volent, courent très vite et ils sont dotés d'une grande force. Qui soupçonnerait des jeunes filles ? Ma priorité est de retrouver Marie-Blodie, mais comme ces kidnappings semblent liés, je dois élargir mes recherches.

Sur mon drap de satin, j'étale les photos des victimes. Je remarque aussitôt les tenues originales des filles, signe évident qu'elles adorent la mode. Sauf peut-être Li Sang Su. Son allure me rappelle la mienne : col roulé et pantalon noirs, excepté les bottes à hauts talons. Je note aussi que Nikita Tombovitch porte une magnifique fleur écarlate à son corsage. Nora Mordillo, elle, arbore à son blouson une broche représentant un furet rayé noir et blanc du même motif que ses chaussures.

Je sors ma loupe et découvre que la vampire russe a un grain de beauté au centre du cou, tandis que le lobe des oreilles de Li Sang Su est tatoué d'une cible. Quant à Kitty Blodekin, les lettres de son prénom sont inscrites en rouge sur les doigts de sa main droite. Des détails que je m'empresse d'ajouter à leurs fiches. Puis, à la liste des disparues, j'ajoute bien sûr Roland D'Encresang. Au verso de la feuille, *Opération Jade*, souligné deux fois, est suivi de trois points d'interrogation. J'y pense, l'extraction du jade est très importante en Chine. Cela a-t-il un lien avec Li Sang Su ? À moins qu'il s'agisse d'un trafic de jeunes vampires…

J'entends Sherlock Holmes dire à Watson : « Il ne faut pas se baser sur des suppositions, mais sur des faits. »

J'ai donc besoin d'indices. Pour ne pas avoir Jimmy dans les jambes, une solution s'impose : enquêter le jour. Je règle ma montre pour neuf heures. J'irai visiter les boutiques et explorer les alentours du théâtre. Les commerçants se livreront peut-être davantage à une jeune fille qui recherche son amie…

Je cogne des clous. La route a été longue, je tombe de fatigue. Plakett ronfle déjà, et les deux garçons cuvent leur sang.

Je découvre que le caveau est habité par des insectes de tous genres et deux rats, dont l'un me rappelle Jimmy, avec sa fourrure hérissée et graisseuse.

Je m'endors le sourire aux lèvres.

***

Le bip-bip de ma montre me réveille en sursaut. Frankie, Jimmy et Plakett dorment à poings fermés. Mon chien n'a pas le pouvoir de se promener à la lumière du jour, je sortirai donc seule. Je ne risque pas d'être kidnappée, les vampires ne sortent que la nuit tombée. De toute façon notre aura est indécelable dans la journée.

Je répartis mon attirail de détective dans les poches de mon pantalon et de ma cape, puis sors du caveau.

Le ciel est gris, couvert de nuages. Quelle veine ! Je peux aller et venir à ma guise tant que le soleil reste voilé. Tiens, le corbillard noir est toujours à son poste. Curieuse, je m'approche. Il s'agit d'un modèle classique, aux vitres teintées en noir. Du côté gauche, l'aile est éraflée et le rétroviseur fissuré. La plaque d'immatriculation attire mon attention, car elle est rigolote : MOD 666.

À l'arrêt d'autobus, je mémorise le plan de Padovnie en quelques secondes. La ville est divisée par trois artères principales. Les boutiques ont toutes pignon sur rue au cœur de la cité. Ce sera donc ma première destination. Je terminerai par le théâtre, à l'autre bout de la ville. À vol d'oiseau-mouche, ce sera d'autant plus rapide.

Pour les fins de cette enquête, je me dois d'être très observatrice, car pour le moment je ne possède du kidnappeur que la description fournie par Anatole. La voix de Sherlock Holmes résonne alors dans ma tête : « N'oublie pas que la solution se trouve souvent dans les détails. »

Sur ce précieux conseil, je me transforme derrière une haie et m'envole.

5

La chasse aux indices

Frankie n'a pas exagéré. Pendant mon vol, je dénombre une vingtaine de corbillards qui circulent dans les rues de Padovnie ! En ce vendredi matinal, je n'aperçois que des adultes en retard au boulot et des enfants affublés de costumes qui se rendent en classe. Argus a raison. Cette fin de semaine de l'Halloween tombe bien : on ne fera pas attention à moi.

Par contre, on ne peut rater le centre-ville ! Vu du ciel, on dirait une araignée géante : tous les commerces sont peints en noir. Padovnie n'est pas surnommée « Gothic City » pour rien !

Je descends en piqué vers la première artère, où je découvre le cinéma Nosferatu. Son architecture rappelle celle d'un cercueil. L'endroit est fermé, mais j'y reviendrai ce soir avec Jimmy. On y présente *Les clowns zombies contre-attaquent*, un navet qu'il adore.

La rue suivante est bordée d'une kyrielle de boutiques. J'atterris derrière un arbre, vérifie qu'il n'y a personne aux alentours, et reprends mon apparence normale. En face de moi se trouve le magasin de Nemrod Blod, Blodgoth, un haut-de-forme démesuré.

Dans la vitrine teintée en rouge, un mannequin déguisé en sorcière côtoie un bourreau tenant une hache sanglante à la main. La scène est assez réussie. En ouvrant la porte, je sursaute. Un cri de mort remplace la clochette habituelle !

La boutique baigne dans la pénombre. Je lève la tête et observe que des caméras sont installées aux quatre coins du magasin. Un vendeur déguisé en vampire surgit alors de derrière un rideau de velours rouge.

Soudain, un détail me fait tourner le sang.

L'employé porte une bague ornée d'un serpent dont les ondulations forment les initiales du maître de la mode. Anatole m'a dit que le kidnappeur de Marie-Blodie portait justement une bague ornée d'un serpent ! Le hic, c'est que ce vendeur est un humain de grande taille. Aucune similitude avec la description d'Anatole. Malgré cela, je fais semblant d'admirer sa bague :

— Elle est très originale. J'aimerais bien en posséder une comme ça.

— Impossible, affirme-t-il avec un sourire pincé. C'est une création originale de Monsieur Blod, réservée seulement à ses fidèles employés.

Ça complique mes recherches. Alors, d'un ton admiratif, je m'exclame :

— Vous devez être un vendeur fort habile ! Quelle chance vous avez de travailler pour ce génie !

Pour tirer des confidences, la flatterie s'avère parfois très efficace.

De fait, le voilà qui se rengorge et murmure :

— Je vais te révéler un secret. Monsieur Blod met la touche finale à sa prochaine collection, qui sera présentée à Carmilla, la reine des vampires, ainsi qu'au gratin artistique, dans deux mois. Il travaille sans cesse pour combler sa prestigieuse clientèle. Cette année, ses créations sont basées sur le vert, la couleur de l'aura des vampires. N'est-ce pas un concept sublime ?

Je m'en balance, mais j'opine de la tête. Mon regard s'attarde sur les éclairages rouges qui mettent certaines pièces du vampire couturier en valeur. Un chapeau attire d'abord mon attention, car il ressemble beaucoup à celui porté par Kitty Blodekin. Ensuite, je vois une copie quasi exacte de la robe de Nikita Tombovitch. Je m'informe :

— Ce sont toutes des créations de Nemrod Blod ?

— Mais bien sûr, quelle idée ! s'exclame-t-il en détournant le regard.

Puis il s'essuie le front, tout à coup couvert de sueur. Ce vendeur ment ou je ne m'appelle pas Rouge-Babine !

Je quitte la boutique et m'assois sur un banc plus loin. Je note en détail cette rencontre, puis sors mon peigne et me lisse les cheveux.

NOSFERATU

Soudain, je fige. Et si Nemrod Blod était celui qui tire les ficelles ? J'imagine très bien un de ses fidèles employés kidnapper ces filles. Son mobile ? Utiliser l'imagination de ces demoiselles pour sa nouvelle collection. J'y pense, celle-ci est basée sur la couleur verte, d'où le nom d'Opération Jade !

L'excitation me gagne. Je tiens enfin une piste. Il s'agit maintenant de prouver ce que j'avance. Qui suspecterait Nemrod Blod, le chouchou de ces dames et le favori de la reine ?

À deux pas se trouve la boutique La bottine sanglante, dont la forme évoque une botte à talon haut entortillée dans un énorme lacet. Dans la vitrine, je reconnais sur-le-champ les souliers rayés de Nora Mordillo.

J'entre dans le magasin. Des chaussures extravagantes sont exposées le long des murs. Une immense affiche d'Acacia Mortis, chaussée de bottes provenant de la boutique, attire le regard.

Une dame déguisée en femme-chat m'accueille avec le sourire, puis s'extasie sur mes bottes. Je coupe court à ses cris admiratifs en sortant la photo de Nora.

— Je la recherche, c'est ma meilleure amie, dis-je les larmes aux yeux.

Lors d'une enquête, il faut parfois mentir et jouer la comédie pour obtenir des informations. Sherlock Holmes ne se gêne pas, lui !

De sa main gantée et griffue, la femme-chat serre la mienne :

— Ma pauvre petite, je suis au courant. Il y a quelques semaines, un homme est venu me poser des questions à son sujet. Il a d'ailleurs été fort désagréable, me soupçonnant même de l'avoir kidnappée. Quelle idée ! Cette jeune fille est une de mes meilleures clientes.

— Avez-vous remarqué si quelqu'un rôdait autour d'elle ?

— Oui... justement. Les deux dernières fois où Nora s'est présentée à ma boutique, j'ai remarqué un homme très chic dans un costume sombre, appuyé contre un corbillard noir. Il jetait souvent un œil à l'intérieur.

— Était-il grand ?

— De taille moyenne.

— Avait-il les cheveux noirs et une barbiche en pointe ?

— Je n'ai pas distingué son visage, car il

était caché par un chapeau à large bord.

— Portait-il une bague ?

— Aucune idée, répond la femme-chat. Tu sembles déçue.

Avec aplomb, je mens :

— J'ai cru que c'était son oncle.

— Je suis certaine qu'on la retrouvera saine et sauve, me rassure-t-elle. L'homme devait être une connaissance, car ils ont discuté, puis elle est montée sans hésiter dans le corbillard, ajoute la vendeuse.

Je la remercie, puis conclus mon entretien en montrant l'affiche d'Acacia Mortis du doigt.

— Assisterez-vous à son spectacle ?

— Bien sûr ! s'écrie-t-elle. Acacia Mortis est une artiste si excentrique ! D'ailleurs, elle m'a commandé tout un lot de chaussures de tailles diverses. Je suppose que c'est pour un décor.

Je sors de la boutique. Adossée à un arbre, je consigne notre conversation dans mon calepin. Ma théorie supposant que Nemrod Blod tire les ficelles tient toujours debout. Et l'homme dont m'a parlé la femme-chat est peut-être celui qui a aussi kidnappé Marie-Blodie : taille moyenne, bien mis, portant un costume sombre. Rien n'indique qu'il n'avait pas de bague.

Quant à cette gentille dame, je ne la crois pas du tout coupable. Je soupçonne plutôt Roland D'Encresang de mépriser les humains. C'est terrible, mais certains vampires considèrent les mortels comme de simples fontaines à sang ambulantes !

Je regarde ma montre. Déjà dix heures ! Sans tarder, je me dirige vers la librairie Nekros.

6

Menteuse? Vous avez dit menteuse?

L'éclairage tamisé dans lequel baigne la librairie Nekros confère aux lieux une atmosphère des plus reposantes. Derrière le comptoir, une dame d'âge mûr me sourit tout en refermant brusquement le livre qu'elle lisait. Je m'approche et déchiffre le titre : *Tout connaître sur les vampires*. Voilà qui est intéressant.

— Tes canines semblent tellement réelles !

s'exclame-t-elle.

Je lui raconte que mon oncle dentiste m'a offert ces prothèses pour l'Halloween. Sans lui laisser le temps de répliquer à mon mensonge, je lui montre la photo de Kitty Blodekin, que je présente aussi comme mon amie.

— La connaissez-vous ?

— Cette demoiselle est déjà venue ici il y a quelques mois, répond la dame. Je m'en rappelle, car elle avait une culture littéraire renversante. Elle récitait de mémoire des passages de livres des plus grands auteurs de la littérature fantastique comme Bram Stoker, Edgar Allan Poe et Jean Ray. Le journaliste qui m'a interrogée à son sujet s'en fichait, il me toisait même de façon gênante, au point où j'en ai perdu mes moyens.

J'ai vu juste, Roland D'Encresang ne porte pas les humains dans son cœur. Je poursuis mon interrogatoire :

— Auriez-vous omis de lui révéler certains détails ?

— Heu… oui. Je me souviens encore d'un client assis à cette table, qui bouquinait, précise-t-elle en la montrant du doigt. Il ne cessait

VAMPIRE

de jeter des regards furtifs à cette jeune fille. Je me souviens de lui, car il me rappelait mon défunt mari, explique la dame. De taille moyenne, tiré à quatre épingles dans son costume sombre, il portait des lunettes noires et une moustache. Il ressemblait à certains vampires décrits dans les livres.

— Avait-il une bague ?

— Maintenant que tu m'y fais penser... réfléchit-elle.

Je retiens mon souffle.

— Oui, reprend-elle enfin, c'était une bague ornée d'une bestiole.

Ça, c'est une veine ! Je continue :

— Cet homme a-t-il suivi mon amie ?

— Aucune idée. Je ne les ai pas vus sortir de la librairie, je conseillais un client.

Malgré ce détail manquant, mon enquête avance. La description de cet homme me laisse croire que le kidnappeur de Marie-Blodie et celui de Kitty Blodekin ne font qu'un !

Je ne quitte pas les lieux sans acheter une belle édition reliée en cuir de mon aventure préférée de Sherlock Holmes, *Le chien des Baskerville*, même si je la possède déjà en treize exemplaires différents !

***

Après avoir noté mon entretien avec la libraire, je marche jusqu'à l'artère suivante, bordée de boutiques tout aussi originales. Je reconnais du premier coup d'œil le magasin de musique Frénésie, avec sa tour couronnée d'une sphère, tel un microphone colossal. Dès que je franchis le seuil de la porte, mes tympans se ratatinent au son d'une musique tonitruante. Sans oublier la lumière froide et puissante qui agresse mes rétines. Bonjour la migraine !

Il est près de midi, l'heure du lunch pour les humains. L'endroit est rempli de jeunes à l'allure gothique. Je croise aussi un clown maléfique, un loup-garou et deux pirates.

Un employé déguisé en zombie m'offre son aide. Je lui montre d'abord la photo de Nikita, puis celles de Nora, de Li et de Kitty. Qui sait, elles sont peut-être déjà venues dans ce magasin... Les jeunes filles qui n'aiment pas la musique sont plutôt rares. Bingo ! Le zombie reconnaît tout de suite Nora.

— Je ne l'ai vue qu'une fois, mais ç'a été

un plaisir de discuter avec elle, crie-t-il pour couvrir les beuglements du chanteur. C'est une maniaque de musique et de danse.

Il accroche alors au passage une fille déguisée en sorcière.

— Dis, Clara, as-tu déjà vu ces filles ? hurle-t-il.

Elle pointe un doigt crochu sur la vampire russe.

— Celle-là, je la reconnais, c'est Nikita.

Je l'entraîne aussitôt dans une autre pièce, où l'on s'entendra parler.

— C'est une bonne amie, dis-je. Je la recherche.

— Une drôle de fille, observe l'employée. Elle était toujours à l'affût de nouvelles chansons sur les fleurs ! Il y a environ deux mois, elle m'avait confié qu'elle se sentait observée. Je ne l'avais pas crue, jusqu'à sa dernière visite. À sa sortie du magasin, j'ai remarqué un homme qui descendait d'un corbillard noir. Sa tenue était impeccable : élégant costume sombre, cheveux foncés et barbe taillée.

— Portait-il une bague ?

— Je n'ai pas fait attention. Il a suivi Nikita. Je n'ai pas pu l'avertir, car j'étais occupée avec un client. Désolée, mon patron me fait signe.

Je prends congé en poussant un soupir de soulagement. J'ai une migraine de tous les diables.

Cependant, cette visite m'a appris que Nikita a sûrement été enlevée par le ravisseur de Kitty et de Marie-Blodie. Les descriptions sont quasiment pareilles. Ce vampire futé utilise des postiches, tout simplement !

Il me reste à explorer les alentours du théâtre, où Marie-Blodie a disparu. De l'air frais me fera le plus grand bien. Derrière un corbillard vert, je me transforme en colibri, puis m'envole vers le Sépulkra.

***

De jour, l'imposant théâtre impressionne toujours autant. Toutefois, sans éclairage, les gargouilles ainsi que l'énorme chauve-souris semblent bien inoffensives.

La grille est cadenassée. Je franchis donc à vol d'oiseau cet obstacle, puis me pose derrière un arbre. En un clin d'œil, je retrouve mon apparence normale.

L'endroit est désert, c'est parfait ! Anatole a précisé que Marie-Blodie et son kidnappeur étaient sortis par la porte principale du théâtre. Je m'y rends et sors ma loupe, à la recherche du moindre indice. J'examine le seuil, puis l'allée de gravier qui mène au stationnement. Je n'y trouve qu'un ongle cassé, deux allumettes grillées, une gomme à mâcher encore collante et des mégots de cigarettes. Aucun indice sur l'enlèvement. Il est vrai que Marie-Blodie n'a pas suivi son ravisseur contre son gré. Mon idée qu'un employé de Nemrod Blod soit le kidnappeur n'est pas bête du tout. Mon amie est trop friande de mode pour résister à une invitation à aller visiter l'atelier du célèbre couturier !

Je fais le tour du théâtre quand j'ai la désagréable impression d'être épiée. Pourtant, tous les rideaux de l'étage sont tirés.

En tournant un des coins arrière du bâtiment, j'aperçois un jardinier. Un sécateur à la main, il taille un des magnifiques rosiers qui ornent l'endroit.

Je l'examine à son insu. De taille moyenne, il frôle la soixantaine. Un chapeau de paille sur la tête, il porte une salopette et une vareuse. Une lampe électrique dépasse d'une de ses poches.

Je m'approche. En me voyant, il s'immobilise.

— Comment es-tu entrée ? lance-t-il d'un ton soupçonneux. C'est une propriété privée.

Avec un aplomb qui me surprend moi-même, je réplique :

— J'ai trouvé une brèche dans la grille. J'espérais voir Acacia Mortis.

— Une autre fan, hein ? soupire-t-il en reluquant mon costume.

— Elle doit pourtant sortir, puisqu'elle a un corbillard ?

— Tu es bien curieuse, marmonne-t-il. Tiens, voilà le facteur, ajoute-t-il. Suis-moi.

Une des activités préférées de Sherlock Holmes consiste à examiner les mains, les vêtements et les souliers d'un individu pour le connaître davantage. Les mains de ce jardinier sont très propres, sans callosités. Sa salopette est impeccable et ses souliers neufs sont boueux, alors que le sol est sec. Bizarre.

Il ouvre la grille et récupère le courrier. Je file avant qu'il me demande où se situe la fameuse brèche. Je l'entends alors éternuer et me retourne. Le jardinier sort un mouchoir, mais c'est pour enlever la boue de ses souliers.

Comme Sherlock Holmes, je ne connais rien à l'horticulture. Par contre, si cet homme est jardinier, moi je suis mannequin professionnel !

Toutefois, il n'est pas un vampire, il n'est plus tout jeune et ne porte pas de bague ornée d'un serpent. Ça l'élimine donc comme suspect. De toute façon, Argus l'a bien dit : « Maîtriser cinq jeunes vampires n'est pas à la portée du commun des mortels ! »

Me voilà tout à coup étourdie. C'est la première fois que je reste des heures à la lumière du jour. À l'abri d'un arbre, je me transforme en colibri, ce qui me demande toute mon énergie.

En arrivant au cimetière, je remarque que le corbillard est toujours à son poste. Par bonheur, il n'y a pas de visiteurs. Devant la dalle de chez Frankie, je retrouve mon apparence, puis j'entre dans le caveau en titubant. Cette escapade diurne m'a exténuée. Je m'écroule dans mon cercueil et m'endors dès que ma tête touche l'oreiller.

7

Filature

Je suis réveillée par Plakett qui me lèche le visage. Le caveau est éclairé par les bougies du candélabre. Ma montre indique vingt heures. Bon sang ! J'ai dormi comme une marmotte ! Tiens, une note est épinglée sur le cercueil de Jimmy : « Sorti prendre un verre avec Frankie. De retour vers vingt et une heures. » J'en profite pour siroter ma mixture de sang-dragon. Je me sens tout à fait reposée. L'esprit clair, j'inscris dans mon calepin mon interrogatoire à la boutique Frénésie et ma dernière visite au théâtre. Nemrod Blod semble toujours tirer les ficelles de ces kidnappings. Alors où sont détenues Marie-Blodie et les filles ? L'atelier de la boutique Blodgoth est minuscule, et celui de Lasvegrad est très souvent visité par la reine. Le couturier ne prendrait pas un tel risque.

Mes réflexions sont interrompues par Plakett.

— J'ai faim ! gémit-il.

Ce chien est un estomac sur quatre pattes. Nous sortons donc du caveau. Tiens, le corbillard n'est plus là ! Curieuse, je marche jusqu'à l'arbre sous lequel il était stationné. Je décèle des ornières dans l'herbe. Le véhicule était immobilisé au-dessus d'une dalle au sol. Pourquoi la cacher ? Pendant que Plakett la renifle, je déchiffre l'épitaphe dont les lettres gravées en relief facilitent la lecture : *Ci-gît Onésime Julien, époux de Célestine Lafleur. 1886-1932.*

Soudain, une voix tranchante retentit :

— Éloigne-toi de cette dalle !

Je sursaute, tandis que Plakett montre les crocs.

Un vampire charpenté me toise d'un regard fixe. D'où sort-il, celui-là ? Je réplique :

— Ce cimetière est public, je lis les ins-

1886 - 1932

criptions que je veux.

— Tu l'as vue, cette dalle, alors décampe ! rétorque-t-il.

Je tourne aussitôt les talons. Quelques mètres plus loin, je me retourne. Adossé contre un arbre, il me suit des yeux. Bon sang ! Son regard fait froid dans le dos !

— Je flaire deux écureuils à trois cents mètres, jappe soudain Plakett, le museau pointé vers le nord.

Je le préviens que je vais au cinéma. Il me lèche la main, puis file à tombeau ouvert vers son prochain repas. Je jette à nouveau un œil derrière moi. Le vampire s'est évaporé.

C'est alors que Jimmy se pointe à l'entrée du cimetière, seul. La mine sombre, il m'annonce que Frankie a un rendez-vous galant.

Je ris sous cape.

— Le théâtre est fermé, ce soir, ronchonne-t-il, en raison des préparatifs pour le spectacle de demain. Seuls les machinistes ont l'autorisation d'y entrer. Qu'est-ce que madame la détective a prévu ?

— Que dirais-tu de voir un bon film

d'épouvante ?

Son visage s'éclaire. Sans plus tarder, nous nous transformons et volons jusqu'à l'arrière du Nosferatu. Après avoir retrouvé notre apparence normale, nous filons à l'entrée du cinéma. Ça alors, les gens font la queue pour voir ce navet ! Plusieurs personnes sont déguisées : clowns, zombies, créatures extraterrestres, bourreaux, sorcières… Un trio de vrais vampires attend son tour. Je m'approche de ces garçons à l'aura jaune et sors la photo de Li Sang Su.

— Auriez-vous aperçu cette fille quelque part ?

— Mais c'est Li ! s'écrie un des vampires aux longs cheveux blonds. Pourquoi la cherches-tu ? demande-t-il d'un air soupçonneux.

Avec mes yeux en amande, j'ai l'air un peu asiatique. Je réponds :

— Je suis sa cousine. Ça fait des mois que je ne l'ai pas vue.

— Tu es Fang, c'est ça ? suppose-t-il en changeant de ton.

J'opine aussitôt de la tête. Ouf ! Qui ne risque rien n'a rien ! En confiance, le jeune vampire continue :

— Nous aussi, ça fait un bail qu'on ne l'a pas aperçue. On vient souvent au Nosferatu, au cas où. Tu sais combien Li adore les films fantastiques.

C'est alors qu'un grand vampire s'approche :

— Vous parlez de Li ? Je l'ai croisée le soir où elle a disparu. Elle a quitté le cinéma en corbillard-taxi. Elle aime ce moyen de transport utilisé par les humains. Savez-vous quoi ? ajoute-t-il d'un air suffisant. J'ai voulu appeler la compagnie de taxis pour tenter de retracer le conducteur. La compagnie Taxi-Drak n'existe même pas !

Tiens, tiens… On dirait bien que le kidnappeur avait préparé son coup. Il savait que Li était amatrice de cinéma. La propriétaire de La bottine sanglante ainsi que l'employée de Frénésie ont aussi signalé la présence d'un corbillard devant les boutiques. Le ravisseur épie donc les allées et venues de ses futures victimes avant de les enlever. Comme s'il voulait s'assurer de quelque chose.

Toutefois, il n'a pas pu utiliser cette méthode avec Marie-Blodie. Elle n'avait encore jamais mis les pieds à Padovnie ! J'ai l'impression que le kidnappeur l'a enlevée sur un coup de tête.

Mon idée que Nemrod Blod tire les ficelles de l'Opération Jade n'est peut-être pas la bonne. Pourquoi aurait-il fait espionner ces filles ? Seuls les styles originaux intéressent un couturier...

On arrive enfin aux guichets quand un corbillard, coincé dans un bouchon, est immobilisé devant le cinéma. C'est celui du cimetière, j'en mettrais ma main au feu. Vitres teintées, aile éraflée, rétroviseur fissuré. Pourtant, la plaque d'immatriculation n'est pas la même. Difficile de l'oublier : MOD 666, alors que celle-ci indique MCL 808.

Le corbillard s'arrête plus loin, au carrefour, devant une animalerie nommée La bête noire. Le conducteur sort du véhicule. Je ne distingue qu'une silhouette à l'aura vert pâle. Il doit s'agir d'un vieux vampire. Il disparaît dans le magasin.

Au comptoir, Jimmy me tend mon billet. Je saisis plutôt son bras et l'entraîne vers la rue.

— Qu'est-ce qui te prend ? lance-t-il

furieux.

À quelques mètres de La bête noire, je m'assure que le vampire est toujours dans la boutique et m'approche du corbillard. Je scrute la plaque. Elle a été maquillée avec de la peinture noire et de la blanche !

Nous nous réfugions derrière un corbillard jaune citron, d'où la vue donne sur l'entrée de l'animalerie.

Cinq minutes plus tard, le vampire sort de la boutique en portant dans ses bras une grosse boîte de carton percée de trous. Il la dépose sur le trottoir, puis soulève le hayon du corbillard. Je note que le coffre contient des sacs d'épicerie. Que fait un vampire avec de la nourriture ?

Il lève alors la boîte marquée d'une estampille : « Amazonie. Fragile ». Pendant qu'il la range dans le coffre, je l'examine. De taille moyenne, ce vampire est vêtu d'un long imperméable sombre, et son visage est camouflé par un chapeau à large bord. Il a l'allure de quelqu'un qui ne veut pas être reconnu. Pourquoi ai-je alors une impression de déjà-vu ? Je retiens mon souffle quand je remarque une bague à son doigt. Je sors mes jumelles. Zut ! La bague est ornée d'un lézard aux yeux rouges. Toutefois, ma suspicion à l'égard de ce vampire ne me quitte pas. Je sais que l'intuition n'a pas sa place chez Sherlock Holmes. Tant pis, j'ordonne à Jimmy de le suivre.

Devant l'air renfrogné de mon garde du corps, je lui fais une proposition :

— Il y a une autre représentation à minuit. Nous reviendrons. File !

Jimmy me tire la langue, se transforme en chauve-souris et s'envole. De mon côté, je marche jusqu'à l'animalerie. J'y découvre des dizaines de cages contenant des corbeaux, des chats noirs, des rats blancs à queue noire, des grenouilles noires à pois rouges et des furets rayés noir et blanc. Ces derniers me rappellent aussitôt la broche de Nora Mordillo.

— Avez-vous déjà vu cette fille ? dis-je en montrant sa photo au vendeur.

— Oui, je me souviens de cette demoiselle. Elle adorait les animaux.

J'aperçois alors un reçu sur le comptoir. Il est à l'envers, mais j'arrive à lire l'objet de la commande : cinq *Lacerta diaboli* d'Amazonie, au coût de mille dollars chacun. Qu'est-ce que c'est que ces bêtes-là ? Je n'ai pas le temps de lire le nom de l'acheteur, car le vendeur s'est aperçu de mon manège. Rouge de colère, il retire d'un geste sec le reçu qu'il range dans un tiroir, me priant de quitter l'animalerie *illico*.

Je sors de la boutique, pensive. L'attitude du vendeur me laisse croire qu'il s'agit d'une vente illégale. Assise sur le bord du trottoir, je consigne dans mon calepin ma conversation avec les vampires et ma visite à La bête noire. Puis, derrière une auto, je me transforme en colibri et fonce au cimetière.

Le corbillard est stationné à l'endroit habituel, mais aucune trace de Jimmy. Ça, c'est inquiétant. Où peut-il être ?

Soudain, Plakett arrive, les pattes boueuses et un os dans la gueule. Impossible de le comprendre ! Je m'accroupis pour le calmer, posant une main sur le sol. Elle dérape alors dans une substance poisseuse. Délaissant son os, Plakett renifle la flaque.

— C'est le sang de Jimmy, grogne-t-il.

8

La découverte de Plakett

Grâce à son flair, Plakett retrace d'autres gouttes de sang qui nous mènent au caveau de Frankie.

J'appuie sur l'étoile de la stèle. Dès que la dalle pivote, je fais signe à mon chien de passer devant moi. J'allume ma lampe stylo, car le tombeau baigne dans le noir. Un gémissement retentit. Jimmy !

J'allume les bougies du candélabre et me précipite sur le blessé, étendu sur le sol. Il a une vilaine entaille au crâne, que Plakett s'empresse de lécher. La salive de mon chien vampire

agit aussitôt. La plaie cicatrise en un rien de temps ! Jimmy s'assoit et dit :

— J'ai suivi le corbillard comme tu me l'as demandé. Il ne s'est arrêté nulle part. Dès qu'il s'est stationné à sa place habituelle, je me suis transformé, caché par une stèle. Mais j'ai été matraqué par-derrière. Mon agresseur a une force du tonnerre !

Oups ! J'avais oublié de mettre Jimmy en garde contre le gardien de la dalle.

— Quand je me suis réveillé, poursuit-il, j'ai jeté un œil dans le corbillard. Il était vide. En tout cas, le message est clair : ce vampire veut qu'on lui fiche la paix ! ajoute-t-il en grimaçant de douleur. Être détective est plus dangereux que je pensais. Je suis désolé d'avoir raté ma filature.

Ai-je bien entendu ? Ce coup sur la tête lui a fait le plus grand bien, ma parole ! Par contre, il est pâle comme un mort. Je fouille dans le cercueil de Frankie et trouve une bouteille de Clos Caillot. Jimmy la boit au goulot et lâche un rot.

— Merci, ça va mieux, soupire-t-il. On oublie le cinéma, d'accord ?

Jimmy qui me demande mon avis ? Je me pince jusqu'au sang pour être certaine que je ne rêve pas.

Sans plus attendre, il s'étend dans son cercueil. Plakett pose alors sa patte boueuse sur ma main.

— J'ai fait une découverte, grogne-t-il.

Il trotte vers un mur du caveau où apparaît un trou creusé par des rats.

— De l'autre côté se trouve un dédale de passages, jappe Plakett. Il faut sortir d'ici pour y accéder.

Intéressant. Je croiserai peut-être le vampire au corbillard.

À l'extérieur, le ciel nuageux plonge le cimetière dans le noir. Plakett m'entraîne à quelques mètres du caveau de Frankie, près du mur arrière qui cerne l'endroit. Derrière un buisson épineux, mon chien disparaît dans un trou. C'est assez profond. J'y saute à mon tour et tombe sur un tas de terre. J'allume ma lampe stylo et découvre un long couloir d'environ un mètre de largeur sur deux mètres de hauteur.

— Qu'est-ce que je t'avais dit? sourit

Plakett. Ne me quitte pas d'une semelle, sinon tu pourrais t'égarer. Fais attention, des racines percent parfois le sol.

J'avance à pas lents, balayant de ma lampe stylo ce dédale de couloirs étroits et humides. À une intersection, mon chien tourne à droite.

— Où mène l'autre passage ?

— Nulle part. Il est bouché par un mur de ciment, répond Plakett en continuant de trotter, la truffe au ras du sol.

Je ne sais plus où je suis. Tous ces couloirs se ressemblent. Je commence à trouver cette excursion moins excitante.

— Nous y voilà ! jappe soudain Plakett.

Le passage aboutit sur un caveau éventré aux cercueils ouverts. Des squelettes y reposent toujours. Des os sont éparpillés sur le sol. Mon chien se jette sur ce festin.

— Tout ce chemin pour un tas d'os ? dis-je. Non mais, quel gourmand !

J'avance dans le couloir qui est obstrué par un énorme tas de pierres et de terre. Zut ! Plakett arrive alors en grondant :

— Je sens une présence.

Je fige. De la montagne de terre surgit

alors un petit chien blanc mignon comme tout avec ses taches noires sur les yeux. Il trotte vers nous. Ou plutôt, il flotte vers nous. Un chien fantôme ! Plakett l'accueille avec joie. Moi, je lui demande s'il a aperçu d'autres personnes que nous dans le labyrinthe.

Il pousse un jappement enroué. Le pauvre, il semble atteint d'un vilain mal de gorge. Je ne comprends rien à ce qu'il raconte. Plakett non plus d'ailleurs. Le petit chien tire alors ma cape, m'attirant devant l'amas de pierres. Il le traverse, réapparaît et recommence son manège. J'y suis !

— Ce chien fantôme nous indique que nous pouvons franchir cet obstacle !

Aussitôt, Plakett se met à gratter la terre. Il creuse un étroit tunnel dans lequel il disparaît. En enlevant quelques poignées de terre, j'arrive à m'y faufiler. J'aboutis dans un passage qui conduit à une porte en bois verrouillée. Serait-ce l'antre du vampire ?

Je cogne. Pas de réponse. Je colle mon oreille contre la porte. Aucun bruit. À l'aide d'un passe-partout, j'ouvre sans difficulté le cadenas, puis me glisse à l'intérieur.

— Il n'y a personne là-dedans, renifle Plakett.

L'endroit est plongé dans la noirceur. J'y promène ma lampe stylo et retiens un cri. C'est rempli de costumes, de décors et d'accessoires. J'éclaire le plafond et découvre une large trappe au-dessus de nos têtes. Bon sang ! Nous sommes sous la scène du théâtre Sépulkra ! Bizarre, j'étais certaine que c'était beaucoup plus grand.

— Je perçois un bruit, gronde tout à coup Plakett.

Bien que je n'entende rien, je me fie à mon chien, car il a une ouïe très fine. Nous quittons aussitôt les lieux. Je prends soin de refermer le cadenas.

Sans hésiter, le chien fantôme flotte vers un couloir parsemé de flaques de boue. Je remarque des traces de pas qui mènent à des marches en pierres mal taillées. Le petit chien pousse alors un jappement rauque et rebrousse chemin. Le labyrinthe est sa maison ; je comprends que l'extérieur lui fasse peur.

L'escalier est fermé par une trappe. Je la soulève avec effort et me retrouve à l'arrière du théâtre, non loin du rosier taillé par le jardinier. Avec ses souliers boueux et sa lampe de poche, il venait donc du labyrinthe ! Qui est-il, en réalité ? Le domestique d'Acacia Mortis ? Son metteur en scène ? Le kidnappeur ? Impossible, le ravisseur est un vampire !

Je referme l'ouverture dissimulée derrière un buisson, en jetant un œil à l'entrée du théâtre. La grille est ouverte. Des hommes déchargent deux gros camions de matériel scénique. Je me glisse derrière les véhicules, puis franchis le portail sans problème, Plakett sur mes talons.

Une promenade à l'air frais n'est pas de refus. Bon sang, la nuit s'achève déjà ! Mon chien trotte devant moi, s'arrêtant pour renifler tous les arbres et les bornes-fontaines.

De retour au caveau, je jubile, car la découverte de Plakett m'ouvre de nouveaux horizons. Ce labyrinthe souterrain s'avère l'endroit idéal pour détenir cinq vampires. Plus que jamais déterminée à retrouver Marie-Blodie, je décide d'explorer ce dédale de fond en comble dès la nuit prochaine.

9

Un spectacle d'enfer

Réveillée par des grincements de violon, je m'assois dans mon cercueil en grimaçant.

— Quelle marmotte ! lance Jimmy d'un air goguenard. Il est plus de vingt et une heures. Frankie est déjà parti au boulot. Le spectacle d'Acacia commence dans quarante minutes.

Zut ! Mon exploration souterraine devra attendre. D'un autre côté, le kidnappeur sera peut-être au théâtre, à l'affût d'une nouvelle victime…

Je bondis du cercueil, puis fouille dans mon sac à dos pour boire mon éprouvette de sang-dragon. Je cherche Plakett des yeux.

— Il avait envie de se dégourdir les pattes, déclare Jimmy.

Il était affamé, oui ! Tant pis, je le retrouverai après le spectacle.

Sous un brillant croissant de lune, nous marchons jusqu'au théâtre. En ce soir de l'Halloween, une foule bigarrée s'agglutine devant l'entrée : fantômes, vampires, monstres, sorcières, zombies et compagnie. Jimmy, lui, est déguisé en… violoneux ! Je le soupçonne de vouloir à nouveau charmer une demoiselle avec son instrument.

Plusieurs jouent du coude pour filer devant la scène, sur la piste de danse. Je préfère mon excellente place au balcon, qui me donne une vue sur toute la salle. Je compte cinq jeunes filles vampires, moi comprise. À bien y penser, on ne risque pas de se faire enlever sur notre siège ! De plus, aucun spectateur n'a l'allure du kidnappeur.

Dès que les lumières s'éteignent, un silence de mort tombe sur le théâtre. Le rideau se lève dans une noirceur totale.

Soudain, des spots verts s'allument sur

Acacia Mortis. Éblouissante dans une longue robe noire à paillettes, l'artiste fait une révérence, sa longue chevelure blonde ruisselant sur ses épaules. Que de mystère elle dégage, avec son masque de porcelaine blanche !

On distingue à peine ses musiciens, en retrait sur une plate-forme. Il n'y a aucun décor.

Les notes de son premier succès résonnent alors dans la salle. Dès qu'Acacia entonne la chanson tendre, d'une fort jolie voix d'ailleurs, le public est sous le charme.

Malgré son masque, la voix d'Acacia est claire. Un enregistrement, à coup sûr. Lorsqu'elle termine sa ballade, un détail me chicote, sans que j'arrive à mettre le doigt dessus. Zut ! Elle disparaît dans un épais nuage de fumée qui enveloppe toute la scène. Le théâtre croule sous les bravos. Des fans, il va sans dire, car ce numéro n'était pas impressionnant.

Quelques instants plus tard, Acacia réapparaît, vêtue cette fois d'une robe en papier composée de centaines de pages de livres. Elle entame la chanson à un rythme d'enfer, tout en escaladant des montagnes de bouquins. Dans les deux pièces suivantes, des livres sont

projetés sur Acacia. À une vitesse folle, elle les repousse de ses mains gantées et de ses pieds nus. Quelle karatéka ! Ce segment se termine par un autre rideau de fumée.

À son retour, Acacia porte une courte robe conçue de rouleaux de films désembobinés et chausse des bottes à talons hauts. Un casque antibruit discret couvre ses oreilles. Derrière elle sont projetées des images de films d'épouvante sur deux grandes toiles. Pendant qu'elle chante, elle dégaine soudain une arme et vise les yeux des monstres sur les écrans, sans jamais rater la cible. Bang ! Bang ! La foule est en délire !

Le quatrième numéro me laisse bouche bée : la scène du théâtre est remplie de fleurs rouges qui embaument. Vêtue d'une combinaison noire et chaussée de ballerines, Acacia exécute de fabuleuses pirouettes sur une musique endiablée. Après cette performance, elle s'élance et bondit sur un des spots, un bouquet à la main. Puis, d'un formidable saut, elle se retrouve accrochée au gigantesque lustre.

Sans crier gare, elle saute ensuite jusqu'à notre balcon, à deux mètres de moi ! Je note qu'elle n'est même pas essoufflée. Son aura verte brille de mille feux. Pendant qu'elle entonne une chanson, debout sur le bord du balcon, je remarque une petite marguerite rouge dessinée sur sa gorge. Quel souci du détail ! Sa pièce terminée, elle lance sa gerbe de fleurs à Jimmy, effectue un bond prodigieux et atterrit en souplesse sur la scène parfumée. Aussitôt, un nuage de fumée recouvre de nouveau le décor.

Hébété, Jimmy n'arrête pas de répéter :

— Elle m'a offert un bouquet. Frankie sera vert de jalousie !

En dernière partie, Acacia est vêtue d'une robe toute simple, rayée noir et blanc. Le décor est composé de dizaines de rats blancs à la queue noire. Pendant qu'elle chante, elle déambule parmi les petites bêtes. Elles lui obéissent au doigt et à l'œil, formant une rangée derrière elle, comme de petits soldats.

Acacia enchaîne avec trois succès accompagnés d'un numéro de danse à couper le souffle. Les rats ne sont jamais en reste, suivant la cadence avec leur queue. Acacia saute du charleston au hip-hop, du twist au ballet, dans un tourbillon de figures exécutées à la perfection.

Elle termine sa prestation agenouillée et encerclée par les rats. Des bouffées de fumée noire sortent alors de son masque, par sa bouche et ses yeux, en serpentant vers le plafond. Soudain, elle se transforme en chauve-souris.

— Parfois, elle se change en loup, murmure Jimmy à mon oreille.

Pas de doute, Acacia est une vampire puissante. Ses congénères présents dans la salle sourient d'un air entendu, ce qui n'est pas rien. Les vampires sont très difficiles à impressionner. Les humains, eux, hurlent leur admiration pour cette artiste des plus originales. Je ris sous cape quand j'entends plusieurs humains s'extasier… sur les effets spéciaux !

Acacia tournoie au-dessus des spectateurs, puis disparaît derrière le rideau qui se ferme. On réclame son retour, mais le rideau reste baissé. Elle doit être épuisée !

Le lustre se rallume. Nous quittons le balcon pour rejoindre le bar. Jimmy tient dur comme fer à montrer son bouquet à Frankie. Il y a tellement de monde que je le perds de vue. Je me réfugie dans un fauteuil, quand un courant d'air froid me chatouille les oreilles. Anatole !

— Enfin, je te trouve ! s'exclame-t-il avec un grand sourire. Quel spectacle, hein ? Je voulais te dire que j'ai revu le vampire qui avait quitté le théâtre avec ton amie, ajoute-t-il.

Mon sang ne fait qu'un tour.

— Où est-il ?

— Il est parti, seul. Et, euh… ajoute-t-il en se tordant les mains, ce n'était pas un serpent qu'il y avait sur sa bague, mais un lézard aux yeux rouges. Je me suis collé le nez contre sa main pour vérifier, précise-t-il.

Je reste bouche bée.

— Ton amie parfumée m'a troublé, avoue le fantôme. J'en ai perdu mes moyens. Désolé de m'être trompé.

Bon sang ! Il s'agit de la bague que porte le vampire au corbillard ! Je crois que j'ai enfin trouvé le kidnappeur ! Dire que j'ai basé mon enquête sur une fausse donnée, et fournie par un fantôme en plus… Sherlock Holmes aurait honte de moi, lui qui ne croit pas aux esprits !

Une idée me passe alors par la tête.

— Dis-moi, Anatole, connais-tu le latin ?

— Bien sûr, je l'ai étudié à l'école.

— Que signifie *Lacerta diaboli* ?

— Lézard du diable. Pourquoi ?

Le vampire au corbillard a donc commandé des lézards en provenance d'Amazonie et porte une bague à leur effigie… Quel peut bien être le rapport avec les kidnappings ? J'y pense, il doit détenir les filles dans le labyrinthe, de l'autre côté du passage bouché accessible seulement par la dalle qu'il cache avec son véhicule. D'où la présence du gardien vampire pour protéger l'entrée. Les pièces du casse-tête commencent enfin à se mettre en place.

— Anatole, tu es fantastique ! dis-je en baisant sa joue transparente.

J'ai l'impression d'embrasser dans le vide, mais Anatole devient rouge comme une tomate ! Sans tarder, je quitte mon timide ami qui me souhaite bonne chance.

Je ne préviens pas Jimmy. Il est assailli par des fans et des journalistes à propos du bouquet d'Acacia. Ce serait bête de le priver de ces minutes de gloire.

Je me faufile hors du théâtre. Direction, le cimetière !

***

Tout en marchant, j'entends la voix de Sherlock Holmes qui résonne de nouveau dans ma tête : « Concentre-toi sur les détails. » Je sors mon calepin et relis toutes mes notes. Tout à coup, je m'arrête, relisant à nouveau la liste rouge. Non, ce n'est pas possible !

Je repense au spectacle, encore tout frais dans ma mémoire. Je revois Acacia dans son numéro sur le cinéma, en bottes à talons hauts et casque antibruit : quelle excellente tireuse ! Li Sang Su est toute petite, adore le cinéma et a des cibles tatouées sur le lobe de ses oreilles. Dans le numéro aux fleurs, Acacia chausse des ballerines, excelle dans les figures acrobatiques et a une petite marguerite peinte sur la gorge. Ne serait-ce pas pour dissimuler un grain de beauté ? Comme celui de Nikita Tombovitch, cette grande fille au physique d'athlète qui aime les fleurs ? Fébrile, je feuillette mon calepin et retrace une remarque de la vendeuse de La bottine sanglante : « Acacia Mortis est une artiste si excentrique ! Elle m'a commandé un lot de chaussures de tailles diverses. Je suppose que c'est pour un décor. »

Et si c'était pour chausser les pieds de différentes filles ? Je m'assois sur le bord du trottoir pour réfléchir. Dans le numéro avec les livres, Acacia fait du karaté et porte des gants. Ne serait-ce pas pour cacher un tatouage à la main droite, comme celui de Kitty Blodekin, qui adore les livres ? Au dernier numéro, Acacia danse parmi des rats dressés. Nora Mordillo vénère cet art et adore les animaux. Ça fait trop de coïncidences ! Et Marie-Blodie ? Elle ne semble pas faire partie du lot.

Je sors mon peigne et lisse mes cheveux. Je me concentre sur le premier numéro. Non, ce n'était pas mon amie, j'aurais reconnu sa gestuelle empruntée. Je revois les spots verts se promenant sur Acacia. Quelque chose cloche, mais quoi ? Un commentaire d'Anatole me revient tout à coup à l'esprit : un vampire n'a pas d'ombre. Bingo ! Acacia avait une ombre ! Dans l'unique numéro qu'elle a exécuté elle-même, le choix de la couleur des spots était significatif : impossible d'y distinguer une aura verte… Acacia y donne l'illusion d'être une vampire alors qu'elle est humaine ! Quoi de plus facile que de dissimuler les visages des filles derrière des masques et des perruques blondes ?

Ce que je me demande, c'est comment son complice a réussi à les contrôler… Tout à coup, je me ronge les sangs. Si mes déductions sont exactes, pourquoi Marie-Blodie a-t-elle été kidnappée ?

10

L'Opération Jade

Au cimetière, une surprise m'attend. J'ai oublié que c'est l'Halloween, la fête des morts. L'endroit est occupé par plusieurs corbillards. Celui qui m'intéresse est toujours stationné à la même place. Je crois avoir élucidé ce mystère : une trappe dans le fond du véhicule doit donner sur la dalle cachée.

Soudain, j'entends trotter derrière moi. Plakett ! Je lui confie mes déductions et lui explique mon plan. Pendant que mon chien fait le guet, j'ouvre la portière avant avec un de mes passe-partout. Mon assistant se précipite à l'arrière du corbillard et gratte le tapis qui recouvre le large coffre. Je le soulève et découvre… une trappe. J'ai vu juste ! Maintenant, il faut trouver le mécanisme d'ouverture.

À quatre pattes, ma lampe stylo entre les canines, je promène mes doigts sous les sièges, quand je tombe sur deux perles noires. Elles proviennent du collier de Marie-Blodie, j'en mettrais ma main au feu !

Plakett pousse alors un jappement étouffé. En tournant le bouton de la radio avec sa patte, la trappe s'est soulevée. Dessous apparaît la dalle au nom d'Onésime Julien. Je réfléchis, puis j'appuie en même temps sur le *O* et le *J*, pour *Opération Jade*, bien sûr ! La dalle pivote et révèle une volée de marches. Sans hésiter, Plakett plonge dans le noir. Ma lampe stylo à la main, je descends à mon tour. Il n'y a pas de caveau, juste un long couloir.

— On n'est jamais venus dans cette partie du cimetière, grogne Plakett. Je reconnais le parfum de Marie-Blodie.

Mon cœur bat à tout rompre. Je talonne mon chien, pressée de retrouver mon amie.

Après un bon moment, nous croisons le passage obturé par du ciment. Quelques minutes plus tard, j'aperçois au bout du couloir une porte en métal munie d'un clavier à code composé des vingt-six lettres de l'alphabet.

Je ne dois pas me tromper de code, sous peine de déclencher l'alarme. Voyons voir… Lézard ? Kidnapping ? Soudain, je me frappe le front et commence à appuyer sur les touches *o p e r a t*… quand un violent coup derrière la tête me fait tomber dans les pommes.

***

Je me réveille ficelée sur une chaise, un bâillon sur la bouche. Plakett, lui, brille par son absence. Je constate que je me trouve dans une espèce de laboratoire. Des bocaux aux substances étranges garnissent des étagères. Un réfrigérateur ronronne dans un coin. Des dizaines d'aquariums contenant des lézards aux yeux rouges occupent tout un mur. Dans des cages sont enfermés les rats du spectacle. Au centre de la pièce, six cercueils forment un cercle. Pourquoi six ?

Je retiens un cri, car un homme en sarrau blanc se relève de derrière une table. C'est le jardinier !

Un lézard sur l'épaule, il se promène d'un cercueil à l'autre en se frottant les mains. Il porte à l'annulaire droit une bague ornée d'un lézard aux yeux rouges. Bon sang ! Le jardinier et le vampire au corbillard ne font qu'un ! Il a une faible aura verte, c'est donc un vampire. Comment peut-il sortir le jour ? En tout cas, il chausse toujours les mêmes souliers, d'où mon impression de déjà-vu.

Tout à coup, je sens une présence derrière moi. Je tourne la tête : le gardien vampire me tient compagnie. Mon agresseur, à coup sûr. Il a toujours son regard fixe qui me fiche la trouille.

— Te voilà enfin réveillée ! s'exclame alors le soi-disant jardinier.

Il me rejoint et retire mon bâillon. Aussitôt, je me renseigne :

— Où est Marie-Blodie ? Je veux la voir !

— Calme-toi. Elle dort dans un des cercueils.

Piquée par la curiosité, je le mitraille de questions :

— Pourquoi l'avez-vous kidnappée ? Comment contrôlez-vous les quatre filles dans le spectacle d'Acacia ? Qui êtes-vous exactement ?

— Tu en sais beaucoup plus que je le croyais, remarque-t-il d'un air admiratif. Je devrai me débarrasser de toi.

Un frisson me parcourt l'échine.

— Je peux donc bien satisfaire ta curiosité, ajoute-t-il. Tout d'abord, je suis biologiste. J'ai toujours été fasciné par les vampires. Il y a six mois environ, j'ai mis la main sur un vieux grimoire écrit par un obscur biologiste alchimiste. J'y ai appris que le sang vert d'un certain lézard, le *Lacerta diaboli*, permettait de contrôler les vampires.

Malgré mon air dubitatif, il poursuit :

— Fort de cette information, j'ai capturé un vampire à sa sortie d'un casino à Lasvegrad à l'aide d'un chapelet de gousses d'ail enroulé autour de son cou. J'ai d'abord prélevé une bonne quantité de sang sur mon cobaye pour des fins d'analyses. Ensuite, je lui ai injecté une petite dose de ce fameux sang vert. Il a obéi à tous mes ordres ! Le problème, c'est que lorsqu'il a repris ses esprits, il se souvenait de tout. J'ai donc dû le supprimer. Un bon bain de soleil a fait le travail.

Un vampire contrôlé par un humain. Argus croyait que c'était impossible !

— Dans ce fameux grimoire, continue le biologiste, j'ai aussi appris que le sang de quatre vampires adolescents venant des quatre coins du monde donnait non seulement l'immortalité, mais aussi les talents de ces jeunes vampires, à condition qu'il soit transfusé à la pleine lune.

Curieuse, je m'informe :

— Comment avez-vous réussi à capturer ces filles ?

— Je m'injectais de petites doses de sang du vampire de Lasvegrad. Ainsi, j'avais certains de vos pouvoirs, dont celui de distinguer vos auras, tout en restant humain. Avec de si faibles quantités, je n'avais aucun risque de me transformer en vampire.

Voilà pourquoi il dégage un halo vert pâle et peut sortir à la lumière du jour. Mon air intéressé l'incite à continuer.

— Pour chaque mission, je changeais de tête et je portais cette bague, le symbole de l'Opération Jade. Vêtu de mon plus bel habit, je me présentais comme l'agent d'Acacia. Ces vampirettes m'ont suivi sans aucune difficulté.

— Et le journaliste ?

— Dis donc, toi, tu es bien renseignée ! s'écrie-t-il, l'air étonné. Peu après mon quatrième kidnapping, je l'ai surpris à me filer. J'ai encore utilisé un chapelet de gousses d'ail pour le coincer. Pas trop malin, ce journaliste, ajoute-t-il en pointant un doigt vers le vampire derrière moi.

Je sursaute. Bon sang ! Roland D'Encresang est mon assaillant ! Voilà qui explique la présence du sixième cercueil. Je réplique :

— Pourtant, il était déjà au courant de l'Opération Jade.

— Un coup de chance, rétorque le biologiste. Quand je l'ai piégé, il m'a avoué qu'il m'avait repéré depuis quelque temps. Il m'avait entendu parler de l'Opération Jade avec Acacia, sur mon cellulaire. Il fait un excellent homme à tout faire, convient-il. Le seul hic, c'est qu'il est costaud. Alors que les filles n'ont besoin que d'une dose journalière de sang vert, Roland a besoin d'une double ration pour que la magie opère. Je n'ai pas pris de risque, j'ai commandé tous les derniers *Lacerta diaboli* accessibles sur le marché noir.

Je repose la question qui me brûle les lèvres :

— Pour quelle raison avez-vous kidnappé Marie-Blodie ?

C'est alors qu'une porte dissimulée dans le mur du fond s'ouvre sur Acacia Mortis. J'entrevois quelques décors derrière elle. Je suis donc sous la scène du théâtre, divisée en deux pour l'Opération Jade.

L'artiste salue l'homme au sarrau blanc et s'avance vers moi. Son masque inexpressif me fait froid dans le dos. Elle soulève mon menton et déclare :

— Voici donc la fameuse Rouge-Babine ! Marie-Blodie nous a parlé de toi en termes fort élogieux.

— Pour répondre à ta question, reprend le biologiste, ton amie ne devait pas faire partie de l'opération. Mais quand je l'ai aperçue, j'ai tout de suite pensé l'offrir en cadeau à ma fille, glousse-t-il.

— Quel gentil et attentionné papa tu es ! soupire Acacia.

J'ouvre grand les yeux. Son père? Devant mon air ahuri, ils éclatent de rire. La même étincelle de folie brille dans leur regard. La flatterie est-elle aussi efficace chez les fous pour obtenir des confidences? Il n'y a qu'une seule façon de le savoir. D'un ton admiratif, je lance:

— Si j'ai bien compris, l'Opération Jade n'avait qu'un but, créer un spectacle sublime, unique au monde. Quel plan astucieux!

Comme je l'espérais, gonflée d'orgueil, Acacia se livre:

— C'était mon idée. Avant de déménager à Padovnie, j'étais caissière dans une épicerie. Je chantais dans les restos-bars la fin de semaine. Comme ma mère avait été une grande artiste, je rêvais de suivre ses traces. Mais je n'avais pas le charisme et l'originalité qui différencient les stars du commun des mortels. Puisque le style gothique est à la mode, j'ai eu l'idée de devenir Acacia Mortis, la chanteuse au masque de porcelaine. Avec un clip diffusé sur Internet, j'ai connu un bref succès, le temps d'une chanson. J'étais loin d'être satisfaite. Pour m'illustrer, il fallait que je devienne une artiste d'exception. Avec l'aide de mon père, nous avons intégré ces vampires au spectacle.

Intégré ? me dis-je en serrant les poings. Elles ont été forcées, oui !

— Sous l'influence du sang vert, poursuit Acacia, Kitty Blodekin a composé toutes mes autres chansons. Les vampirettes ont été sélectionnées pour leurs talents qui en mettent plein la vue. Papa a dû épier plusieurs jeunes filles et glaner des informations avant que nous fixions nos choix. Ça valait le coup, car l'Opération Jade est un succès. Mais il a fallu que tu y fourres ton sale petit nez ! fulmine-t-elle.

Faisant fi de sa colère, je demande :

— Pourquoi les filles font-elles encore partie du spectacle ? Vous n'avez qu'à boire leur sang pour acquérir leurs talents, non ?

— Les directives du grimoire sont formelles, intervient le biologiste. Le sang prélevé sur chaque fille doit être transfusé à Acacia à la prochaine pleine lune pour être efficace à cent pour cent.

— J'attends ce moment avec impatience, soutient Acacia. Je n'aurai plus à me cacher derrière un masque, car je serai une vampire chanteuse aux remarquables talents ! Dès ma transformation, je me débarrasserai de ces quatre vampirettes.

Devant mon air horrifié, elle s'étonne :

— Tu ne penses quand même pas que je vais les libérer pour qu'elles aillent tout raconter ! Les vampires sont trop cruels. Ils ne feraient qu'une bouchée de nous !

Sur ce point, elle n'a pas tort.

— Tout de même, quel pied de nez à ces créatures des ténèbres qui se croient supérieures aux humains ! s'esclaffe-t-elle.

— Tu as tout à fait raison, ma fille, approuve son père, hilare.

Je ne desserre pas les canines, attendant la fin de leur sinistre rigolade.

— Et Marie-Blodie ? Quel rôle joue-t-elle dans l'Opération Jade ?

— Ta chère amie est l'exception qui confirme la règle, déclare Acacia en enlevant son masque.

11

Sonate en grincements majeurs

Je pousse un cri de surprise. On dirait la sœur jumelle de Marie-Blodie ! Toutefois, la folie qui suinte du visage d'Acacia altère sa beauté.

— Tu as l'air stupéfaite, ricane-t-elle. Marie-Blodie me sera fort utile. Elle me servira de doublure. Elle passera des entrevues à ma place, posera pour les magazines. C'est la fille parfaite pour ce genre de choses insignifiantes. Elle est si superficielle !

Mon sang ne fait qu'un tour. Pas question que Marie-Blodie devienne la marionnette de cette cinglée !

Du coin de l'œil, je vois que le père d'Acacia sort une seringue d'un bocal.

— Que manigancez-vous ? dis-je, soudain inquiète.

— Je vais faire des prélèvements de ton sang, qui m'intéresse au plus haut point, déclare-t-il. Tu es une vampire très spéciale, j'ai remarqué ton aura orange lors du spectacle. Je t'ai reconnue tout de suite : c'est toi qui furetais autour du théâtre en plein jour ! C'est Acacia qui m'a prévenu de ta présence. J'ai dû interrompre mes injections de sang vert pour te chasser des lieux en m'improvisant jardinier.

Je frétille comme un ver sur ma chaise, mais les liens du journaliste sont solides. Le père d'Acacia s'approche. Je crie alors de toutes mes forces. Il éclate de rire.

— Personne ne peut t'entendre.

L'aiguille n'est plus qu'à un centimètre de mon bras.

***

Soudain, un courant d'air froid me caresse le visage. Je lève la tête. Anatole flotte près de moi ! Je suis à peine remise de ma surprise que le système d'alarme de la porte d'entrée se déclenche. Le biologiste fige. Acacia ordonne au journaliste de s'occuper de l'intrus. Roland D'Encresang se dirige aussitôt vers la porte et l'ouvre d'un coup.

Jimmy surgit, Plakett sur les talons. Brave chien, il est allé chercher de l'aide ! Plakett se précipite vers nous en grognant. Il peut être très impressionnant avec ses yeux rouges et ses longs crocs. Acacia me lâche et son père recule. Je l'ai échappé belle ! Plakett les surveille pendant qu'Anatole défait mes liens.

Je constate que le journaliste et Jimmy se mesurent du regard. Il est évident que ce dernier ne fait pas le poids. Une idée subite me traverse l'esprit. J'avertis Jimmy :

— C'est lui qui t'a assommé !

Aussitôt, ses yeux virent au rouge et ses canines pointent sur ses lèvres. Jimmy semble furax ! Il dépose son violon sur une table, puis se jette toutes griffes dehors sur Roland D'Encresang. Je murmure alors à mon ami fantôme :

— Comment as-tu réussi à te rendre ici ?

— Je nettoyais la scène quand tu as hurlé. C'est comme si on m'avait planté une épine dans le cœur. J'ai réussi à traverser le plancher, car ma peur a été chassée par le profond sentiment d'amitié que j'éprouve pour toi. Comment puis-je t'aider ?

— Impressionne-les, cher ami, dis-je, émue.

Anatole n'y va pas de main morte. Il fait tomber tous les bocaux, qui éclatent en mille morceaux. Figés par la peur, Acacia et son père observent cet étrange spectacle. Quand le fantôme renverse les aquariums et que les lézards se répandent sur le sol, le père d'Acacia perd la tête. À quatre pattes, il tente de récupérer ses sauriens chéris. Anatole, lui, ouvre les cages, libérant les rats qui filent dans tous les sens. Je les invite à s'occuper d'Acacia. Les rats s'en donnent à cœur joie en grignotant sa jolie robe.

Je me précipite vers les cercueils. Les filles dorment, toutes vêtues de leur costume de scène. Leur masque repose sur leur poitrine.

Marie-Blodie, elle, porte toujours sa belle robe, mais n'a plus son collier de perles. J'observe alors que chaque victime dégage une aura verte au lieu d'une aura jaune. Un effet du sang vert, à coup sûr ! Je secoue mon amie par les épaules pour la tirer de son sommeil. Rien à faire. On dirait une poupée de chiffon !

Tout à coup, un bang ! retentit. Le journaliste est K.O., effondré contre un mur. Quant à Jimmy, il est assis sur le sol, à bout de souffle. Acacia vocifère alors un ordre :

— Vampirettes, à l'attaque !

Aussitôt, les filles s'assoient dans leurs cercueils, les yeux fixes.

Je récupère *illico* mes deux bombes puantes miniatures cachées dans mes talons. Je les lance au pied des cercueils. Elles explosent et remplissent la pièce d'une horrible puanteur. Les vampirettes s'immobilisent, le nez froncé. Ça sent si fort l'ail moisi qu'elles paralysent. Mais cette odeur fétide va se volatiliser, et Acacia le sait très bien ! Elle continue donc de répéter « à l'attaque ! » sans cesser de décocher des coups de pied aux rats. Toutefois, elle reste dans son coin, car Plakett ne la quitte pas des yeux.

Je cours vers Jimmy et l'aide à se relever.

— Il faut arrêter les filles, sinon on ne s'en sortira pas !

— Mon violon ! s'exclame-t-il. Où est mon violon ?

Lui et son satané violon ! Il titube alors vers la table où se trouve son cher instrument. Il commence à jouer sur-le-champ un air qui me fait grincer des canines. Je me bouche les oreilles. Ce n'est vraiment pas le moment : l'odeur infecte s'est dissipée et les filles sortent de leurs cercueils. C'est alors que je crois rêver. Elles s'arrêtent, puis se frottent les yeux. Acacia voit bien que quelque chose cloche.

— Vampirettes, attrapez-les !

Les filles n'obéissent pas. Bon sang ! La musique de Jimmy les sort de leur torpeur ! Il y a de quoi, ça réveillerait un mort ! Je ne pensais jamais dire ça un jour, mais je lui ordonne de continuer à jouer.

— Surtout, ne t'arrête pas !

Je rejoins Marie-Blodie. Elle me sourit, je la serre dans mes bras.

— Je savais que tu viendrais à notre secours ! déclare-t-elle. Tu es la meilleure, Rouge-Bab !

Je me tourne vers les autres filles et leur enjoins de ligoter Acacia et son père. Elles ne se font pas prier. Dos à dos, les deux complices sont ficelés comme des saucissons.

Soudain, un gémissement couvre les grincements du violon. Roland D'Encresang se réveille à son tour. Jimmy cesse de jouer, puisque les vampires ne sont plus dans un état second.

Je remarque alors que le regard du journaliste et ceux des filles reprennent leur fixité. Normal, avec le sang vert qui circule dans leurs veines ! Je prie Jimmy de reprendre sa sonate pour quelques instants, le temps de fouiller dans le frigo. J'y trouve les poches de sang aux noms des quatre vampirettes, ainsi que des échantillons sanguins de Marie-Blodie et de Roland D'Encresang.

Je distribue sans tarder le sang qu'ils boivent avec avidité. L'effet est instantané : tous les regards retrouvent leur vivacité et les filles dégagent à nouveau leur aura jaune.

Le journaliste est si furieux d'avoir été manipulé par des humains, que je dois le retenir à deux mains pour qu'il ne leur saute pas à la gorge !

Pendant que Nora Mordillo commande aux rats de retourner dans leurs cages, je récupère le sang vert dans le frigo. Pas question d'en laisser la moindre trace. Jimmy et Roland D'Encresang s'occupent des *Lacerta diaboli*, qu'ils déposent dans un grand aquarium qu'Anatole n'avait pas renversé. Au fait, où est passé mon ami fantôme ? Je me promets de le remercier de son aide précieuse.

Le journaliste regarde autour de lui en se frottant les mains.

— Ça fera un article du tonnerre !

Je lui rappelle que l'Opération Jade doit rester confidentielle. Il ne faut surtout pas ébruiter le pouvoir du sang vert ! Devant son air déçu, je lui fais une suggestion :

— Rien ne vous empêche d'écrire un roman avec cette histoire, mais en inventant une sorte de bestiole dotée de sang bleu. Je suis certaine que ça aurait beaucoup de succès…

— Pas bête, murmure-t-il. Que fait-on de ces sales mortels ?

— Pouvez-vous les conduire chez la reine ? Elle décidera de leur sort.

— Moi, je les enverrais dans un hôpital psychiatrique, grogne Jimmy.

— Je suis la plus célèbre vampire du monde ! hurle alors Acacia.

Pour une fois, je suis d'accord avec Jimmy. Je remarque que les filles meurent d'impatience : elles tapent du pied et poussent de profonds soupirs. Il est temps de quitter les lieux.

***

Roland D'Encresang déserte le cimetière dans le fameux corbillard, en compagnie d'Acacia, son père, les *Lacerta diaboli* et le sang vert.

Les filles sont elles aussi attendues chez Carmilla pour raconter leur mésaventure, mais elles préfèrent s'y rendre par la voie des airs. Marie-Blodie, elle, rentre avec nous.

Avant de partir, Nikita Tombovitch fait un clin d'œil à Jimmy. Il reste bouche bée, puis quand il reconnaît sa tenue, il balbutie :

— C'est… c'est toi qui m'as offert un… un bouquet ?

On aura tout vu ! Jimmy impressionné

par une demoiselle ! Dans un éclat de rire, le quatuor se transforme en chauves-souris et disparaît dans la nuit.

12

Une surprise pour Anatole

Je préviens Jimmy et Marie-Blodie que je dois m'absenter une demi-heure. De toute façon, ils en ont long à se raconter ! Jimmy m'adresse un clin d'œil. Je lui souris. Sans lui et mon cher Plakett, que me serait-il arrivé ?

J'ai une idée derrière la tête. Mon chien me regarde, puis bat de la queue. Parfois, on se comprend sans se parler ! Nous nous dirigeons près du mur de pierre où se trouve l'autre entrée du labyrinthe.

Nous sautons dans le trou et trottons dans les couloirs, jusqu'à ce que j'arrive nez à truffe avec le petit chien fantôme. Il nous accueille avec de joyeux jappements. Les yeux brillants, je dis à Plakett :

— Crois-tu aussi qu'il ferait un merveilleux compagnon pour Anatole ?

— Et comment ! aboie-t-il.

Cette fois, le petit chien nous suit comme s'il avait compris ! Nous sortons par la trappe qui mène à l'arrière du théâtre. Le Sépulkra est presque vide. Kouchtar boit un verre au bar en discutant avec Frankie. Je les salue d'un signe de la tête et me dirige derrière la scène. Anatole nettoie le plancher en sifflotant. À ma vue, il s'arrête.

— Je suis parti, car l'exercice m'a épuisé, avoue-t-il. J'ai l'habitude de faire du ménage, pas de semer la pagaille ! Je suis déçu qu'Acacia soit une vilaine, car il n'y aura plus de spectacles. Ce sera de nouveau bien ennuyant…

— Je suis désolée, Anatole. Mais Plakett et moi avons une surprise pour toi.

Je siffle, et le petit chien rigolo traverse le rideau. À sa vue, Anatole ouvre tout grand les yeux.

— Je… j'ai toujours rêvé d'avoir un chien ! balbutie-t-il. D'où vient-il ?

— On l'a découvert dans le labyrinthe souterrain.

— Merci. Je ne serai plus jamais seul ! s'écrie Anatole en riant, car le petit chien lui lèche le visage comme s'il s'agissait d'une crème glacée. On dirait que tu portes un masque, dit-il à son nouvel ami. Je t'appellerai donc Bandit ! Dites-moi, reviendrez-vous nous voir ?

— Bien sûr que oui !

Je regarde l'heure. Il est temps de rejoindre Jimmy et Marie-Blodie. Un long vol nous attend. À ma grande surprise, mon timide ami me fait la bise. C'est frais et doux comme un flocon de neige sur ma joue. Émue, je soulève le rideau tandis que Plakett jappe un joyeux *au revoir*.

Je me retourne une dernière fois. Anatole m'envoie la main, de l'autre, il caresse son petit chien. Mon ami fantôme brille de mille feux. Sa joie me réchauffe le cœur. À notre sortie du théâtre, je gratte la tête de Plakett.

— Cher assistant, voilà une autre affaire élucidée ! Sherlock Holmes serait fier de nous !

***

Le lendemain soir, après une bonne journée de sommeil, je sirote ma dose de sang-dragon en compagnie de Marie-Blodie et de Jimmy. Plakett est parti chasser, comme d'habitude. Soudain, Corbillard le corbeau perce le brouillard et laisse tomber un exemplaire du *Vampyr Express* entre les mains de la baronne Velkro, la commère de Brumenoire.

— Écoutez bien ! clame-t-elle. Roland D'Encrrresang a eu un entrrretien exclusif avec Acacia Morrrtis. Cette annonce parrraîtrrra dans tous les quotidiens du monde.

Je tends l'oreille.

— « Je me retirrre de la scène pourrr des rrraisons de santé, lit la baronne. Mais n'ayez crrrainte, mes prrrotégées prrrendront la rrrelève. Elles ont un talent fou : Norrra, Nikita, Kitty et Li vous plairrront à coup sûrrr ! Merrrci à tous mes fans. »

Je murmure à mon amie :

— D'après moi, Acacia n'était pas dans son état normal quand elle a prononcé ces paroles…

Argus surgit derrière Marie-Blodie, un petit sourire aux lèvres.

— Tu as raison. Hier soir, vous n'étiez pas encore arrivés que je recevais un message de la reine. Elle me réclamait sur-le-champ au château. Je n'ai pas été surpris d'apprendre que tu avais résolu cette enquête avec brio, Rouge-Babine !

Je deviens aussi rouge que ma mixture de sang-dragon.

— Quelle forcenée, cette Acacia Mortis ! poursuit Argus. J'ai dû l'hypnotiser pour qu'elle lise le texte rédigé par Roland et les filles. Eh oui, l'idée de former un groupe de *goth'n'roll* leur est venue après l'expérience qu'elles ont vécue. Kitty sera la chanteuse, car elle a une très jolie voix. Les filles se produiront au Sépulkra, puisqu'elles connaissent l'endroit comme le fond de leur poche.

Le chef de Brumenoire tend alors à chacun d'entre nous une enveloppe. Elle contient un billet pour le premier concert des Go-Gothiks ! Cette nouvelle me réjouit, car je reverrai Anatole. Lui aussi sera très content, car il assistera de nouveau à des spectacles !

Tout à coup, Marie-Blodie pousse un cri de joie.

— Regardez ! La reine m'offre un billet pour assister à la présentation de la nouvelle collection de Nemrod Blod ! N'est-ce pas génial ?

Je lève les yeux au ciel. Celle-là, elle ne changera jamais ! J'y pense, quel sort réserve-t-on à Acacia et son père ? Je m'en informe auprès d'Argus.

— Sous hypnose, ils ont tout oublié de cette histoire, explique-t-il. Cette décision a été votée à l'unanimité par le Conseil. Il n'était pas question qu'Acacia et son père divulguent le secret du sang vert. Nous-mêmes l'ignorions ! Le père d'Acacia est toujours biologiste, sauf qu'il ne s'intéresse plus qu'à d'inoffensifs lapins. Quant à Acacia, j'ai appris qu'elle adore jardiner. Ils habitent dorénavant à la campagne, dans une ferme au milieu de nulle part. Qui a dit que les vampires n'avaient pas de clémence ? ajoute-t-il en me faisant un clin d'œil.

J'en échappe mon éprouvette.

Table des matières

ARBUTUS SCHOOL LIBRARY

Achevé d'imprimer
en septembre deux mille dix, sur les presses
de l'imprimerie Gauvin, Gatineau, Québec